江西2021调查年鉴

国家统计局江西调查总队 编

图书在版编目（CIP）数据

江西调查年鉴. 2021 / 国家统计局江西调查总队编
. -- 北京 : 中国统计出版社, 2021.11
ISBN 978-7-5037-9575-6

Ⅰ. ①江… Ⅱ. ①国… Ⅲ. ①统计资料－江西－2021－年鉴 Ⅳ. ① C832.56-54

中国版本图书馆 CIP 数据核字（2021）第 157677 号

江西调查年鉴 2021

作　　者 / 国家统计局江西调查总队
责任编辑 / 李　冲
编　　辑 / 张　洁
封面设计 / 李雪燕
出版发行 / 中国统计出版社有限公司
通信地址 / 北京市丰台区西三环南路甲 6 号　邮政编码 /100073
电　　话 / 邮购（010）63376909　书店（010）68783171
网　　址 / http://www.zgtjcbs.com/
印　　刷 / 河北鑫兆源印刷有限公司
经　　销 / 新华书店
开　　本 / 880mm×1230mm　1/16
字　　数 / 336 千字
印　　张 / 12.5　1.5 彩页
版　　别 / 2021 年 11 月第 1 版
版　　次 / 2021 年 11 月第 1 次印刷
定　　价 / 380.00 元

本书附同版本 CD-ROM 一张，光盘内容以书面文字为准。
如有印装差错，由本社发行部调换。

《江西调查年鉴—2021》

编辑部

编者说明

一、《江西调查年鉴—2021》是国家统计局江西调查总队编辑的集调查分析报告和统计调查数据于一体的资料性书籍。

二、《江西调查年鉴—2021》系统收录了江西全省和各市、县（区）2020年城乡居民收入、物价、粮食产量、畜禽产品产量、农民工就业、农村贫困等统计调查数据，同时还整理了历史重要年份全国、全省主要统计调查数据，是一部从不同侧面反映江西经济和社会发展情况的资料性年刊。

三、本书正文内容分为五大篇章，即，1. 住户调查；2. 价格调查；3. 农业调查；4. 农村贫困调查；5. 各省区市资料。为方便读者使用，部分篇章调查数据前后分别附简要说明和主要指标解释，对本项调查的数据来源、主要指标口径变动情况、主要指标涵义等作了说明和解释。

四、本书所涉及的数据大部分来自国家统计局江西调查总队的抽样调查统计报表，一部分来自全面调查和有关业务部门年度统计报表。

五、本书中有些历史数据由于制度方法的改革，调查指标口径、范围、涵义等发生变化，为了便于可比，有的指标按现行方案规定作了调整，有的指标口径无法调整仍沿用过去口径。有的指标最近几年有，而过去没有；有的指标过去有，而现行指标体系已经取消。使用时要注意。

六、本年鉴所涉及的全国性统计数据，均未包括香港、澳门特别行政区和台湾省数据。

七、本书所使用的度量衡单位，均采用国际统一标准计量单位。

八、本书中部分数据合计数或相对数由于单位取舍不同而产生的计算误差，均未作机械调整。

九、符号使用说明：表中的“空格”“—”表示该项统计指标数据不足本表最小单位数、不详或无该项数据；“#”表示其中的主要项。

江西省 2020 年国民经济和社会发展统计公报 [1]

2020 年，面对复杂严峻的国内外形势，特别是突如其来的新冠肺炎疫情和鄱阳湖流域超历史大洪水，在以习近平同志为核心的党中央坚强领导下，全省上下坚持以习近平新时代中国特色社会主义思想为指导，认真贯彻党的十九大和十九届二中、三中、四中、五中全会精神，全面落实习近平总书记视察江西重要讲话精神，坚持稳中求进工作总基调，坚持新发展理念，坚持高质量跨越式发展，扎实做好“六稳”工作、全面落实“六保”任务，全省统筹疫情防控、抗洪救灾和经济社会发展成果显著。经济持续稳定恢复，趋于常态；社会发展有序和谐，大局平稳；“十三五”规划顺利收官；全面建成小康社会取得决定性成就。

一、综合 [2]

经国家统计局统一核算，全年全省地区生产总值 [3] 25691.5 亿元，比上年增长 3.8%。其中，第一产业增加值 2241.6 亿元，增长 2.2%；第二产业增加值 11084.8 亿元，增长 4.0%；第三产业增加值 12365.1 亿元，增长 4.0%。三次产业结构为 8.7:43.2:48.1，三次产业对 GDP 增长的贡献率分别为 5.0%、52.1% 和 43.0%。

图 1　2016-2020 年生产总值及其增长速度

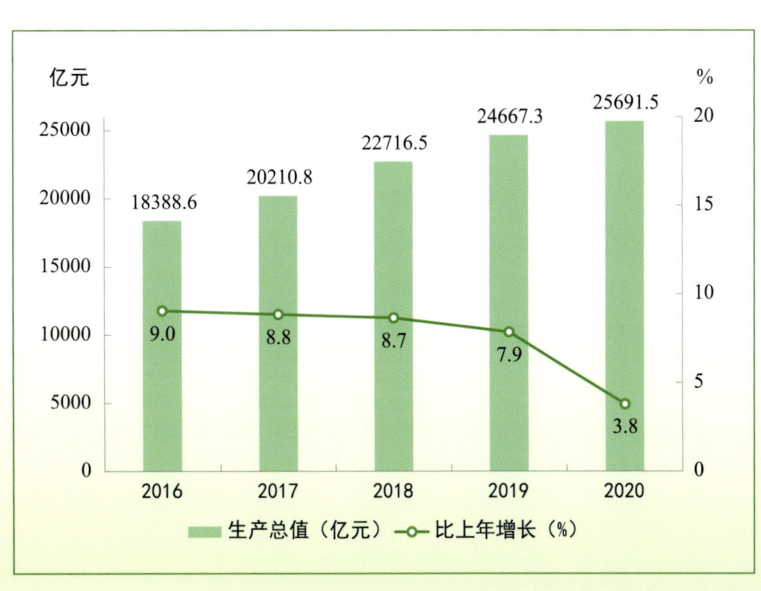

图 2　2016-2020 年三次产业增加值占生产总值比重

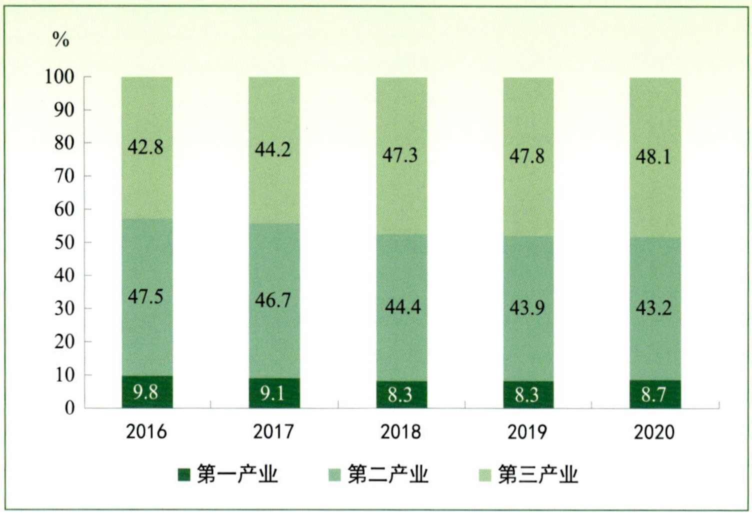

%	2016	2017	2018	2019	2020
第三产业	42.8	44.2	47.3	47.8	48.1
第二产业	47.5	46.7	44.4	43.9	43.2
第一产业	9.8	9.1	8.3	8.3	8.7

全年全省城镇新增就业 46.2 万人，比上年少增 8.2 万人；新增转移农村劳动力 58.9 万人；失业人员再就业 17.7 万人；就业困难人员就业 4.7 万人。全省农民工 [4] 总量为 1237.3 万人，比上年下降 1.6%。其中，本地农民工 420.2 万人，比上年下降 4.7%；外出农民工 817.1 万，与上年持平。年末城镇登记失业率 3.2%，比上年上升 0.2 个百分点。

全年全省居民消费价格（CPI）比上年上涨 2.6%，涨幅比去年低 0.3 个百分点。其中：城市上涨 2.4%，农村上涨 3.0%。分类别看，八大类商品和服务价格“三涨五降”，食品烟酒类上涨 8.8%，其他用品和服务类上涨 4.9%，教育文化和娱乐类上涨 2.1%，居住类下降 0.6%，医疗保健类下降 0.1%，衣着类下降 0.8%，生活用品及服务类下降 0.3%，交通和通信类下降 3.7%。全年工业生产者出厂价格（PPI）下降 1.7%。工业生产者购进价格（IPI）下降 3.0%。农产品生产者价格 [5] 上涨 11.0%。

图 3　2020 年居民消费价格月度同比涨跌幅度

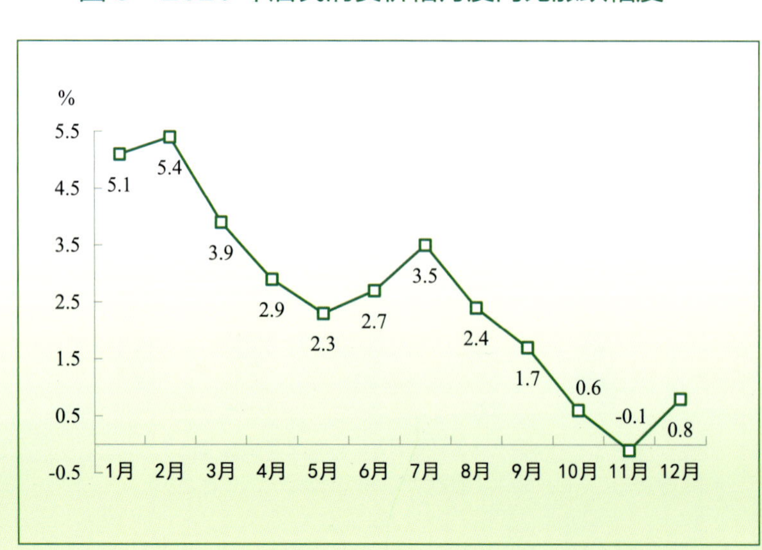

表1　2020年居民消费价格分类别涨跌幅度

类　别	比上年上涨（%）
居民消费价格指数	2.6
食品烟酒	8.8
衣着	−0.8
居住	−0.6
生活用品及服务	−0.3
交通和通信	−3.7
教育文化和娱乐	2.1
医疗保健	−0.1
其他用品和服务	4.9

二、农业

全年全省农林牧渔业总产值3820.7亿元，比上年增长2.7%。粮食种植面积3772.4千公顷，增长2.9%。其中，谷物种植面积3510.0千公顷，增长2.8%。油料种植面积678.4千公顷，增长0.2%。其中，油菜籽475.4千公顷，下降1.4%。蔬菜种植面积661.0千公顷，增长2.6%。棉花种植面积35.0千公顷，下降19.5%。甘蔗种植面积13.6千公顷，下降2.7%。

全年全省粮食产量2163.9万吨，比上年增长0.3%。油料产量122.7万吨，增长1.6%。蔬菜及食用菌产量1642.7万吨，增长3.8%。棉花产量5.3万吨，下降19.5%。甘蔗产量61.2万吨，下降2.0%。烟叶产量2.7万吨，增长18.6%。茶叶产量7.2万吨，增长7.2%。园林水果产量493.2万吨，增长4.0%。

全年全省猪牛羊禽肉产量283.0万吨，比上年下降5.1%。其中，猪肉产量180.7万吨，下降12.6%；牛肉产量15.2万吨，增长15.7%；羊肉产量2.6万吨，增长11.7%；禽肉产量84.5万吨，增长11.3%。禽蛋产量61.2万吨，增长7.1%。牛奶产量9.1万吨，增长25.1%。水产品产量262.7万吨，增长1.5%。年末生猪存栏1569.9万头，比上年末增长56.0%；生猪出栏2218.3万头，下降12.9%。

表2　2020年主要农产品产量及其增长速度

产品名称	产量（万吨）	比上年增长（%）
粮食	2163.9	0.3
其中：谷物	2076.3	0.2
油料	122.7	1.6
其中：油菜籽	67.8	−1.5
蔬菜及食用菌	1642.7	3.8
棉花	5.3	−19.5
甘蔗	61.2	−2.0
烟叶	2.7	18.6
茶叶	7.2	7.2
园林水果	493.2	4.0
猪牛羊禽肉	283.0	−5.1
水产品	262.7	1.5

三、工业和建筑业

全年全省全部工业增加值 8952.7 亿元，比上年增长 4.0%；规模以上工业[6]增加值增长 4.6%。规模以上工业增加值中，分轻重工业看，轻工业下降 1.8%，重工业增长 7.8%。分经济类型看，国有企业下降 15.4%，集体企业增长 19.2%，股份合作企业增长 7.3%，股份制企业增长 4.9%，私营企业增长 5.1%，外商及港澳台商投资企业增长 2.5%，其他经济类型企业下降 1.3%。高质量发展向前迈进。全省 38 个工业大类行业中，21 个大类行业增加值实现增长，增长面为 55.3%，其中 7 个行业实现两位数增长。高新技术产业增加值增长 11.2%，高于全省平均 6.6 个百分点，占规上工业增加值的比重为 38.2%，比上年提高 2.1 个百分点。装备制造业增加值增长 9.4%，高于全省平均 4.8 个百分点，占比为 28.5%，比上年提高 0.8 个百分点。战略性新兴产业增加值增长 6.6%，高于全省平均 2.0 个百分点，占比为 22.1%，比上年提高 0.9 个百分点。高耗能行业增加值增长 5.4%，占比为 39.1%，比上年提高 0.4 个百分点。非公工业贡献突出。非公有制工业增加值增长 5.3%，占规模以上工业增加值的 81.8%，对规模以上工业增长的贡献率为 90.5%。其中，私营企业增长 5.1%，占规模以上工业增加值的 45.3%，对规模以上工业增长的贡献率为 48.8%。

图 4　2016-2020 年规模以上工业增加值增长速度

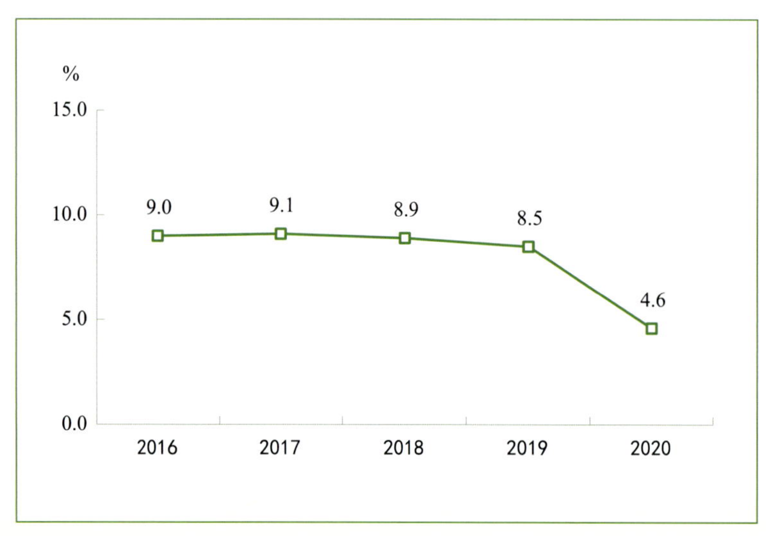

全省重点监测的 397 种主要工业产品中有 207 种产品产量同比增长，增长面 52.1%。工业新产品中，智能手机同比增长 19.2%；集成电路增长 16.4%；太阳能电池增长 14.9%。

表3 2020年规模以上工业主要产品产量及其增长速度

产品名称	单位	产量	比上年增长（%）
多晶硅	万千克	959.4	−19.0
单一稀土金属	万千克	1452.4	−6.2
中成药	万吨	11.7	−18.2
白酒（折65度，商品量）	万千升	8.3	−37.4
啤酒	万千升	70.0	−1.8
精制茶	吨	64574.9	−9.4
卷烟	亿支	630.7	−1.1
化学纤维	万吨	86.9	38.1
布	万米	77102.8	−20.1
服装	万件	90379.7	−24.6
机制纸及纸板	万吨	291.1	1.6
饲料	万吨	2098.7	11.6
硫酸（折100%）	万吨	287.5	−0.8
农用氮、磷、钾化学肥料	万吨	19.6	−4.1
化学原料药	吨	72207.5	−11.0
水泥	万吨	9769.7	1.3
瓷质砖	万平方米	108208.3	8.1
粗钢	万吨	2682.1	6.2
钢材	万吨	3093.9	10.5
十种有色金属	万吨	202.5	6.5
其中：精炼铜（电解铜）	万吨	150.7	3.7
铜材	万吨	384.8	4.7
汽车	万辆	45.1	1.4
家用电冰箱	万台	78.1	−16.2
太阳能电池	万千瓦	940.9	14.9
房间空气调节器	万台	486.6	−23.0

全年全省规模以上工业企业实现营业收入37909.2亿元，比上年增长7.9%；实现利润总额2438.1亿元，增长12.2 %；每百元营业务收入中的成本为86.4元，比上年减少0.09元。年末规上工业资产负债率为53.7%，比上年末提高1.1个百分点。

年末全省开发区投产工业企业14257家，比上年末增加1243家；实际开发面积677.0平方公里，完成基础设施投入1909.9亿元。全年开发区工业增加值增长5.5 %，增速高于规模以上工业0.9个百分点；实现出口交货值2098.1亿元，增长8.2%。招商签约资金12380.4亿元，增长47.2%；招商实际到位资金8443.7亿元，招商资金实际到位率为68.2%。实现营业收入32379.3亿元，增长10.1%，增速高于规模以上工业2.2个百分点；实现利润总额2265.4亿元，增长15.4%。营业收入超100亿的开发区73个，较上年增加7个；超200亿的开发区55个，增加7个；超500亿的开发区20个，增加3个；超1000亿的开发区5个，分别是南昌高新技术产业开发区、南昌经济技术开发区、九江经济技术开发区、南昌小蓝经济技术开发区和上饶经济技术开发区。

全年全省规模以上工业生产原煤281.2万吨，比上年下降33.7%；原煤消费库存量284.2万吨，下降11.9%。原油加工量701.9万吨，下降10.8%。其中，汽油产量211.6万吨，下降13.4%；煤油产量54.2万吨，下降23.3%；柴油产量236.7万吨，下降19.4%。发电量1320.6亿千瓦时，增长5.2%。其中，火力发电1160.8亿千瓦时，增长5.6%；风力发电51.8亿千瓦时，增长 25.2%；太阳能发电34.3亿千瓦时，增长3.7%；水力发电73.7亿千瓦时，下降9.2%。

全年全省总承包和专业承包建筑业总产值完成8649.2亿元，比上年增长8.9 %。其中，建筑工程产值完成7436.6亿元，增长8.1%，占建筑业总产值的比重为86.0%；安装工程产值完成652.2亿元，增长16.7%，占比7.5%；其他产值完成560.3亿元，增长11.0%，占比6.5%。资质以上总、专包建筑业企业共3869家，比上年增加646家。其中，总承包企业3396家，增加599家；专业承包企业473家，增加47家。按资质等级划分，资质等级为特、一级总、专包企业425家，增加32家；二级企业1030家，增加73家；三级及其他企业2414家，增加541家。

四、服务业

全年全省服务业实现增加值12365.1亿元，比上年增长4.0%。其中，批发和零售业增加值2176.2亿元，增长2.4%；交通运输、仓储和邮政业增加值1104.9亿元，增长1.1%；住宿和餐饮业增加值429.1亿元，下降8.0%；金融业增加值1808.6亿元，增长10.0 %；房地产业增加值1925.1亿元，增长4.3%；信息传输、软件和信息技术服务业增加值489.6亿元，增长16.3%。

图5　2016-2020年服务业增加值增长速度

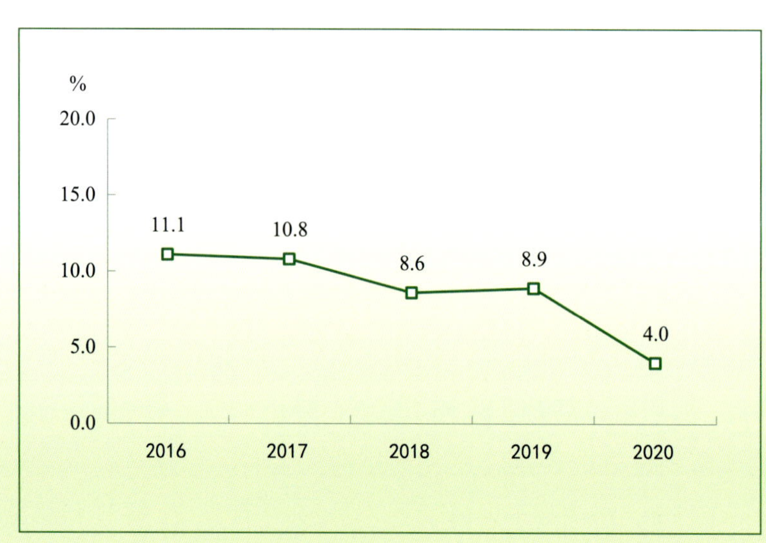

全年全省规模以上服务业[7]企业营业收入2907.5亿元，比上年增长8.5%；营业利润162.4亿元，下降19.2%。分行业看，信息传输、软件和信息技术服务业营业收入增长8.5%，其中，互联网和相关服务增长21.6%，软件和信息技术服务业下降1.9%；科学研究和技术服务业增长18.1%；交通运输、仓储和邮政业增长5.4%；租赁和商务服务业增长15.1%；水利、环境和公共设施管理业增长17.4%。

全年全省货物运输总量157166.9万吨，比上年增长4.1%；货物运输周转量4010.8亿吨公里，增长3.9%。南昌港完成货物吞吐量4865.9万吨，增长27.2%；完成集装箱吞吐量14.0万标准箱，下降25.8%。九江港完成货物吞吐量12046.8万吨，增长6.1%；完成集装箱吞吐量61.0万标准箱，增长17.2%。

表4　2020年各种运输方式货物运输量及其增长速度

指　标	单位	绝对值	比上年增长（%）
货物运输量	万吨	157166.9	4.1
铁路	万吨	4552.5	−10.1
公路	万吨	141899.0	4.7
水运	万吨	10696.7	3.5
空运	万吨	18.7	44.3
货物运输周转量	亿吨公里	4010.8	3.9
铁路	亿吨公里	497.3	−11.9
公路	亿吨公里	3247.1	6.8
水运	亿吨公里	266.4	4.3

旅客运输量43186.0万人，比上年下降27.9%；旅客运输周转量631.4亿人公里，下降35.9%。昌北国际机场旅客吞吐量942.7万人次，下降30.9%。

表5　2020年各种运输方式旅客运输量及其增长速度

指　标	单位	绝对值	比上年增长
旅客运输量	万人	43186.0	−27.9
铁路	万人	8157.1	−31.7
公路	万人	33643.0	−26.8
水运	万人	113.2	−42.7
空运	万人	1272.8	−31.0
旅客运输周转量	亿人公里	631.4	−35.9
铁路	亿人公里	450.3	−39.1
公路	亿人公里	180.9	−25.9
水运	亿人公里	0.2	−35.8

年末全省公路通车里程210641.5公里，其中高速公路通车里程6234.1公里。铁路营运里程4546.3公里。年末全省民用汽车保有量661.8万辆，比上年增长8.9%；民用轿车保有量377.6万辆，增长9.3%，其中私人轿车363.5万辆，增长9.7%。

全年全省邮电业务总量[8]3851.2亿元，比上年增长25.5%。其中，邮政业务总量311.3亿元，增长35.3%；电信业务总量[9]3539.9亿元，增长24.7%。完成邮政函件业务1183.9万件，下降29.7%；包裹业务36.7万件，下降16.0%。快递服务企业业务量11.2亿件，增长44.1%；业务收入114.7亿元，增长36.0%。

年末固定电话用户482.4万户，比上年末增长5.5%。移动电话用户4249.4万户，增长2.2%。年末4G用户占移动电话用户比重为77.7%。年末互联网宽带接入用户（计算机互联网用户）1510.5万户，增长4.3%。年末移动互联网用户3599.3万户，增长2.6%。

五、固定资产投资

全年全省固定资产投资[6]比上年增长8.2%。分产业看，第一产业投资增长24.4%，占全部投资的2.2%；第二产业投资增长8.0%，占全部投资的49.6%；第三产业投资增长7.8%，占全部投资的48.2%。分经济类型看，国有投资增长9.1%，占全部投资的24.4%；非国有投资增长7.9%，占全部投资的75.6%，其中，民间投资增长3.6%，占全部投资的65.2%。从投资主要构成看，基础设施投资增长4.2%，占全部投资的16.5 %；工业投资增长8.0%，占全部投资的49.6 %，其中，工业技改投资增长16.4%，高新技术产业投资增长18.3%。

图6　2016-2020年固定资产投资增长速度

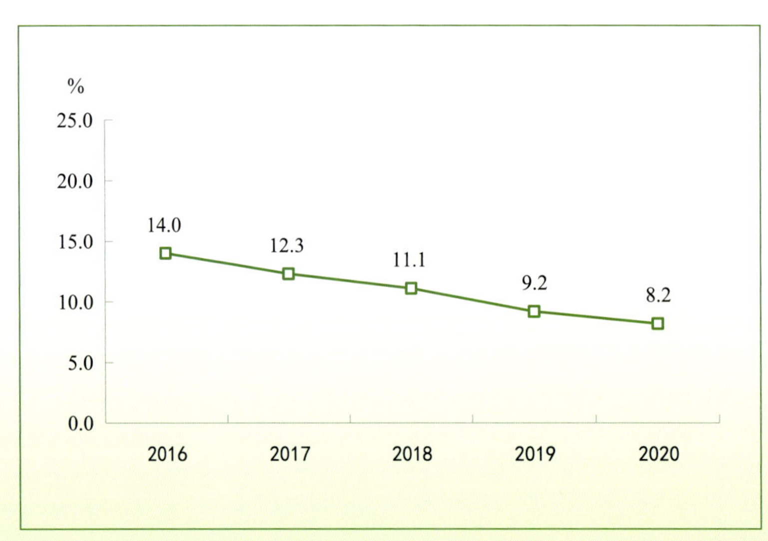

表6 2020年分行业固定资产投资增长速度及构成

行　业	比上年增长（%）	构成（%）（以投资额为100）
总　计	8.0	100.0
第一产业	24.4	2.2
第二产业	8.0	49.6
工业	8.0	49.6
采矿业	17.5	0.9
制造业	7	45.2
电力、热力、燃气及水生产和供应业	20.8	3.4
建筑业	−3.2	0.1
第三产业	7.8	48.2
批发和零售业	−40.1	1.1
交通运输、仓储和邮政业	14.4	4.2
住宿和餐饮业	4	0.5
信息传输、软件和信息技术服务业	63.5	0.8
金融业	−19.2	0.1
房地产业	11.1	19.3
租赁和商务服务业	8	2.4
科学研究和技术服务业	4.7	0.6
水利、环境和公共设施管理业	2.3	12.5
居民服务、修理和其他服务业	−8.4	0.3
教育	16.4	1.8
卫生和社会工作业	27.3	1.2
文化、体育和娱乐业	25.3	1.4
公共管理、社会保障和社会组织	10.8	1.9

全年全省施工项目18285个，比上年减少501个。其中，新开工项目9344个，增加511个，完成投资占全部固定资产投资的35.2%。施工项目中，全省亿元以上施工项目7986个，完成投资增长18.5%。其中，亿元以上新开工项目2858个，完成投资增长89.7%。民生类项目共681个，增加181个，完成投资增长21.9%。其中，教育投资增长16.4%；卫生和社会工作投资增长27.3%；文化、体育娱乐业投资增长25.3%。

全年全省房地产开发投资比上年增长6.2%，其中住宅投资增长7.2%。商品房销售面积6732.7万平方米，增长4.2%，其中住宅销售面积5853.1万平方米，增长3.1%，增幅较上年回落2.3

个百分点。商品房销售额 5222.8 亿元，增长 10.9%，其中，住宅销售额 4425.2 亿元，增长 9.6%。年末商品房待售面积 803.5 万平方米，比上年末下降 1.8%，其中住宅待售面积 408.9 万平方米，提高 2.8%。全省商品房单位面积销售额 7757 元 / 平方米，增长 6.4%。

全年全省棚户区改造开工 20.42 万套，纳入 2019 年国家计划的 686 个老旧小区改造全面完工。

六、国内贸易

全年全省实现社会消费品零售总额 10371.8 亿元，比上年增长 3.0%。其中，限额以上消费品零售额 3302.2 亿元，增长 5.5%。按经营单位所在地分，城镇消费品零售额 8746.6 亿元，增长 2.7%，其中城区 5156.1 亿元，增长 2.8%；乡村消费品零售额 1625.2 亿元，增长 4.5%。按消费类型分，商品零售 9516.1 亿元，增长 3.3%；餐饮收入 855.6 亿元，增长 0.5%。

图 7　2016-2020 年社会消费品零售总额增长速度

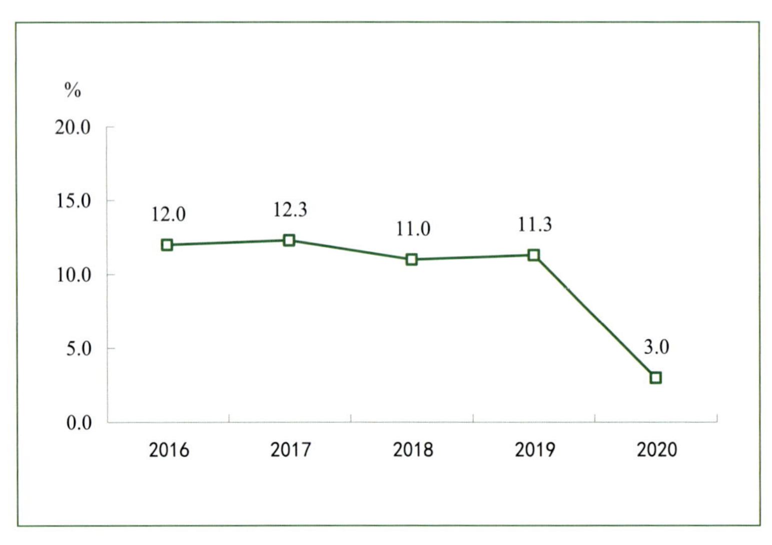

在限额以上单位商品零售额中，基本生活类商品销售保持较快增长，粮油食品类、日用品类、中西药类商品零售额分别增长 19.9%、17.4%、28.1%。消费升级类商品中通讯器材类，体育、娱乐用品类商品零售额分别增长 50.0%、13.5%。网上零售增势强劲，限额以上批发零售业通过公共网络实现商品零售额 329.6 亿元，增长 38.6%。

表7　2020年限额以上单位按商品分类零售额及其增长速度

类　别	零售额（亿元）	比上年增长（%）
合　计	3153.2	6.2
#通过公共网络实现的商品销售	329.6	38.6
粮油、食品类	435.1	19.9
饮料类	47.4	11.3
烟酒类	74.8	10.4
服装、鞋帽、针纺织品类	181.6	4.3
化妆品类	34.4	13.0
金银珠宝类	41.2	1.0
日用品类	128.0	17.4
五金、电料类	18.4	11.5
体育、娱乐用品类	4.7	13.5
书报杂志类	58.8	18.4
电子出版物及音像制品类	2.9	−17.8
家用电器和音像器材类	135.5	−4.3
中西药品类	150.4	28.1
文化办公用品类	40.2	21.2
家具类	49.0	0.1
通讯器材类	50.2	50.0
煤炭及制品类	8.1	2.6
石油及制品类	477.1	−8.8
建筑及装潢材料类	69.2	12.8
机电产品及设备类	12.9	−0.5
汽车类	1009.5	2.8
棉麻类	0.9	59.3
其他类	123.0	19.9

七、对外经济

全年全省货物贸易进出口总值4010.1亿元，比上年增长14.3%。其中，出口值2920.4亿元，增长17.0%；进口值1089.8亿元，增长7.5%。从贸易方式看，一般贸易出口2242.0亿元，增长11.5%；加工贸易出口633.4亿元，增长37.8%。从主要产品出口看，机电产品出口1611.6亿元，增长29.5%，占全省出口值的55.2%；高新技术产品出口972.7亿元，增长37.1%。从贸易对象看，对东盟出口541.6亿元，列第一位，增长11.0%；对美国出口486.4亿元，列第二位，增长36.5%；对欧盟出口392.7亿元，列第三位，增长16.4%；对“一带一路”沿线国家出口1030.0亿元，增长14.0%。

图8　2016-2020年货物进出口总值

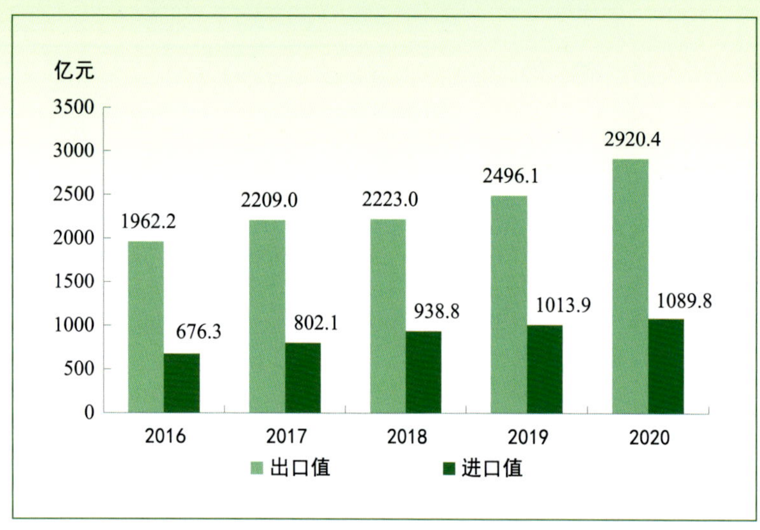

表8　2020年货物贸易进出口总值及其增长速度

指　标	金额（亿元）	比上年增长（%）
进出口总值	4010.1	14.3
出口值	2920.4	17.0
其中：一般贸易	2242.0	11.5
加工贸易	633.4	37.8
其中：机电产品	1611.6	29.5
高新技术产品	972.7	37.1
进口值	1089.8	7.5
其中：一般贸易	583.8	1.6
加工贸易	431.6	0.8
其中：机电产品	599.1	10.7
高新技术产品	500.4	10.2

表9　2020年对主要国家（地区）出口值及其增长速度

国家（地区）	出口值（亿元）	比上年增长（%）
东盟	541.6	11.0
美国	486.4	36.5
欧盟	392.7	16.4
中国香港	324.5	20.2
越南	141.3	50.1
韩国	135.0	21.4
日本	129.5	23.2
马来西亚	99.4	−4.0
印度	79.4	3.5
印度尼西亚	58.6	−10.6
中国台湾	45.6	23.6

全年全省新设外商投资企业 565 家，比上年增长 3.9%；合同金额 123.2 亿美元，增长 13.7%；实际使用外商直接投资金额 146.0 亿美元，增长 7.5%。利用省外项目实际进资 8751.6 亿元，增长 8.9%。

表 10　2020 年分行业实际使用外商直接投资金额及其增长速度

行　业	金额（亿美元）	比上年增长（%）
总　计	146.0	7.5
其中：农、林、牧、渔业	3.1	-51.7
制造业	83.2	6.6
电力、热力、燃气及水生产和供应业	8.1	116.7
交通运输、仓储和邮政业	0.2	-82.7
信息传输、软件和信息技术服务业	4.7	2.9
批发和零售业	13.1	27.8
房地产业	19.1	6.9
租赁和商务服务业	7.4	-6.6
科学研究技术服务和地质勘查业	3.0	40.3

全年对外承包工程新签合同 155 份，比上年下降 8.8%；合同金额 39.0 亿美元，增长 4.0%；完成营业额 40.6 亿美元，下降 9.5%。对外承包工程和对外劳务合作派出各类劳务人员 1267 人，下降 77.5%。对外直接投资额 8.7 亿美元，下降 52.9%。

八、财政金融

全年全省财政总收入 4048.3 亿元，比上年增长 1.2%，同比回落 4.2 个百分点。一般公共预算收入 2507.5 亿元，增长 0.8%，其中地方税收收入 1702.0 亿元，下降 2.6%。分税种看，增值税 766.4 亿元，下降 4.3%，比上年回落 16.5 个百分点；企业所得税 232.5 亿元，下降 5.0%，比上年回落 14.9 个百分点；个人所得税 62.8 亿元，增长 11.0%。全年一般公共预算支出 6666.1 亿元，增长 4.4%。其中，教育支出 1218.9 亿元，增长 6.1%；社会保障和就业支出 866.7 亿元，增长 6.0%；城乡社区支出 728.5 亿元，下降 30.4%。

图 9　2016-2020 年财政总收入及其增长速度

年末全省金融机构人民币各项存款余额 43608.2 亿元，比上年末增长 12.0%，比年初增加 4655.6 亿元，同比多增 780.1 亿元。其中，住户存款 22741.1 亿元，比年初增加 3075.2 亿元，同比多增 601.0 亿元；非金融企业存款 12942.8 亿元，比年初增加 1464.9 亿元，同比多增 402.5 亿元。金融机构人民币各项贷款余额 41409.2 亿元，比上年末增长 16.7%，比年初增加 5915.4 亿元，同比多增 875.4 亿元。其中，住户贷款 16301.6 亿元，比年初增加 1929.6 亿元，同比少增 204.9 亿元；非金融机构及机关团体贷款 25035.4 亿元，比年初增加 3987.2 亿元，同比多增 1090.9 亿元。

年末全省辖区内共有境内上市公司 55 家，其中，主板公司 29 家，中小板公司 10 家，创业板公司 13 家，科创板公司 3 家。辖区内证券公司 2 家，分公司 43 家，证券营业部 310 家，证券交易额 7.73 万亿元；期货公司 1 家，期货营业部 32 家，期货代理成交金额 3.53 万亿元。

全年全省保险公司保费收入 927.9 亿元，比上年增长 11.1%。其中，财产险保费收入 332.9 亿元，增长 8.5%；寿险保费收入 594.9 亿元，增长 12.6%；健康险保费收入 179.6 亿元，增长 13.7%；意外伤害险保费收入 24.6 亿元，增长 14.0%。支付各类赔款及给付 311.3 亿元，增长 10.9%。其中，财产险赔款及给付 191.1 亿元，增长 11.2%；人寿险赔款及给付 120.2 亿元，增长 10.3%；健康险赔款和给付 83.9 亿元，增长 16.0%；意外伤害险赔款和给付 6.1 亿元，增长 5.3%。

九、居民收入消费和社会保障

全年全省居民人均可支配收入 28017 元，比上年增长 6.7%，扣除价格因素，实际增长 4.0%。其中，城镇居民人均可支配收入 38556 元，增长 5.5%，扣除价格因素，实际增长 3.0%；农村居民人均可支配收入 16981 元，增长 7.5%，扣除价格因素，实际增长 4.4%。城乡居民收入比 2.27 ：1，比上年缩小 0.04。

图 10　2016-2020 年城镇、农村居民人均可支配收入及城乡居民收入比

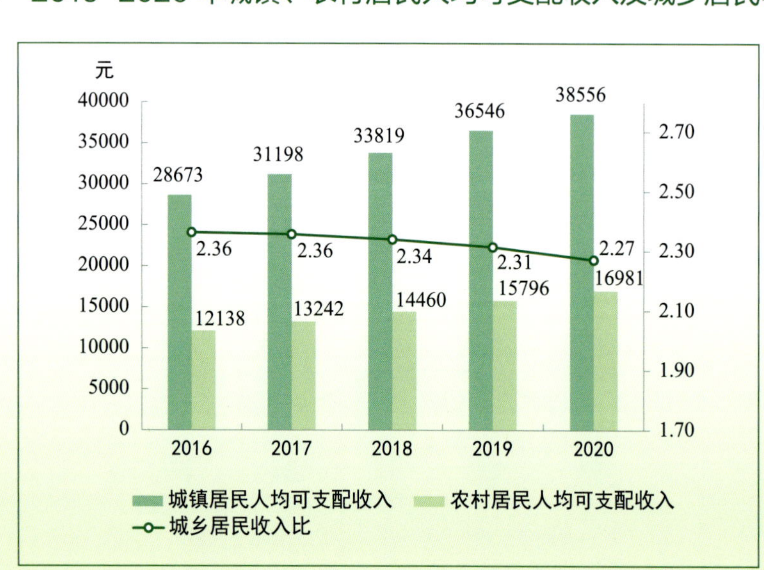

全年全省居民人均消费支出17955元，比上年增长1.7%。其中，城镇居民人均消费支出22134元，下降2.6%；农村居民人均消费支出13579元，增长8.7%。城、乡居民消费恩格尔系数分别为31.4%、33.6%，分别比上年回升2.3、3.2个百分点。

年末全省参加城镇职工基本养老保险人数1168.2万人，比上年末增加71.3万人。参加城乡居民基本养老保险人数2078.0万人，增加189.1万人。参加基本医疗保险人数4780.0万人，减少2.45万人。其中，参加职工基本医疗保险人数599.0万人，增加20.0万人；参加城乡居民基本医疗保险人数4180.9万人。参加失业保险人数291.9万人，增加2.2万人。全省领取失业保险金人数3.6万人。参加工伤保险人数553.4万人，增加14.0万人。参加生育保险人数372.2万人，增加68.9万人。城市居民纳入政府最低生活保障人数33.8万人，城市低保标准705元/人月，向城市低保户发放低保金20.5亿元，月人均补差450元；农村居民纳入政府最低生活保障人数147.2万人，农村低保标准470元/人月，向农村低保户发放低保金58.4亿元，月人均补差325元。农村、城市特困供养标准分别为615元/人月、915元/人月。

全年全省义务教育阶段免除学杂费的学生数626.7万人，义务教育阶段补助家庭经济困难寄宿生活费学生数30.1万人，资助普通高中家庭经济困难学生数28.4万人，资助考入大学（含民办高校独立学院）家庭经济困难学生数3.0万人，资助中等职业教育（不含技工学校）家庭经济困难学生数39.5万人。

年末全省共有提供住宿的社会福利机构1883个，床位数17.2万张，收养人数8.4万人。社区服务机构和设施总数43489个，其中社区服务中心1123个。全年销售社会福利彩票25.3亿元，筹集福利彩票公益金8.0亿元，直接接受社会捐赠8.1亿元。

全年省级扶贫发展资金投入40.1亿元。全省最后7个贫困县摘帽，剩余9.6万贫困人口全部脱贫，25.58万城镇贫困群众脱困退出，35.4万存量对象全部纳入兜底保障。“十三五”时期，全省25个贫困县、3058个贫困村全部“摘帽”退出，江西老区的区域性整体贫困问题得到根本解决。

十、教育和科学技术

全年全省研究生教育招生2.0万人，在校生5.1万人，毕业生1.3万人。普通高等教育招生42.2万人，在校生124.2万人，毕业生30.9万人。成人高等教育招生13.7万人，在校生30.3万人，毕业生5.1万人。中等职业教育招生17.7万人，在校生44.6万人，毕业生10.8万人。普通高中招生38.5万人，在校生110.5万人，毕业生33.3万人。初中学校招生68.6万人，在校生220.4万人，毕业生68.7万人。普通小学招生61.8万人，在校生406.3万人，毕业生68.2万人。民办学校9158所，在校学生184.8万人。特殊教育在校生4.0万人，幼儿园在园幼儿170.0万人。学前教育毛入园率87.6%，小学毛入学率101.7%，初中阶段毛入学率109.5%，高中阶段教育毛入学率92.5%。普通高考录取率84.4%，高等教育毛入学率52.0%。

表 11　2020 年各类学校招生、在校生和毕业生人数

单位：万人

指　标	招 生 数	在校生数	毕业生数
研究生教育	2.0	5.1	1.3
普通高等教育	42.2	124.2	30.9
成人高等教育	13.7	30.3	5.1
中等职业教育	17.7	44.6	10.8
普通高中	38.5	110.5	33.3
初中学校	68.6	220.4	68.7
普通小学	61.8	406.3	68.2

全年全省研究与试验发展（R&D）经费支出占 GDP 的比重为 1.75%，比上年提高 0.2 个百分点。年末共有国家工程（技术）研究中心 8 个，省工程（技术）研究中心 370 个；国家级重点实验室 5 个，省级重点实验室 218 个。全年受理专利申请 114299 件，授权专利 80239 件；签订技术合同 4086 项，技术市场合同成交金额 233.4 亿元。其中，技术开发合同成交额 77.1 亿元，技术转让合同成交额 36.8 亿元。

年末全省共有获省级检验检测机构资质认定的机构 1541 个。其中，国家产品质量监督检验中心 10 个，法定计量技术机构 331 个。全年强制检定计量器具 127.6 万台（件），开展产品质量监督抽查 7681 批次。累计获得 CCC 认证证书的企业 598 家，获得 CCC 认证证书 4113 张。累计发放自愿性产品认证证书 7739 张，发放工业产品生产许可证 755 张。测绘部门为经济社会发展提供各种基本比例尺地形图 10960 张，测绘基准成果 2504 点，遥感影像成果 16.9 万平方公里。

十一、文化旅游、卫生健康和体育

年末全省共有艺术表演团体 79 个，文化馆 118 个，公共图书馆 114 个，博物馆 170 个。广播电视台 94 座，中、短波转播发射台 25 座。有线电视实际用户 537 万户，其中，数字电视实际用户 521 万户。年末广播综合人口覆盖率 99.0%，电视综合人口覆盖率 99.5%。全年出版各种图书、期刊、报纸 9500 种，出版各类图书 25793 万册、期刊 7006 万册、报纸 74377 万份。

全年全省接待国内旅游者 55681.8 万人次，比上年下降 29.6%；国内旅游收入 5420.1 亿元，下降 43.5%。接待入境旅游者 13.0 万人次，下降 93.4%；国际旅游外汇收入 0.37 亿美元，下降 95.7%。

年末全省共有各类医疗卫生机构（不含村卫生室）9345 个。其中，医院、卫生院 2452 个，妇幼保健院（所、站）114 个，专科疾病防治院（所、站）110 个，疾病预防控制中心 152 个，卫生监督所（中心）111 个。卫生技术人员 28.6 万人。其中，执业医师和执业助理医师 10.5 万人，注册护士 12.9 万人。医院、卫生院床位数 26.5 万张，其中乡镇卫生院床位数 5.8 万张。

年末全省共有青少年俱乐部138个，青少年户外活动营地4个；国家级体育传统项目学校15所，省级体育传统项目学校237所，省级单项体育后备人才基地37个。全年新建村级农民体育健身工程243个，乡镇农民体育健身工程22个。在国际和国内的重大比赛中共获得18枚金牌、14枚银牌和28枚铜牌。

十二、资源、环境和应急管理

全年全省$PM_{2.5}$浓度为30微克/立方米，比上年下降14.3%，平均浓度达国家二级标准。全年优良天数比例为94.7%，比上年上升5.0个百分点，优良天数增加20天。空气中的SO_2、PM_{10}、NO_2浓度均达到国家二级标准，SO_2与上年持平，PM_{10}、NO_2浓度分别下降13.6%和8.3%。

全年全省地表水断面水质优良比例为94.7%，比上年上升2.3个百分点，V类及劣V类水断面比例为0。其中，国家考核断面水质优良率96.0%，上升2.7个百分点。长江干流江西段所有水质断面全部达到Ⅱ类标准；设区城市集中式生活饮用水水源地水质达标率为100%。全省10条主要河流中，信江、抚河、修河、饶河、长江九江段、袁水、萍水河、东江、环鄱阳湖区河流水质优良比例100%，赣江水质优良比例98.3%。

全年全省完成造林面积109.8万亩，改造低产低效林178.4万亩，森林覆盖率稳定在63.1%。共建立自然保护区191处，其中，国家级16处、省级39处、市县级136处。自然保护区面积110.0万公顷，占全省土地面积的6.6%。

全省平均降水量1896.8毫米，较常年偏多13%，为1961年以来第12高位。平均气温19.0℃，较常年偏高0.98℃，为1961年以来第1高位。平均日照时数1478.6小时，较常年偏少153.9小时，为1961年以来第4少位。

全年全省规模以上工业综合能源消费量5817.2万吨标准煤，增长2.9%；万元规模以上工业增加值能耗[10]下降1.6%。

全年全省共发生生产安全事故1746起，比上年减少347起，其中，道路运输业事故1485起，工矿商贸事故225起，铁路运输业事故32起。生产安全事故死亡人数1062人，比上年减少254人。其中，道路运输业事故死亡775人，工矿商贸事故死亡255人，铁路运输业事故死亡28人。亿元生产总值生产安全事故死亡人数0.041人。全年未发生重大以上事故。

面对鄱阳湖流域超历史大洪水，及时启动防汛Ⅰ级应急响应，果断实行213座单退圩堤分洪，处置较大以上险情2075处，转移安置群众71.5万人。全年全省因各类自然灾害造成957.3万人受灾，直接经济损失355.7亿元。

注释：

[1] 本公报中数据均为初步统计数。部分数据因四舍五入的原因，存在总计与分项合计不等的情况。

[2] 2020年开展第七次全国人口普查，公报中不再单独发布人口和就业人员相关数据，将

另行发布。

[3] 地区生产总值、各产业增加值绝对数按现价计算，增长速度按不变价格计算。

[4] 年度农民工数量包括年内在本乡镇以外从业 6 个月及以上的外出农民工和在本乡镇内从事非农产业 6 个月及以上的本地农民工。

[5] 农产品生产者价格是指农产品生产者直接出售其产品时的价格。

[6] 规模以上工业统计范围为年主营业务收入 2000 万元及以上的工业企业。固定资产投资（不含农户）统计范围为计划总投资 500 万元及以上项目和房地产开发投资。限额以上批发和零售业、住宿和餐饮业统计范围为年主营业务收入 2000 万元及以上的批发业企业，年主营业务收入 500 万元及以上的零售业企业，年主营业务收入 200 万元及以上的住宿业、餐饮业企业。

[7] 规模以上服务业统计范围包括：年营业收入 2000 万元及以上的交通运输、仓储和邮政业，信息传输、软件和信息技术服务业，水利、环境和公共设施管理业，卫生行业法人单位；年营业收入 1000 万元及以上的房地产业（不含房地产开发经营），租赁和商务服务业，科学研究和技术服务业，教育行业法人单位；以及年营业收入 500 万元及以上的居民服务、修理和其他服务业，文化、体育和娱乐业，社会工作行业法人单位。

[8] 邮政行业业务总量按 2010 年价格计算。

[9] 电信业务总量按 2015 年价格计算。

[10] 万元规模以上工业增加值能耗按 2015 年价格计算。

资料来源：

本公报中民用汽车、道路交通事故数据来自省公安厅；城镇新增就业、登记失业率、社会保障数据来自省人力资源和社会保障厅；财政数据来自省财政厅；水产品产量数据来自省农业农村厅；保障性住房数据来自省住房和城乡建设厅；外贸数据来自南昌海关；利用外资和省外资金、对外承包工程数据来自省商务厅；铁路客货运输量、周转量数据来自中国铁路南昌局集团有限公司；公路、水路客货运输量、周转量数据来自省交通运输厅；机场旅客吞吐量数据来自省机场集团公司；电信业务量、移动电话用户数、固定电话用户数来自省通信管理局；邮政业务量、快递业务量数据来自省邮政管理局；存贷款数据来自人民银行南昌中心支行；证券、期货数据来自江西证监局；保险数据来自江西银保监局；教育数据来自省教育厅；科技数据来自省科技厅；专利数据来自省知识产权局；质量检测、行业标准数据来自省市场监督管理局；艺术表演团体、博物馆、公共图书馆、文化馆、旅游数据来自省文化和旅游厅；广播、电视数据来自省广播电视局；报纸、期刊、图书数据来自省委宣传部；测绘数据来自省自然资源厅；卫生数据来自省卫生健康委；体育数据来自省体育局；城乡低保、社会福利、社区服务、社会捐赠数据来自省民政厅；扶贫数据来自省扶贫办；造林、森林覆盖率数据来自省林业局；空气和地表水质量、污染物排放、自然保护区数据来自省生态环境厅；降水量、平均气温、日照时数数据来自省气象局；安全生产数据来自省应急管理厅；其他数据来自省统计局和国家统计局江西调查总队。

目　录

第一篇　住户调查

第二篇 价格调查

第三篇 农业调查

第四篇 农村贫困调查

第五篇　各省区市资料

一 住户调查

简要说明

2012 年国家统计局对原来分开组织实施的城镇住户调查和农村住户调查实施了一体化改革，统一了抽样方法、指标口径等。该年鉴 2013 年之前所有调查指标为老口径调查数据，2013 年之后所有调查指标为新口径调查数据，城乡居民收支调查分布在全省 11 个设区市范围的 5000 户样本，根据城乡居民家庭记账资料得到调查数据。全省城乡可比的全体居民可支配收入与消费等数据，是根据城乡住户收支与生活状况调查和城镇化率加权汇总计算得出，住户人口特征、就业情况、住房情况、耐用消费品拥有情况等数据通过问卷方式获取。

2020年江西城乡居民收入分析及2021年形势展望

2020年，面对新冠肺炎疫情冲击，在省委、省政府坚强领导下，各地区各部门统筹疫情防控和经济社会发展工作，全力稳住就业“基本盘”，全力保障居民基本生活，人民群众的“饭碗”端得更牢，“钱袋子”扎得更紧。

一、2020年全省居民收入基本情况

2020年，全省居民人均可支配收入28017元，比上年名义增长6.7%，扣除价格因素，实际增长4.0%，名义和实际增速较全国平均水平高2.0和1.9个百分点，名义增速位居全国第4位（前三位分别是：西藏11.5%、四川7.4%、贵州6.9%）、中部六省第1位，在全国排位较2019年提升9位。

分城乡看，城镇居民人均可支配收入38556元，增长5.5%，扣除价格因素，实际增长3.0%，名义和实际增速分别较全国平均水平高2.0和1.8个百分点，名义增速位居全国第3位（前两位分别是：西藏10.0%、四川5.8%）、中部六省第1位，在全国排位较2019年提升14位。农村居民人均可支配收入16981元，增长7.5%，扣除价格因素，实际增长4.4%，名义和实际增速均比全国平均水平高0.6个百分点，增速位居全国第17位（前十六位分别是：西藏12.7%、四川8.6%、内蒙古8.4%、辽宁8.3%、广西8.3%、贵州8.2%、重庆8.1%、陕西8.0%、宁夏8.0%、黑龙江7.9%、云南7.9%、安徽7.8%、湖南7.7%、海南7.7%、吉林7.6%、山西7.6%）、中部六省第4位，在全国排位较2019年提升6位。农村居民人均可支配收入名义增速快于城镇居民2.0个百分点，实际增速快于城镇居民1.4个百分点。城乡居民收入比由2019年的2.31下降至2.27，城乡居民收入相对差距继续缩小。

表1　2020年全省及城乡居民收入情况

指标名称	全　　年		前三季度	上半年	一季度
	人均可支配收入（元）	增速（%）	增速（%）	增速（%）	增速（%）
全体居民	28017	6.7	6.4	6.0	3.4
城镇居民	38556	5.5	5.4	5.0	2.4
农村居民	16981	7.5	6.8	6.2	4.6

二、2020年全省居民收入增长特点

（一）工资性收入稳定增长，就业政策落实效果显著

2020年，全省居民人均工资性收入16001元，增长6.6%，其中，农村居民人均工资性收入增长9.0%，快于城镇居民4.1个百分点。究其原因主要是各地贯彻落实稳就业各项政策措施，充分实施就业优先政策，强化稳岗就业举措，进一步加大减负稳岗扩就业的力度，社保减免、稳岗返还等各项政策落地见效，就业形势总体稳定。据人社部门统计数据显示，2020年全省城镇新增就业46.17万人，城镇失业人员再就业人数17.67万人，就业困难人员就业人数4.67万人，新增转移农村劳动力58.86万人，均超额完成全年目标任务。

（二）经营净收入加快恢复，一二三产经营收入均实现正增长

2020 年，全省居民人均经营净收入 4446 元，增长 1.8%，其中，城乡居民人均经营净收入分别增长 1.1% 和 2.9%。具体来看，全省居民中，一产、二产、三产经营净收入分别增长 1.2%、3.7%和 2.0%。2020 年以来，受新冠疫情影响，居民经营收入受到较大冲击，加上 7 月份全省部分地区的洪涝灾害对农业生产经营造成一定影响，后期随着疫情防控形势持续向好，复工复产复商复市深入推进，经营市场逐步回暖，各项支农惠农、种粮补贴、粮食最低收购价等政策落实，居民经营收入逐渐恢复。

（三）财产净收入平稳增长，较前三季度加快 0.2 个百分点

2020 年，全省居民人均财产净收入 1871 元，增长 7.8%，较前三季度加快 0.2 个百分点。分城乡看，城镇居民人均财产净收入 3391 元，增长 6.4%，较前三季度加快 0.2 个百分点；农村居民人均财产净收入 279 元，增长 8.4%，较前三季度加快 0.8 个百分点。

（四）转移净收入较快增长，困难群体生活得到重点保障

2020 年，全省居民人均转移净收入 5699 元，增长 10.6%，其中，城乡居民人均转移净收入分别增长 8.8% 和 12.6%，在四大项收入中增长最快。2020 年以来，全省居民社保待遇按时足额发放，退休人员基本养老金上调，困难群众救助供养标准提高，灾后恢复生产下达补助资金，居民获得政府财政转移支付持续增长。2020 年，全省居民人均养老金或离退休金增长 16.6%，人均社会救济和补助增长 15.1%，政策性惠农补贴增长 15.0%。

表 2 2020 年全省分城乡居民收入四大项情况

指标名称		2020 年			
		绝对水平（元）	上年水平（元）	增速（%）	占比（%）
城镇居民	人均可支配收入	38556	36546	5.5	-
	(一)工资性收入	24310	23168	4.9	63.1
	(二)经营净收入	3089	3055	1.1	8.0
	(三)财产净收入	3391	3188	6.4	8.8
	(四)转移净收入	7766	7135	8.8	20.1
农村居民	人均可支配收入	16981	15796	7.5	-
	(一)工资性收入	7301	6699	9.0	43.0
	(二)经营净收入	5866	5701	2.9	34.6
	(三)财产净收入	279	257	8.4	1.6
	(四)转移净收入	3535	3139	12.6	20.8

（五）收入水平与全国相对差距持续缩小

2020 年，全省居民收入水平与全国平均水平的相对差距在逐步缩小，全省居民人均收入由上年全国平均水平的 85.5%提高为 87.0%，缩小 1.5 个百分点。城镇居民人均收入由上年全国平均水平的 86.3%提高为 88.0%，缩小 1.7 个百分点；农村居民人均收入由上年全国平均水平的 98.6%提高为 99.1%，缩小 0.5 个百分点。

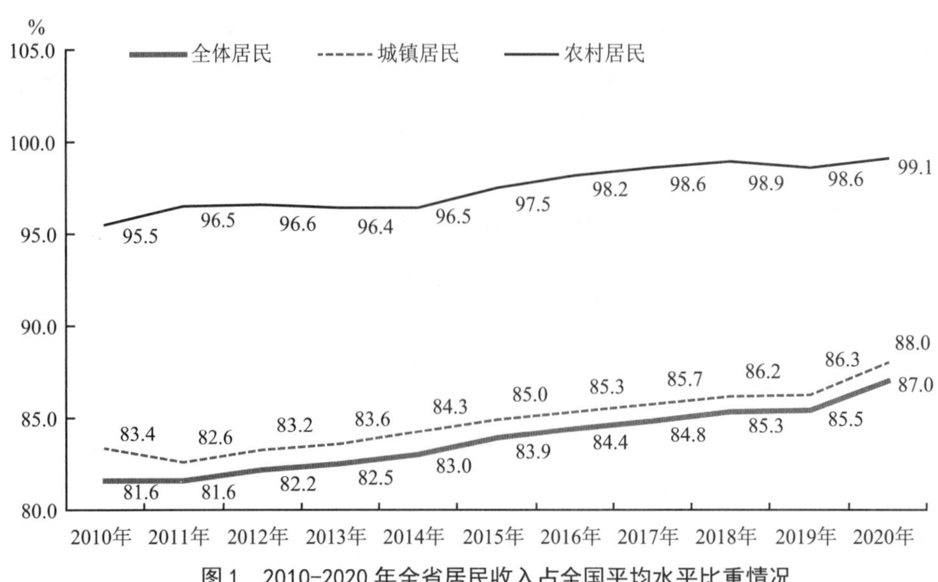

图 1　2010-2020 年全省居民收入占全国平均水平比重情况

（六）农村居民收入增长连续 11 年快于城镇居民，城乡居民收入差距持续缩小

近年来，无论是城镇居民还是农村居民，收入水平都有了较大幅度的提高，特别是多年来全省持续推进强农、惠农、富农政策，取得较大成效，改革发展成果更多地惠及农村居民，“精准扶贫”不断推进，有效促进了农民增收。2010 年以来，全省城乡居民收入比（以农村为 1）从 2.61 缩小至 2020 年的 2.27，呈现逐年缩小的态势。

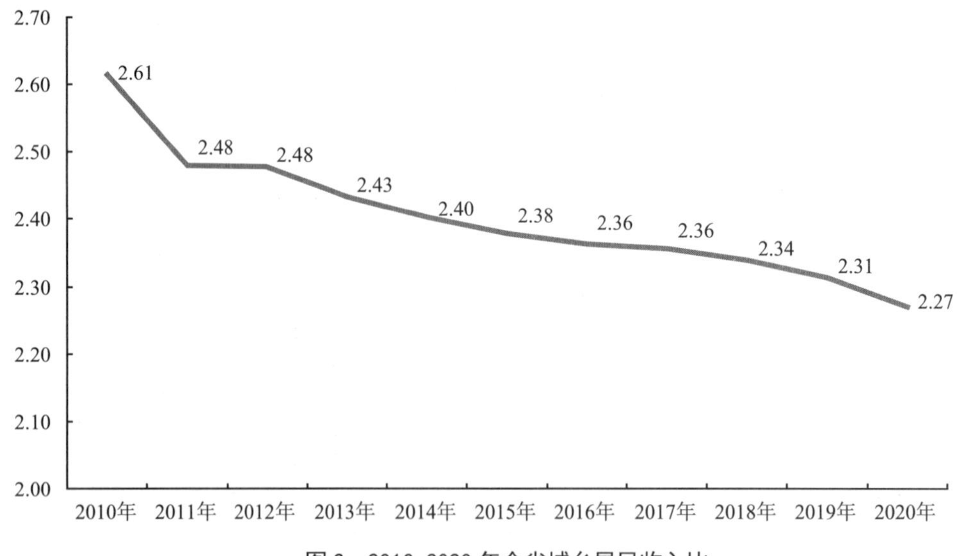

图 2　2010-2020 年全省城乡居民收入比

（七）收入结构欠合理影响增收持续性

2020 年，在全省居民收入结构中，按占比由高到低是工资性收入、转移净收入、经营净收入、财产净收入，四大项收入之比为 57.1∶20.3∶15.9∶6.7，工资性收入和转移净收入占比超过三分之二，居民收入增长主要依赖于工资及转移收入的增长，收入来源的渠道略显单一。随着各项惠民政策的补贴标准、补贴范围趋于稳定，增资政策拉动居民收入增长的政策效应已基本释放，短期内对居民增收的支撑力会逐步趋弱。

三、2021 年全省民生形势展望

展望 2021 年，宏观经济仍有可能受到疫情扰动，但由于我国在疫情防控方面已积累较多经验，在相对正常的社会环境下，内外需将会同步向好，从而保证居民收入继续沿着复苏路径回升。受 2020 年一、二季度收入低基数的影响，预计 2021 年全省居民收入将呈现前高后低走势。

一是疫情对经济影响预计继续减弱。2021 年，随着新冠疫情疫苗逐步投入使用，再次暴发大规模疫情的可能性不大，有望稳健步入后疫情时代，对经济的影响将继续减弱。

二是就业形势预计逐步得到改善。2020 年，全省就业形势总体稳定，全省城镇新增就业、城镇失业人员再就业、新增转移农村劳动力等均超额完成全年目标任务。随着 2021 年经济形势进一步好转，制造业及相关服务业就业将会持续向好，就业形势将会得到好转。

三是消费者信心预计进一步恢复。一方面，国内疫情防控形势仍然平稳可控，民众对病毒的恐慌心理明显消退，有利于消费尤其是餐饮等服务消费好转。另一方面，江西省出台“十四五”规划文件强调，2021 年开始要立足国内大循环，深挖国内巨大需求潜力，以国内大循环引领国际循环，提升内需质量。为畅通国民经济循环，促进形成以国内大循环为主体、国内国际双循环相互促进的新发展格局，各部门、各地区会牢牢把握扩大内需这个战略基点，继续出台政策措施，助力新型消费发展壮大，促进传统消费增长，政策红利明显释放。

四是物价波动预计回归温和上涨。2021 年通胀将呈现温和回升走势，特别是随着猪周期走向下半场，猪肉产能不断释放，猪肉价格不具备大幅上涨的可能。再加上，现在各行各业的产能在逐渐恢复，未来相关商品的价格也会回归正规，物价走势将会在合理范围内。

2021 年全省居民收入虽然预计持续恢复，但仍然不可盲目乐观，经济发展环境面临深刻复杂变化，全球新冠疫情前景未卜，世界经济复苏前景充满不确定性，国内经济循环面临多重堵点，重大风险隐患不容忽视。

四、几点建议

（一）坚持就业优先战略

就业是最大的民生，关系亿万人民切身利益，关乎社会和谐稳定。要进一步强化就业优先政策，千方百计稳定和扩大就业，坚持经济发展就业导向，努力创造更多就业机会，促进和规范就业新模式、新业态的发展，支持吸纳就业较多的中小微企业的发展。要注重缓解结构性就业矛盾，积极应对劳动年龄人口减少的新趋势，开展更加有效的职业技能培训，大规模提高劳动力素质，创造新的人口红利。要完善重点群体就业支持体系，统筹做好农民工转移就业、高校毕业生就业、新增劳动力就业、去产能企业职工再就业等工作，统筹解决好周期性失业、结构性失业和摩擦性失业问题。要完善促进创业带动就业、多渠道灵活就业的保障制度，鼓励个体经营，增加非全日制就业机会，支持发展新就业形态，强化对灵活就业人员就业服务、劳动权益和基本生活保障。

（二）提升公共服务和社会保障水平

社会保障是民生安全网、社会稳定器，对于解决人民生活后顾之忧、促进社会公正和谐具有重大作用。要进一步巩固和完善社会保障体系，健全覆盖全民、统筹城乡、公平统一、可持续的多层次社会保障体系，为全体人民提供生活和生产的基础性社会保障。要适应就业市场新业态的发展，健全灵活就业人员社会保险制度。要发展多层次养老保险体系，充分考虑发展的阶段性特征和财政承受能力，将提高福利水平建立在经济和财力可持续增长基础上，不断增强社会保障能力，实现老有所养、老有所依、老有所乐、老有所安，切实增进人民福祉。

（三）改善收入结构，把增加居民经营性、财产性收入作为聚焦富民战略的重点方向

经营性收入和财产性收入是全省富民的“短板”，也是潜力所在。要优化创新创业环境，拓展经营性

收入增长空间，发挥市场配置资源的决定性作用，降低创新创业成本，提升创新创业参与率，推进简政放权改革，为市场主体释放更大空间，推动“草根经济”发展，大力发展新经济新业态新模式。进一步改善居民投资环境，保护公民财产权，着力提高居民股权红利收入，支持居民财产向资本转变，大力发展房屋租赁市场，为居民创造更多的财产性收入。

（四）深入实施乡村振兴战略，促进城乡融合发展，缩小城乡收入差距

乡村振兴战略是推动农业农村发展繁荣的重大决策。要着力推进脱贫攻坚同乡村振兴有效衔接，大力发展乡村产业，巩固脱贫成果；要着力提升农业综合市场能力，推动农业产业现代化，做大做强农产品加工业，发展休闲农业、农村电商等新产业、新业态，推动农业一二三产业融合发展；要推动基础设施向乡村延伸，公共服务向乡村覆盖，持续改善农村人居环境，让农民有更多的获得感和幸福感。

（廖云洲）

2020 年江西城乡居民消费在疫情中“育”新机

2020 年新冠疫情发生以来，全省上下出台了一系列促消费政策办法，各地采取减税优惠、发放消费券、举办各类展会活动等措施，促进了居民消费的加速回暖。

一、居民消费增幅前降后升

（一）全省居民消费前降后升

2020 年以来，随着经济社会秩序有序恢复，全省居民人均生活消费支出继续回升。全省居民人均消费支出 17955 元，同比增长 1.7%，增幅较前三季度高 1.8 个百分点，扣除价格因素，实际下降 0.9%。分城乡看：城镇居民人均消费支出 22134 元，下降 2.6%，降幅较前三季度收窄 1.8 个百分点，扣除价格因素，实际下降 4.8%，名义和实际增速均比全国平均水平高 1.2 个百分点；农村居民人均生活消费支出 13579 元，同比增长 8.7%，增幅较前三季度增加 1.7 个百分点，扣除价格因素，实际增长 5.5%，名义和实际增速分别较全国平均水平高 5.8 和 5.6 个百分点。

表 1　2020 年全省城乡居民消费及增速情况

指标名称	全年		前三季度	上半年	一季度
	消费支出（元）	增速（%）	增速（%）	增速（%）	增速（%）
全体居民	17955	1.7	-0.1	-2.3	-5.3
城镇居民	22134	-2.6	-4.4	-6.0	-8.0
农村居民	13579	8.7	7.0	3.7	-1.0

（二）消费八大项“四升四降”

2020 年，全省居民人均消费支出八大项呈现“四升四降”态势，增长最快的是医疗保健支出，增长 13.7%，其次是食品烟酒支出、交通通信支出及居住支出，分别增长 10.8%、2.0%及 1.3%；下降最快的是其他用品和服务支出，下降 17.4%，其次是生活用品及服务支出、教育文化娱乐支出及衣着支出，分别下降 14.4%、10.3%及 8.4%。分城乡来看，城镇居民消费支出八大项呈现“三升五降”态势，增长最快的是医疗保健支出，农村居民消费支出八大项呈现“五升三降”态势，增长最快的是食品烟酒支出，城乡居民消费支出八大项中下降最快的均是其他用品和服务支出。

表 2　2020 年全省居民人均生活消费支出八大项情况

项目	全体		城镇		农村	
	绝对值（元）	增幅（%）	绝对值（元）	增幅（%）	绝对值（元）	增幅（%）
消费支出	17955	1.7	22134	-2.6	13579	8.7
#食品烟酒	5781	10.8	6949	5.2	4557	19.9
#衣着	987	-8.4	1355	-13.7	603	4.3
#居住	4455	1.3	5316	-1.0	3554	4.2
#生活用品及服务	967	-14.4	1234	-18.1	687	-7.6
#交通通信	2146	2.0	2857	3.1	1403	-1.6
#教育文化娱乐	1879	-10.3	2262	-18.7	1478	5.9
#医疗保健	1437	13.7	1724	10.6	1137	17.9
#其他用品和服务	303	-17.4	438	-20.6	162	-9.7

（三）恩格尔系数反弹

2020 年，全省居民恩格尔系数为 32.2%，较上年回升 2.7 个百分点。其中，城镇居民恩格尔系数 31.4%，较上年回升 2.3 个百分点；农村居民恩格尔系数 33.6%，较上年回升 3.2 个百分点。疫情以来，全省居民基本民生得到保障，生活必需品供应充裕，居民食品烟酒等基本生活支出稳定增长。特别是 2-3 月份受疫情防控措施影响，居民外出次数大幅减少，在家做饭的家庭比例大幅提高，同时受部分恐慌情绪影响，部分居民囤积食品，造成粮油、蔬菜、肉类等生活必需类食品支出增长较快。同时，据 CPI 调查数据显示，2020 年全省食品价格快速上涨（11.5%），双重因素造成全省城乡居民恩格尔系数双双反弹。

（四）城乡居民消费差距继续缩小

随着全省农村居民收入的快速增长，脱贫攻坚成效的持续巩固，农村市场消费潜能得到有效释放，同时疫情对农村居民生活消费的冲击程度轻于城镇居民。2020 年，全省农村居民人均消费支出名义增速和实际增速均快于城镇居民 11.3 和 10.3 个百分点，城乡消费比为 1.63，较上年同期的 1.82 低 0.19。从绝对差值看，城乡居民生活消费绝对差值为 8555 元，比去年同期的 10217 元缩小 1662 元。

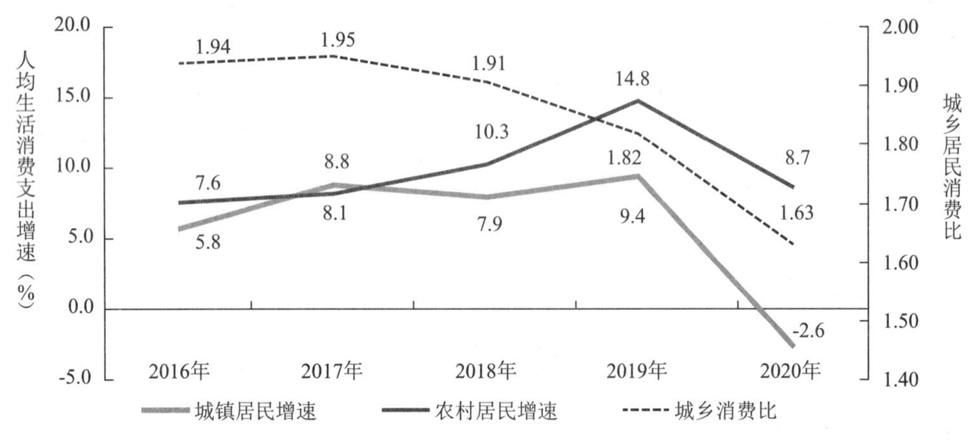

图 1　2016-2020 年全省城乡居民消费增速及城乡居民消费比

（五）耐用消费品拥有量继续增加

2020 年，全省每百户家用汽车拥有量 31.78 辆，比上年增加 3.7 辆；每百户洗衣机拥有量为 82.08 台，比上年增长 1.3%；每百户电冰箱拥有量为 99.07 台，比上年增长 0.8%；每百户空调拥有量为 115.79 台，比上年增长 7.5%；每百户抽油烟机拥有量为 57.91 台，比上年增长 7.2%；每百户热水器拥有量为 95.98 台，比上年增长 6.0%。值得一提的是，由于新冠疫情影响，居民更加注重健康家电及健身器材的消费，特别是城镇居民更为明显，2020 年城镇居民每百户家用空气净化器、洗碗机、健身器材拥有量分别比上年增长 60.4%、14.4%、55.8%。

二、疫情之危转化为发展之机

疫情给居民消费带来了深远的影响，一方面给消费造成了冲击，特别是疫情防控期间，实体零售、餐饮、酒店、旅游、文化娱乐等传统服务业基本停摆，大量线下服务业被抑制；另一方面，疫情作为催化剂也推动着消费者心理和行为的改变，重塑居民消费习惯，催生消费新业态。放眼未来，疫情期间催生的线上消费、信息消费、健康消费等新型消费将加速释放人民群众高质量生活需求，成为促进消费回补、畅通国内大循环的新引擎。

一是线上消费需求蓬勃发展。线上消费领域进一步拓展，从原有的实物消费向服务消费延伸，如在线教育、在线医疗、远程办公、直播带货等新业态大幅提升。2020 年，全省限额以上单位通过公共网络实现的零售额累计同比增长 38.6%，高于限额以上消费品零售额增速 33.1 个百分点。

二是健康消费意识显著增强。突如其来的疫情，是对人们身体素质、防护措施以及安全意识的一次考验，也逐渐改变了人们的一些消费观念，居民健康防护意识显著增强。2020 年，全省居民人均花在口罩、酒精等医疗卫生器具上的支出增长 3.6 倍，人均购买洗涤及卫生用品支出增长 13.8%。同时，后疫情时代，居民更加注重个人健康类消费，全省城镇居民人均购买健身器材支出增长5.8倍，人均体育户外用品支出增长17.3%。

三是信息消费日益活跃。信息消费是消费的重要组成部分，更是畅通国内大循环的重要动力。随着互联网的发展普及，信息消费快速融入人民群众生活方方面面，2020年，全省居民人均通信支出保持较快增长，增长14.2%。其中，人均通信工具和通信服务支出分别增长17.5%和12.7%。

三、眼前困难犹在，前景依然光明

2020年，新冠肺炎疫情加大了经济下行压力，经济活动明显放缓，但在复工复产复商复市全面推进、消费回补政策持续发力等一系列有利因素支撑下，消费持续恢复。随着疫情形势持续向好，国内大循环新发展格局加快形成，预计2021年全省居民消费形势更加光明。

（一）眼前困难犹在

一是疫情影响深远。目前随着国内疫情缓解，人们的需求正逐步恢复，但鉴于全球疫情的不确定性，加上我国多点零发以及境外输入疫情风险仍存，许多防护措施在短期难以解除，消费和服务业恢复迟于预期。住户调查数据显示，2020年，全省居民人均服务性消费支出下降6.3%。

二是就业压力仍存，增收步伐放缓。从居民收入看，受疫情影响，企业经营困难、增收渠道较窄等多因素制约，全省城乡居民增收步伐有所放缓。2020年，全省城镇、农村居民人均可支配收入38556元、16981元，低于全国平均水平5278元、150元，增长5.5%、7.5%，其中，城镇居民人均可支配收入较上年同期放缓2.6个百分点，农村居民人均可支配收入较上年同期放缓1.7个百分点。从就业形势看，当前经济发展的外部形势复杂严峻，实体企业效益下滑，部分领域就业压力有所上升。居民增收放缓和就业压力上升等因素制约着居民消费的增长。

三是区域消费发展不平衡。从城乡消费来看，不仅存在量的差距，也存在质的差距。2020年，全省农村居民的食品烟酒、居住等基本生活保障类消费比重较高，分别达到33.56%、26.17%，分别比城镇居民高2.17、2.16个百分点；而农村居民的交通通信、教育文化娱乐、医疗保健三项发展型消费比重比城镇低1.34个百分点。从各市居民消费看，2020年城镇居民人均消费水平最高的南昌市，达到27955元，最低的抚州市为19597元，相差8358元；农村居民人均消费水平最高的新余市，达到15546元，最低的赣州市为11676元，相差3870元。

（二）前景依然光明

一是宏观基础总体稳定。面对突如其来的新冠肺炎疫情和鄱阳湖流域超历史大洪水，全省守住了稳增长、保就业的下限和防通胀的上限。总体来看，宏观经济运行保持在合理区间，2020年全省地区生产总值初步核算增长3.8%；就业形势保持稳定，全省城镇新增就业46.17万人，超额完成全年目标任务；居民消费价格同比上涨2.6%。

二是政策效应持续增强。2020年疫情以来，全省各地通过发放消费券、减免门票、举办消费节等一系列措施促进消费恢复。“十四五”规划文件强调，2021年开始要立足国内大循环，深挖国内巨大需求潜力，以国内大循环引领国际循环，提升内需质量。为畅通国民经济循环，促进形成以国内大循环为主体、国内国际双循环相互促进的新发展格局，各部门、各地区会牢牢把握扩大内需这个战略基点，继续出台政策措施，助力新型消费发展壮大，促进传统消费增长，政策红利明显释放。

三是增长潜力依然巨大。多年来，全省市场规模稳步提升，2020年，全省消费品市场突破万亿元，实现社会消费品零售总额10371.8亿元，同比增长3.0%，消费对经济增长的主引擎作用持续显现。同时，全省乡村市场前景广阔，随着乡村基础设施建设完善、线上销售渠道向农村地区下沉及农村居民购买力提高，乡村市场消费潜力正在逐步释放。从长远看，全省居民消费增长潜力巨大。

四、意见建议

坚持扩大内需、促进消费回补需要从需求侧和供给侧两端发力。从需求侧看：需要持续增加居民收入，充分发挥消费券的拉动作用，释放人们因疫情被压制的消费欲望，提振后疫情时代居民消费信心；需要建立健全多层次的社会保障制度，拓宽基础保障面、提高保障水平，让人民群众有底气、敢消费；需要促进重点群体增收，挖掘乡村消费潜力，推进乡村经济多元化，支持农民工、高校毕业生、退役军人等人员返乡创业，从根本上提升消费能力。从供给侧看：需要做好创新发展，提高有效供给能力，通过创造新供给、提高供给质量，扩大消费需求；需要激发社会力量，补齐服务业供给短板，深化社会领域供给侧结构性改革，进一步激发医疗、养老、教育、文化、体育等社会领域投资活力，着力增加产品和服务供给，不断优化质量水平；需要全面营造放心消费环境，充分利用大数据、云计算、移动互联网等现代信息化手段，探索实行“互联网+监管”模式，推动实现智能监管，畅通消费者投诉渠道。

（廖云洲）

1-1 全省居民家庭基本情况

指 标	单位	2014	2015	2016	2017	2018	2019	2020
一、基本情况								
户均常住人口	人/户	3.4	3.3	3.3	3.3	3.4	3.4	3.3
户均常住从业人口	人/户	2.3	2.2	2.2	2.2	2.2	2.1	2.2
平均每户家庭从业人口比重	%	67.6	66.8	66.6	66.9	64.1	63.4	65.3
平均每一从业人口负担人数(包括从业者本人)	人	1.5	1.5	1.5	1.5	1.6	1.6	1.5
二、户主文化程度								
(一)未上过学	%	2.3	2.0	2.1	2.0	3.0	2.7	2.6
(二)小学	%	25.4	25.3	26.0	25.9	27.9	27.2	26.9
(三)初中	%	44.1	44.5	44.9	45.0	42.1	43.0	43.1
(四)高中	%	18.2	18.4	17.8	17.9	16.1	15.8	16.1
(五)大学专科	%	6.4	6.5	6.0	6.0	6.5	6.7	6.7
(六)大学本科及以上	%	3.5	3.3	3.2	3.2	4.4	4.5	4.5
三、常住从业人员就业类型								
(一)雇主	%	1.1	1.6	1.5	1.5	1.6	1.2	0.7
(二)公职人员	%	3.1	3.0	2.8	2.7	2.7	2.7	2.1
(三)事业单位人员	%	4.5	4.1	4.6	4.6	5.9	5.9	5.7
(四)国有企业雇员	%	2.4	2.5	2.8	2.7	2.3	2.2	1.7
(五)其他雇员	%	45.0	42.8	41.4	42.8	47.9	52.8	55.2
(六)农业自营	%	33.1	36.5	37.6	36.4	29.8	25.6	24.0
(七)非农自营	%	10.8	9.5	9.2	9.3	9.8	9.6	10.5
四、常住从业人员从事主要行业								
(一)第一产业	%	39.0	39.5	39.2	37.7	30.8	27.0	26.2
(二)第二产业	%	25.1	26.0	25.4	25.8	26.9	28.3	27.9
(三)第三产业	%	35.9	34.6	35.3	36.5	42.2	44.8	45.9
五、居民收入与支出情况								
居民人均可支配收入	元/人	16734.2	18437.1	20109.6	22031.4	24079.7	26262.4	28016.5
居民人均现金可支配收入	元/人	15513.8	17048.3	18738.9	20697.7	22785.6	25186.7	26575.3
居民人均消费支出	元/人	11088.9	12403.4	13258.6	14459.0	15792.0	17650.5	17955.3
居民人均现金消费支出	元/人	8917.9	10047.4	10674.7	11782.7	12740.7	14298.0	14319.6

1-2 全省居民可支配收入及构成

指　　标	2014	2015	2016	2017	2018	2019	2020
可支配收入(元/人)	**16734.2**	**18437.1**	**20109.6**	**22031.4**	**24079.7**	**26262.4**	**28016.5**
一、工资性收入	9386.1	10304.2	11309.4	12553.1	13738.5	15005.9	16001.0
二、经营净收入	3106.3	3327.5	3579.8	3760.9	4055.6	4366.6	4445.6
(一)第一产业经营净收入	1625.7	1696.6	1737.9	1690.3	1835.7	1946.3	1969.2
1.农业	1247.5	1255.0	1275.4	1235.9	1374.8	1470.0	1487.6
2.林业	151.1	130.7	114.1	88.5	86.6	91.0	96.8
3.牧业	171.3	239.2	307.4	318.5	316.1	326.3	327.9
4.渔业	55.9	71.7	41.0	47.3	58.2	59.0	56.8
(二)第二产业经营净收入	265.5	281.6	324.3	350.6	377.0	408.3	423.4
(三)第三产业经营净收入	1215.1	1349.3	1517.6	1720.1	1842.9	2011.9	2053.0
三、财产净收入	1242.7	1328.2	1368.6	1397.0	1584.6	1735.5	1870.7
四、转移净收入	2999.1	3477.2	3851.8	4320.4	4700.9	5154.4	5699.2
(一)转移性收入	3510.4	4052.8	4438.8	5028.8	5621.5	6209.9	6819.3
(二)转移性支出	511.3	575.6	587.0	708.3	920.6	1055.4	1120.1
可支配收入构成(%)	**100.0**	**100.0**	**100.0**	**100.0**	**100.0**	**100.0**	**100.0**
一、工资性收入	56.1	55.9	56.2	57.0	57.1	57.1	57.1
二、经营净收入	18.6	18.0	17.8	17.1	16.8	16.6	15.9
(一)第一产业经营净收入	9.7	9.2	8.6	7.7	7.6	7.4	7.0
1.农业	7.5	6.8	6.3	5.6	5.7	5.6	5.3
2.林业	0.9	0.7	0.6	0.4	0.4	0.3	0.3
3.牧业	1.0	1.3	1.5	1.4	1.3	1.2	1.2
4.渔业	0.3	0.4	0.2	0.2	0.2	0.2	0.2
(二)第二产业经营净收入	1.6	1.5	1.6	1.6	1.6	1.6	1.5
(三)第三产业经营净收入	7.3	7.3	7.5	7.8	7.7	7.7	7.3
三、财产净收入	7.4	7.2	6.8	6.3	6.6	6.6	6.7
四、转移净收入	17.9	18.9	19.2	19.6	19.5	19.6	20.3
(一)转移性收入	21.0	22.0	22.1	22.8	23.3	23.6	24.3
(二)转移性支出	3.1	3.1	2.9	3.2	3.8	4.0	4.0

1-3　全省居民现金可支配收入及构成

指　　标	2014	2015	2016	2017	2018	2019	2020
现金可支配收入(元/人)	**15513.8**	**17048.3**	**18738.9**	**20697.7**	**22785.6**	**25186.7**	**26575.3**
一、现金工资性收入	9367.8	10283.0	11288.6	12525.3	13707.4	14967.1	15963.2
二、现金经营净收入	2687.1	2852.7	3207.3	3498.0	3901.8	4569.3	4438.2
(一)第一产业经营净收入	1067.6	1100.1	1262.1	1298.5	1536.4	1941.7	1811.8
1.农业	810.0	758.4	888.5	896.8	1130.5	1504.9	1386.7
2.林业	71.1	64.8	56.2	61.2	38.8	52.7	67.7
3.牧业	131.0	206.1	277.3	294.7	312.7	324.4	302.6
4.渔业	55.5	70.8	40.1	45.8	54.3	59.7	54.8
(二)第二产业经营净收入	283.5	309.4	347.6	389.0	409.3	433.2	441.7
(三)第三产业经营净收入	1336.0	1443.1	1597.6	1810.5	1956.2	2194.4	2184.8
三、现金财产净收入	565.5	546.2	512.0	480.8	655.2	726.4	735.3
四、现金转移净收入	2893.4	3366.4	3731.0	4193.6	4521.1	4923.9	5438.6
(一)现金转移性收入	3404.7	3943.1	4318.0	4901.9	5441.7	5979.3	6558.7
(二)现金转移性支出	511.3	576.7	587.0	708.3	920.6	1055.4	1120.1
现金可支配收入构成(%)	**100.0**	**100.0**	**100.0**	**100.0**	**100.0**	**100.0**	**100.0**
一、现金工资性收入	60.4	60.3	60.2	60.5	60.2	59.4	60.1
二、现金经营净收入	17.3	16.7	17.1	16.9	17.1	18.1	16.7
(一)第一产业经营净收入	6.9	6.5	6.7	6.3	6.7	7.7	6.8
1.农业	5.2	4.4	4.7	4.3	5.0	6.0	5.2
2.林业	0.5	0.4	0.3	0.3	0.2	0.2	0.3
3.牧业	0.8	1.2	1.5	1.4	1.4	1.3	1.1
4.渔业	0.4	0.4	0.2	0.2	0.2	0.2	0.2
(二)第二产业经营净收入	1.8	1.8	1.9	1.9	1.8	1.7	1.7
(三)第三产业经营净收入	8.6	8.5	8.5	8.7	8.6	8.7	8.2
三、现金财产净收入	3.6	3.2	2.7	2.3	2.9	2.9	2.8
四、现金转移净收入	18.7	19.7	19.9	20.3	19.8	19.5	20.5
(一)现金转移性收入	21.9	23.1	23.0	23.7	23.9	23.7	24.7
(二)现金转移性支出	3.3	3.4	3.1	3.4	4.0	4.2	4.2

1-4 全省居民消费支出及构成

指　　标	2014	2015	2016	2017	2018	2019	2020
消费支出(元/人)	**11088.9**	**12403.4**	**13258.6**	**14459.0**	**15792.0**	**17650.5**	**17955.3**
(一)食品烟酒	3785.8	4181.7	4400.8	4626.1	4809.0	5215.2	5780.6
(二)衣着	853.4	929.1	944.7	1005.8	1074.1	1077.6	987.2
(三)居住	2576.6	2783.4	3089.1	3552.2	3795.2	4398.8	4454.9
(四)生活用品及服务	679.3	736.6	765.0	859.9	1047.7	1128.6	966.5
(五)交通通信	1164.3	1444.4	1576.9	1600.7	1872.1	2104.3	2146.4
(六)教育文化娱乐	1151.1	1354.0	1424.4	1606.8	1813.0	2094.2	1879.0
(七)医疗保健	635.0	698.8	764.5	877.8	1000.0	1264.5	1437.3
(八)其他用品及服务	243.4	275.5	293.2	329.7	381.0	367.3	303.3
消费支出构成(%)	**100.0**	**100.0**	**100.0**	**100.0**	**100.0**	**100.0**	**100.0**
(一)食品烟酒	34.1	33.7	33.2	32.0	30.5	29.5	32.2
(二)衣着	7.7	7.5	7.1	7.0	6.8	6.1	5.5
(三)居住	23.2	22.4	23.3	24.6	24.0	24.9	24.8
(四)生活用品及服务	6.1	5.9	5.8	5.9	6.6	6.4	5.4
(五)交通通信	10.5	11.6	11.9	11.1	11.9	11.9	12.0
(六)教育文化娱乐	10.4	10.9	10.7	11.1	11.5	11.9	10.5
(七)医疗保健	5.7	5.6	5.8	6.1	6.3	7.2	8.0
(八)其他用品及服务	2.2	2.2	2.2	2.3	2.4	2.1	1.7

1-5 全省居民现金消费支出及构成

指 标	2014	2015	2016	2017	2018	2019	2020
现金消费支出(元/人)	**8917.9**	**10047.4**	**10674.7**	**11782.7**	**12740.7**	**14298.0**	**14319.6**
(一)食品烟酒	3397.9	3795.6	4043.4	4296.0	4586.5	4969.3	5475.0
(二)衣着	853.1	928.9	944.6	1005.7	1073.9	1077.1	987.0
(三)居住	899.7	924.5	984.4	1337.2	1160.3	1547.0	1403.5
(四)生活用品及服务	678.8	736.3	764.3	859.3	1044.6	1123.1	960.9
(五)交通通信	1164.1	1444.1	1576.1	1598.9	1871.6	2102.7	2144.9
(六)教育文化娱乐	1151.0	1354.0	1424.4	1606.7	1812.9	2089.7	1878.0
(七)医疗保健	530.9	590.3	646.8	755.0	816.5	1025.2	1170.0
(八)其他用品及服务	242.5	273.5	290.7	324.0	374.5	363.8	300.3
现金消费支出构成(%)	**100.0**	**100.0**	**100.0**	**100.0**	**100.0**	**100.0**	**100.0**
(一)食品烟酒	38.1	37.8	37.9	36.5	36.0	34.8	38.2
(二)衣着	9.6	9.2	8.8	8.5	8.4	7.5	6.9
(三)居住	10.1	9.2	9.2	11.3	9.1	10.8	9.8
(四)生活用品及服务	7.6	7.3	7.2	7.3	8.2	7.9	6.7
(五)交通通信	13.1	14.4	14.8	13.6	14.7	14.7	15.0
(六)教育文化娱乐	12.9	13.5	13.3	13.6	14.2	14.6	13.1
(七)医疗保健	6.0	5.9	6.1	6.4	6.4	7.2	8.2
(八)其他用品及服务	2.7	2.7	2.7	2.7	2.9	2.5	2.1

1-6 城镇居民家庭基本情况

指 标	单位	2014	2015	2016	2017	2018	2019	2020
一、基本情况								
户均常住人口	人/户	3.2	3.1	3.1	3.1	3.4	3.4	3.3
户均常住从业人口	人/户	2.3	2.2	2.2	2.2	2.2	2.2	2.3
平均每户家庭从业人口比重	%	71.9	71.8	71	71.5	66.8	65.9	68.0
平均每一从业人口负担人数(包括从业者本人)	人	1.4	1.4	1.4	1.4	1.5	1.5	1.5
二、户主文化程度								
(一)未上过学	%	1.7	1.4	0.9	0.7	2.3	2.1	2.0
(二)小学	%	13.1	13.3	13.1	12.3	17.9	18.3	18.0
(三)初中	%	32.7	32.6	36.6	35.6	38.6	39.6	39.4
(四)高中	%	27.7	28.0	27.3	28.1	21.5	20.6	21.1
(五)大学专科	%	15.4	16.1	14.1	14.9	11.3	11.3	11.4
(六)大学本科及以上	%	9.3	8.6	8.0	8.4	8.4	8.2	8.2
三、常住从业人员就业类型								
(一)雇主	%	1.3	1.8	1.0	1.0	1.8	1.4	0.8
(二)公职人员	%	8.5	8.3	7.1	7.0	4.7	4.5	3.8
(三)事业单位人员	%	11.8	10.9	11.6	12.2	10.3	9.8	9.6
(四)国有企业雇员	%	6.5	6.6	7.5	7.8	4.2	3.9	3.2
(五)其他雇员	%	54.5	58.0	57.6	58.1	56.8	59.5	60.7
(六)农业自营	%	6.8	5.0	6.2	5.1	11.4	10.7	9.9
(七)非农自营	%	10.5	9.5	8.9	8.9	10.9	10.3	12.0
四、常住从业人员从事主要行业								
(一)第一产业	%	9.2	7.2	8.0	6.6	12.6	11.8	11.2
(二)第二产业	%	22.4	23.8	26.3	26.0	26.2	26.7	26.1
(三)第三产业	%	68.3	69.0	65.7	67.5	61.2	61.5	62.7
五、居民收入与支出情况								
居民人均可支配收入	元/人	24309.2	26500.1	28673.3	31198.1	33819.4	36545.9	38555.8
居民人均现金可支配收入	元/人	22826.1	24801.2	26847.3	29285.6	31789.8	34375.1	36032.5
居民人均消费支出	元/人	15141.8	16731.8	17695.6	19244.5	20760.0	22714.3	22134.3
居民人均现金消费支出	元/人	12775.7	14121.9	14909.8	16277.3	17302.1	18903.2	18022.1

1-7 城镇居民可支配收入及构成

指　　标	2014	2015	2016	2017	2018	2019	2020
可支配收入(元/人)	**24309.2**	**26500.1**	**28673.3**	**31198.1**	**33819.4**	**36545.9**	**38555.8**
一、工资性收入	15623.1	16834.9	18135.9	19794.9	21451.1	23167.6	24309.5
二、经营净收入	1961.4	2108.1	2384.7	2605.5	2824.2	3055.3	3089.0
(一)第一产业经营净收入	141.3	119.3	157.3	157.1	173.6	181.9	201.8
(二)第二产业经营净收入	205.6	200.0	278.3	270.4	288.3	311.7	318.2
(三)第三产业经营净收入	1614.6	1788.8	1949.1	2178.1	2362.3	2561.7	2569.1
三、财产净收入	2489.7	2591.8	2619.3	2630.5	2950.5	3187.9	3390.8
四、转移净收入	4235.0	4965.4	5533.4	6167.2	6593.6	7135.2	7766.5
(一)转移性收入	5110.0	5912.4	6542.4	7384.6	7989.2	8750.0	9524.9
(二)转移性支出	874.9	947.0	1008.9	1217.4	1395.6	1614.8	1758.4
可支配收入构成(%)	**100.0**	**100.0**	**100.0**	**100.0**	**100.0**	**100.0**	**100.0**
一、工资性收入	64.3	63.5	63.3	63.4	63.4	63.4	63.1
二、经营净收入	8.1	8.0	8.3	8.4	8.4	8.4	8.0
(一)第一产业经营净收入	0.6	0.5	0.5	0.5	0.5	0.5	0.5
(二)第二产业经营净收入	0.8	0.8	1.0	0.9	0.9	0.9	0.8
(三)第三产业经营净收入	6.6	6.8	6.8	7.0	7.0	7.0	6.7
三、财产净收入	10.2	9.8	9.1	8.4	8.7	8.7	8.8
四、转移净收入	17.4	18.7	19.3	19.8	19.5	19.5	20.1
(一)转移性收入	21.0	22.3	22.8	23.7	23.6	23.9	24.7
(二)转移性支出	3.6	3.6	3.5	3.9	4.1	4.4	4.6

1-8 城镇居民现金可支配收入及构成

指　　标	2014	2015	2016	2017	2018	2019	2020
现金可支配收入(元/人)	**22826.1**	**24801.2**	**26847.3**	**29285.6**	**31789.8**	**34375.1**	**36032.5**
一、现金工资性收入	15586.2	16793.3	18100.9	19750.2	21395.3	23102.2	24246.3
二、现金经营净收入	2090.1	2220.6	2488.0	2765.3	2935.3	3202.5	3180.0
(一)第一产业经营净收入	104.4	86.6	136.6	135.8	121.7	122.5	149.1
(二)第二产业经营净收入	221.9	231.9	317.9	339.7	331.9	324.9	331.6
(三)第三产业经营净收入	1763.8	1902.2	2033.5	2289.8	2481.6	2755.0	2699.3
三、现金财产净收入	1037.2	945.8	842.5	758.9	1080.3	1187.3	1170.9
四、现金转移净收入	4112.6	4841.5	5415.8	6011.2	6379.0	6883.1	7435.2
(一)现金转移性收入	4987.5	5790.9	6424.8	7228.6	7774.6	8498.0	9193.6
(二)现金转移性支出	874.9	949.4	1009.0	1217.4	1395.6	1614.8	1758.4
现金可支配收入构成(%)	**100.0**	**100.0**	**100.0**	**100.0**	**100.0**	**100.0**	**100.0**
一、现金工资性收入	68.3	67.7	67.4	67.4	67.3	67.2	67.3
二、现金经营净收入	9.2	9.0	9.3	9.4	9.2	9.3	8.8
(一)第一产业经营净收入	0.5	0.3	0.5	0.5	0.4	0.4	0.4
(二)第二产业经营净收入	1.0	0.9	1.2	1.2	1.0	0.9	0.9
(三)第三产业经营净收入	7.7	7.7	7.6	7.8	7.8	8.0	7.5
三、现金财产净收入	4.5	3.8	3.1	2.6	3.4	3.5	3.2
四、现金转移净收入	18.0	19.5	20.2	20.5	20.1	20.0	20.6
(一)现金转移性收入	21.9	23.3	23.9	24.7	24.5	24.7	25.5
(二)现金转移性支出	3.8	3.8	3.8	4.2	4.4	4.7	4.9

1-9 城镇居民消费支出及构成

指　　标	2014	2015	2016	2017	2018	2019	2020
消费支出(元/人)	**15141.8**	**16731.8**	**17695.6**	**19244.5**	**20760.0**	**22714.3**	**22134.3**
(一)食品烟酒	4965.6	5407.8	5667.5	5994.0	6232.6	6604.4	6949.1
(二)衣着	1394.7	1478.3	1472.2	1531.2	1628.8	1568.9	1354.5
(三)居住	3377.1	3619.9	3915.9	4588.8	4561.7	5370.4	5315.6
(四)生活用品及服务	991.2	1007.5	1028.6	1196.2	1493.7	1507.0	1233.9
(五)交通通信	1627.7	2083.7	2310.6	2156.9	2537.6	2771.5	2856.8
(六)教育文化娱乐	1653.8	1874.4	1963.9	2235.4	2490.5	2781.4	2262.3
(七)医疗保健	760.7	841.4	887.4	1044.3	1218.9	1559.3	1724.3
(八)其他用品及服务	370.9	418.8	449.6	497.7	596.2	551.3	437.9
消费支出构成(%)	**100.0**	**100.0**	**100.0**	**100.0**	**100.0**	**100.0**	**100.0**
(一)食品烟酒	32.8	32.3	32.0	31.1	30.0	29.1	31.4
(二)衣着	9.2	8.8	8.3	8.0	7.8	6.9	6.1
(三)居住	22.3	21.6	22.1	23.8	22.0	23.6	24.0
(四)生活用品及服务	6.5	6.0	5.8	6.2	7.2	6.6	5.6
(五)交通通信	10.7	12.5	13.1	11.2	12.2	12.2	12.9
(六)教育文化娱乐	10.9	11.2	11.1	11.6	12.0	12.2	10.2
(七)医疗保健	5.0	5.0	5.0	5.4	5.9	6.9	7.8
(八)其他用品及服务	2.4	2.5	2.5	2.6	2.9	2.4	2.0

1-10 城镇居民现金消费支出及构成

指　　标	2014	2015	2016	2017	2018	2019	2020
现金消费支出(元/人)	**12775.7**	**14121.9**	**14909.8**	**16277.3**	**17302.1**	**18903.2**	**18022.1**
(一)食品烟酒	4903.9	5343.3	5611.3	5940.7	6146.1	6490.6	6832.3
(二)衣着	1394.5	1478.3	1472.2	1531.1	1628.7	1568.1	1354.4
(三)居住	1196.0	1199.0	1306.0	1838.6	1431.5	1959.6	1687.6
(四)生活用品及服务	990.3	1007.2	1028.2	1195.7	1490.9	1503.0	1227.1
(五)交通通信	1627.4	2083.2	2309.0	2153.2	2536.8	2768.9	2853.9
(六)教育文化娱乐	1653.6	1874.4	1963.8	2235.2	2490.5	2772.9	2260.6
(七)医疗保健	640.6	721.7	773.9	893.8	993.9	1295.0	1373.6
(八)其他用品及服务	369.5	414.8	445.3	489.0	583.7	545.1	432.5
现金消费支出构成(%)	**100.0**	**100.0**	**100.0**	**100.0**	**100.0**	**100.0**	**100.0**
(一)食品烟酒	38.4	37.8	37.6	36.5	35.5	34.3	37.9
(二)衣着	10.9	10.5	9.9	9.4	9.4	8.3	7.5
(三)居住	9.4	8.5	8.8	11.3	8.3	10.4	9.4
(四)生活用品及服务	7.8	7.1	6.9	7.3	8.6	8.0	6.8
(五)交通通信	12.7	14.8	15.5	13.2	14.7	14.6	15.8
(六)教育文化娱乐	12.9	13.3	13.2	13.7	14.4	14.7	12.5
(七)医疗保健	5.0	5.1	5.2	5.5	5.7	6.9	7.6
(八)其他用品及服务	2.9	2.9	3.0	3.0	3.4	2.9	2.4

1-11 城镇居民主要食品消费量

单位：公斤/人

指　标	2014	2015	2016	2017	2018	2019	2020
一、粮食(原粮)	113.6	117.1	118.5	112.4	121.3	119.7	130.9
(一)谷物	104.2	106.7	107.7	102.1	109.6	107.5	117.7
(二)薯类	0.8	1.0	1.0	1.0	1.5	1.9	2.1
(三)豆类	8.6	9.4	9.7	9.3	10.1	10.3	11.1
二、食用油	14.1	14.4	14.0	14.4	14.4	13.4	15.6
#食用植物油	13.6	13.9	13.6	14.2	13.7	12.9	15.2
三、蔬菜及菜制品	106.3	114.3	114.4	115.9	107.0	107.2	110.4
四、肉类	28.6	30.9	30.1	31.9	34.5	31.8	33.8
#猪肉	22.2	24.0	23.1	23.9	27.4	25.5	27.3
牛肉	2.2	2.6	2.7	3.1	3.3	3.4	3.7
羊肉	0.3	0.4	0.5	0.6	0.6	0.5	0.5
五、禽类	9.5	10.2	10.5	10.2	10.4	11.8	13.3
六、水产品	15.4	16.9	16.3	17.0	16.0	18.1	17.9
七、蛋类及蛋制品	7.5	8.7	8.0	8.2	8.4	8.3	9.7
八、奶和奶制品	19.5	17.3	14.4	15.7	15.7	15.8	15.4
九、干鲜瓜果类	45.7	47.9	49.9	51.2	54.1	56.9	55.8
十、食糖	1.2	1.1	1.1	1.2	1.2	1.0	1.0

1-12 城镇居民年末主要耐用消费品拥有量

单位：平均每百户

指　标	单位	2014	2015	2016	2017	2018	2019	2020
家用汽车	辆	18.8	20.0	26.2	29.2	30.7	33.7	40.9
摩托车	辆	33.5	30.7	32.1	29.0	34.7	34.1	27.2
洗衣机	台	88.7	90.7	92.4	94.2	90.2	91.8	95.8
电冰箱	台	96.0	96.6	97.5	98.6	98.2	98.9	100.3
彩色电视机	台	143.3	139.1	135.7	136.3	130.3	131.5	129.4
空　调	台	119.6	124.3	129.8	137.7	134.8	139.7	158.2
热水器	台	91.9	92.0	93.1	95.9	96.6	98.3	103.7
微波炉	台	49.9	50.6	50.4	54.2	43.5	42.7	51.7
移动电话	部	225.8	226.2	231.4	235.7	257.3	261.9	257.5
照相机	台	30.0	24.6	18.5	19.3	10.0	10.0	14.4
计算机	台	75.9	74.0	71.2	74.3	58.2	58.2	68.6

1-13　分地区城镇居民人均可支配收入

单位：元/人

地　区	2014	2015	2016
全　省	**24309**	**26500**	**28673**
南昌市	29091	31942	34619
景德镇市	26625	29101	31418
萍乡市	26019	28335	30630
九江市	25077	27635	30011
新余市	27626	29836	32163
鹰潭市	24591	26952	29116
赣州市	22935	25001	27086
吉安市	24797	27078	29307
宜春市	23221	25381	27452
抚州市	23101	25065	27195
上饶市	24656	26924	29153

1-13　续表

单位：元/人

地　区	2017	2018	2019	2020
全　省	**31198**	**33819**	**36546**	**38556**
南昌市	37675	40844	44136	46796
景德镇市	34283	37183	40143	42283
萍乡市	33120	35763	38502	40405
九江市	32592	35265	38076	40337
新余市	34775	37592	40610	42531
鹰潭市	31696	34263	37151	39053
赣州市	29567	32163	34826	37031
吉安市	31936	34692	37543	39608
宜春市	29871	32248	34831	36747
抚州市	29463	31976	34518	36628
上饶市	31853	34656	37456	39647

1-14 分地区城镇居民人均消费支出

单位：元/人

地 区	2014	2015	2016
全 省	**15142**	**16732**	**17696**
南昌市	19628	21396	22532
景德镇市	16792	18198	19082
萍乡市	17166	18928	20325
九江市	15718	17483	18273
新余市	17190	19002	20349
鹰潭市	15088	17080	18482
赣州市	14661	16080	16915
吉安市	15121	16628	17452
宜春市	14182	15888	17030
抚州市	13459	15032	15791
上饶市	13891	15137	15855

1-14 续表

单位：元/人

地 区	2017	2018	2019	2020
全 省	**19244**	**20760**	**22714**	**22134**
南昌市	24275	26081	28532	27955
景德镇市	20811	22857	24878	24030
萍乡市	21716	23298	25490	24573
九江市	19877	21447	23496	23130
新余市	22180	23524	25571	24564
鹰潭市	20207	21867	23824	23192
赣州市	18547	20247	22292	21975
吉安市	18904	20352	22224	21824
宜春市	18515	19744	21632	21030
抚州市	16981	18362	20103	19597
上饶市	17366	18913	20734	20271

1-15 农村居民家庭基本情况

指 标	单位	2014	2015	2016	2017	2018	2019	2020
一、基本情况								
户均常住人口	人/户	3.6	3.5	3.4	3.4	3.4	3.4	3.3
户均常住从业人口	人/户	2.3	2.2	2.2	2.2	2.1	2.0	2.1
平均每户家庭从业人口比重	%	64.6	64.4	64.1	64.5	61.3	60.4	62.2
平均每一从业人口负担人数(包括从业者本人)	人	1.5	1.6	1.6	1.5	1.6	1.7	1.6
二、户主文化程度								
(一)未上过学	%	2.6	2.3	2.8	2.7	3.7	3.3	3.3
(二)小学	%	32.0	31.7	33.8	33.4	38.7	37.8	37.4
(三)初中	%	50.2	50.9	50.0	50.2	45.9	47.1	47.5
(四)高中	%	13.2	13.2	12.1	12.3	10.3	10.3	10.3
(五)大学专科	%	1.6	1.4	1.1	1.2	1.4	1.3	1.3
(六)大学本科及以上	%	0.5	0.4	0.3	0.3	0.1	0.2	0.3
三、常住从业人员就业类型								
(一)雇主	%	1.0	1.5	1.8	1.7	1.4	0.9	0.5
(二)公职人员	%	0.6	0.7	0.6	0.7	0.6	0.6	0.3
(三)事业单位人员	%	1.2	1.1	1.0	1.1	1.5	1.4	1.3
(四)国有企业雇员	%	0.5	0.6	0.4	0.3	0.3	0.2	0.1
(五)其他雇员	%	40.8	36.2	33.1	35.7	39.0	44.9	49.0
(六)农业自营	%	45.0	50.3	53.6	51.0	48.6	43.0	40.0
(七)非农自营	%	11.0	9.5	9.4	9.5	8.7	8.8	8.8
四、常住从业人员从事主要行业								
(一)第一产业	%	52.4	53.6	55.2	52.3	49.4	44.7	43.1
(二)第二产业	%	26.3	26.9	25.0	25.7	27.6	30.1	29.9
(三)第三产业	%	21.2	19.4	19.9	22.0	23.0	25.2	26.9
五、居民收入与支出情况								
居民人均可支配收入	元/人	10116.6	11139.1	12137.7	13241.8	14459.9	15796.3	16980.8
居民人均现金可支配收入	元/人	9125.7	10030.9	11191.0	12462.9	13892.3	15835.1	16672.8
居民人均消费支出	元/人	7548.3	8485.6	9128.3	9870.4	10885.2	12496.7	13579.4
居民人均现金消费支出	元/人	5547.8	6359.4	6732.3	7473.0	8235.5	9611.0	10442.7

1-16 农村居民可支配收入及构成

指 标	2014	2015	2016	2017	2018	2019	2020
可支配收入(元/人)	**10116.6**	**11139.1**	**12137.7**	**13241.8**	**14459.9**	**15796.3**	**16980.8**
一、工资性收入	3937.4	4393.0	4954.7	5609.2	6121.0	6699.2	7301.2
二、经营净收入	4106.5	4431.3	4692.3	4868.8	5271.9	5701.2	5866.0
(一)第一产业经营净收入	2922.5	3124.2	3209.4	3160.4	3477.4	3742.1	3819.8
1.农业	2249.6	2319.1	2383.0	2326.7	2582.1	2803.3	2865.5
2.林业	275.3	245.7	221.1	172.8	167.5	178.5	191.9
3.牧业	303.8	432.3	531.4	579.8	620.6	650.6	652.2
4.渔业	93.9	127.1	74.0	81.2	107.1	109.7	110.3
(二)第二产业经营净收入	317.8	355.6	367.0	427.4	464.6	506.7	533.6
(三)第三产业经营净收入	866.1	951.5	1115.9	1281.0	1329.8	1452.4	1512.5
三、财产净收入	153.3	184.6	204.4	214.2	235.5	257.4	279.1
四、转移净收入	1919.3	2130.2	2286.4	2549.6	2831.6	3138.5	3534.6
(一)转移性收入	2113.0	2369.6	2480.5	2769.8	3283.0	3624.6	3986.3
(二)转移性支出	193.6	239.4	194.2	220.2	451.4	486.1	451.7
可支配收入构成(%)	**100.0**	**100.0**	**100.0**	**100.0**	**100.0**	**100.0**	**100.0**
一、工资性收入	38.9	39.4	40.8	42.4	42.3	42.4	43.0
二、经营净收入	40.6	39.8	38.7	36.8	36.5	36.1	34.5
(一)第一产业经营净收入	28.9	28.0	26.4	23.9	24.0	23.7	22.5
1.农业	22.2	20.8	19.6	17.6	17.9	17.7	16.9
2.林业	2.7	2.2	1.8	1.3	1.2	1.1	1.1
3.牧业	3.0	3.9	4.4	4.4	4.3	4.1	3.8
4.渔业	0.9	1.1	0.6	0.6	0.7	0.7	0.6
(二)第二产业经营净收入	3.1	3.2	3.0	3.2	3.2	3.2	3.1
(三)第三产业经营净收入	8.6	8.5	9.2	9.7	9.2	9.2	8.9
三、财产净收入	1.5	1.7	1.7	1.6	1.6	1.6	1.6
四、转移净收入	19.0	19.1	18.8	19.3	19.6	19.9	20.8
(一)转移性收入	20.9	21.3	20.4	20.9	22.7	22.9	23.5
(二)转移性支出	1.9	2.1	1.6	1.7	3.1	3.1	2.7

1-17 农村居民现金可支配收入及构成

指　标	2014	2015	2016	2017	2018	2019	2020
现金可支配收入(元/人)	**9125.7**	**10030.9**	**11191.0**	**12462.9**	**13892.3**	**15835.1**	**16672.8**
一、现金工资性收入	3935.4	4390.4	4947.1	5597.5	6114.2	6687.5	7290.0
二、现金经营净收入	3208.6	3424.7	3876.9	4200.5	4856.5	5960.4	5755.7
(一)第一产业经营净收入	1909.1	2017.5	2309.8	2413.4	2933.6	3793.2	3552.8
1.农业	1458.4	1401.2	1651.0	1682.3	2146.8	2926.8	2703.6
2.林业	127.1	121.0	110.8	118.7	76.2	106.1	136.8
3.牧业	230.2	369.9	475.7	534.3	609.9	648.5	605.3
4.渔业	93.4	125.5	72.2	78.1	100.6	111.9	107.1
(二)第二产业经营净收入	337.3	379.6	375.2	436.2	485.8	543.4	556.9
(三)第三产业经营净收入	962.2	1027.6	1191.9	1350.9	1437.2	1623.8	1646.0
三、现金财产净收入	153.4	184.6	204.4	214.2	235.5	257.4	279.1
四、现金转移净收入	1828.3	2031.2	2162.7	2450.7	2686.1	2929.8	3348.0
(一)现金转移性收入	2022.0	2270.6	2356.8	2670.9	3137.5	3415.9	3799.7
(二)现金转移性支出	193.6	239.4	194.2	220.2	451.4	486.1	451.7
现金可支配收入构成(%)	**100.0**	**100.0**	**100.0**	**100.0**	**100.0**	**100.0**	**100.0**
一、现金工资性收入	43.1	43.8	44.2	44.9	44.0	42.2	43.7
二、现金经营净收入	35.2	34.1	34.6	33.7	35.0	37.6	34.5
(一)第一产业经营净收入	20.9	20.1	20.6	19.4	21.1	24.0	21.3
1.农业	16.0	14.0	14.8	13.5	15.5	18.5	16.2
2.林业	1.4	1.2	1.0	1.0	0.5	0.7	0.8
3.牧业	2.5	3.7	4.3	4.3	4.4	4.1	3.6
4.渔业	1.0	1.3	0.6	0.6	0.7	0.7	0.6
(二)第二产业经营净收入	3.7	3.8	3.4	3.5	3.5	3.4	3.3
(三)第三产业经营净收入	10.5	10.2	10.7	10.8	10.3	10.3	9.9
三、现金财产净收入	1.7	1.8	1.8	1.7	1.7	1.6	1.7
四、现金转移净收入	20.0	20.2	19.3	19.7	19.3	18.5	20.1
(一)现金转移性收入	22.2	22.6	21.1	21.4	22.6	21.6	22.8
(二)现金转移性支出	2.1	2.4	1.7	1.8	3.2	3.1	2.7

1-18 农村居民消费支出及构成

指 标	2014	2015	2016	2017	2018	2019	2020
消费支出(元/人)	**7548.3**	**8485.6**	**9128.3**	**9870.4**	**10885.2**	**12496.7**	**13579.4**
(一)食品烟酒	2755.1	3071.8	3221.7	3314.4	3403.0	3801.2	4557.1
(二)衣着	380.6	431.9	453.7	502.0	526.1	577.7	602.6
(三)居住	1877.3	2026.3	2319.5	2558.2	3038.2	3410.0	3553.8
(四)生活用品及服务	406.8	491.5	519.7	537.4	607.2	743.4	686.6
(五)交通通信	759.4	865.7	893.9	1067.4	1214.7	1425.3	1402.6
(六)教育文化娱乐	711.9	882.9	922.2	1004.1	1143.7	1394.7	1477.6
(七)医疗保健	525.2	569.7	650.0	718.2	783.8	964.4	1136.7
(八)其他用品及服务	132.0	145.8	147.5	168.6	168.5	180.0	162.4
消费支出构成(%)	**100.0**	**100.0**	**100.0**	**100.0**	**100.0**	**100.0**	**100.0**
(一)食品烟酒	36.5	36.2	35.3	33.6	31.3	30.4	33.6
(二)衣着	5.0	5.1	5.0	5.1	4.8	4.6	4.4
(三)居住	24.9	23.9	25.4	25.9	27.9	27.3	26.2
(四)生活用品及服务	5.4	5.8	5.7	5.4	5.6	5.9	5.1
(五)交通通信	10.1	10.2	9.8	10.8	11.2	11.4	10.3
(六)教育文化娱乐	9.4	10.4	10.1	10.2	10.5	11.2	10.9
(七)医疗保健	7.0	6.7	7.1	7.3	7.2	7.7	8.4
(八)其他用品及服务	1.7	1.7	1.6	1.7	1.5	1.4	1.2

1-19 农村居民现金消费支出及构成

指　　标	2014	2015	2016	2017	2018	2019	2020
现金消费支出(元/人)	**5547.8**	**6359.4**	**6732.3**	**7473.0**	**8235.5**	**9611.0**	**10442.7**
(一)食品烟酒	2082.3	2394.9	2583.8	2719.1	3046.0	3421.0	4053.7
(二)衣着	380.0	431.6	453.5	501.9	526.0	577.4	602.4
(三)居住	640.9	676.1	685.0	856.3	892.4	1127.2	1106.0
(四)生活用品及服务	406.7	491.2	518.5	536.8	603.7	736.4	682.2
(五)交通通信	759.4	865.7	893.9	1067.3	1214.7	1424.7	1402.5
(六)教育文化娱乐	711.9	882.9	922.2	1004.1	1143.7	1394.5	1477.4
(七)医疗保健	435.0	471.4	528.5	621.9	641.2	750.5	956.7
(八)其他用品及服务	131.7	145.6	146.7	165.7	167.9	179.3	161.9
现金消费支出构成(%)	**100.0**	**100.0**	**100.0**	**100.0**	**100.0**	**100.0**	**100.0**
(一)食品烟酒	37.5	37.7	38.4	36.4	37.0	35.6	38.8
(二)衣着	6.9	6.8	6.7	6.7	6.4	6.0	5.8
(三)居住	11.6	10.6	10.2	11.5	10.8	11.7	10.6
(四)生活用品及服务	7.3	7.7	7.7	7.2	7.3	7.7	6.5
(五)交通通信	13.7	13.6	13.3	14.3	14.7	14.8	13.4
(六)教育文化娱乐	12.8	13.9	13.7	13.4	13.9	14.5	14.1
(七)医疗保健	7.8	7.4	7.8	8.3	7.8	7.8	9.2
(八)其他用品及服务	2.4	2.3	2.2	2.2	2.0	1.9	1.6

1-20 农村居民主要食品消费量

单位：公斤/人

指 标	2014	2015	2016	2017	2018	2019	2020
一、粮食(原粮)	161.9	181.5	172.0	167.3	147.6	148.4	178.2
(一)谷物	155.9	174.5	164.4	159.9	140.1	138.9	166.3
(二)薯类	1.4	1.8	1.8	1.5	1.3	1.3	2.0
(三)豆类	4.6	5.2	5.8	5.9	6.1	8.2	9.9
二、食用油	13.7	11.7	12.3	12.0	12.8	12.5	15.7
#食用植物油	12.9	11.0	11.5	11.4	12.1	12.0	15.2
三、蔬菜及菜制品	110.0	103.8	110.1	104.3	87.1	85.4	100.3
四、肉类	19.9	20.1	19.9	21.1	26.7	24.5	25.4
#猪肉	17.5	17.6	17.0	17.4	23.5	21.4	22.3
牛肉	0.6	0.7	0.9	1.1	1.2	1.5	1.6
羊肉	0.1	0.1	0.1	0.2	0.2	0.2	0.2
五、禽类	5.8	6.1	6.7	6.7	7.1	9.3	12.4
六、水产品	7.3	7.9	8.3	8.4	9.5	12.8	13.3
七、蛋类及蛋制品	5.5	6.3	5.7	5.8	6.0	7.1	9.3
八、奶和奶制品	5.8	5.8	6.0	6.6	5.9	6.1	6.8
九、干鲜瓜果类	23.1	24.7	27.2	28.0	29.2	34.7	37.2
十、食糖	1.0	1.2	0.9	0.9	1.0	1.0	1.1

1-21 农村居民年末主要耐用消费品拥有量

单位：平均每百户

指 标	单位	2014	2015	2016	2017	2018	2019	2020
家用汽车	辆	9.5	10.6	13.9	16.5	19.8	21.5	22.5
摩托车	辆	78.5	77.4	75.4	75.6	67.4	63.1	62.9
洗衣机	台	36.9	43.1	49.5	55.2	62.5	68.4	68.0
电冰箱	台	82.8	84.7	89.8	91.4	94.6	97.4	97.9
彩色电视机	台	126.0	127.1	130.9	132.1	126.7	127.6	125.5
空 调	台	39.2	42.4	48.3	56.5	63.6	70.1	72.2
热水器	台	52.0	56.2	64.7	68.0	76.7	81.5	88.0
微波炉	台	9.1	9.5	9.9	11.2	12.8	15.1	15.2
移动电话	部	229.6	233.2	241.2	249.5	274.5	276.8	269.2
照相机	台	4.4	3.9	2.0	2.0	1.6	1.9	2.2
计算机	台	22.3	24.2	22.2	24.6	23.7	25.8	27.6

1-22 分地区农村居民人均可支配收入

单位：元/人

地　区	2014	2015	2016
全　省	**10117**	**11139**	**12138**
南昌市	12414	13693	14952
景德镇市	11547	12736	13878
萍乡市	12769	14046	15274
九江市	10139	11143	12157
新余市	12831	13986	15203
鹰潭市	11350	12383	13534
赣州市	6946	7786	8729
吉安市	9262	10355	11380
宜春市	10526	11621	12643
抚州市	10410	11441	12447
上饶市	9102	10112	11103

1-22 续表

单位：元/人

地　区	2017	2018	2019	2020
全　省	**13242**	**14460**	**15796**	**16981**
南昌市	16364	17866	19498	20921
景德镇市	15095	16510	17985	19297
萍乡市	16598	18012	19536	20831
九江市	13303	14482	15772	17051
新余市	16581	17993	19481	20747
鹰潭市	14738	16145	17668	18873
赣州市	9717	10782	11941	13036
吉安市	12543	13820	15227	16491
宜春市	13747	14975	16362	17588
抚州市	13563	14767	16081	17385
上饶市	12174	13346	14670	15888

1-23 分地区农村居民人均消费支出

单位：元/人

地 区	2014	2015	2016
全 省	**7548**	**8486**	**9128**
南 昌 市	7896	8788	9460
景德镇市	8282	9508	10176
萍 乡 市	9009	10006	10725
九 江 市	7922	8688	9248
新 余 市	9208	10190	10942
鹰 潭 市	8478	9631	10382
赣 州 市	5867	6725	7412
吉 安 市	6953	7947	8586
宜 春 市	8089	9041	9735
抚 州 市	6678	7488	7984
上 饶 市	6304	7198	7772

1-23 续表

单位：元/人

地 区	2017	2018	2019	2020
全 省	**9870**	**10885**	**12497**	**13579**
南 昌 市	10240	11352	13088	14323
景德镇市	10951	12098	14010	14952
萍 乡 市	11462	12622	14291	15233
九 江 市	10041	11078	12446	13642
新 余 市	11808	12704	14464	15546
鹰 潭 市	11163	12171	13948	14951
赣 州 市	8214	9127	10609	11676
吉 安 市	9402	10455	12079	13249
宜 春 市	10486	11413	13114	14190
抚 州 市	8627	9484	10879	11860
上 饶 市	8481	9479	11043	11993

1-24-1 各县(市、区)城镇居民人均可支配收入(2014-2016年)

单位：元/人

地　　区	2014	2015	2016
南昌市	**29091**	**31942**	**34619**
东湖区	30841	33709	36440
西湖区	30250	33033	35709
青云谱区	29678	32408	35163
湾里区	26018	28646	31138
青山湖区	29272	32346	35192
南昌县	25961	28635	31095
新建区	25848	28484	30934
安义县	23155	25402	27510
进贤县	24593	27053	29271
景德镇市	**26625**	**29101**	**31418**
昌江区	27657	30193	32578
珠山区	28247	30789	33191
浮梁县	21522	23674	25568
乐平市	24560	26785	28955
萍乡市	**26019**	**28335**	**30630**
安源区	27661	30054	32473
湘东区	26260	28602	30856
*莲花县	18284	19847	21475
上栗县	24331	26431	28577
芦溪县	23729	26057	28223
九江市	**25077**	**27635**	**30011**
濂溪区	27950	30689	32446
浔阳区	28206	30914	33356
柴桑区	23868	26303	28573
武宁县	23151	25582	27859
*修水县	20185	22224	24171
永修县	23908	26299	28587
德安县	24135	26621	28990
庐山市	20478	22587	27840
都昌县	18984	20882	22657
湖口县	24350	26882	29274
彭泽县	22881	25192	27333
瑞昌市	23554	25933	28189
共青城市	26101	28659	29729

1-24-2 各县(市、区)城镇居民人均可支配收入(2014-2016年)

单位: 元/人

地 区	2014	2015	2016
新余市	**27626**	**29836**	**32163**
渝水区	28273	30874	33221
分宜县	23560	25351	27353
鹰潭市	**24591**	**26952**	**29116**
月湖区	26903	29566	32295
余江区	22506	24667	27003
贵溪市	24903	27269	29205
赣州市	**22935**	**25001**	**27086**
章贡区	26505	29235	31881
*赣县区	20471	22518	24432
信丰县	21442	23629	25664
大余县	20296	22123	23963
*上犹县	18973	20643	22338
崇义县	19528	21227	22938
*安远县	18084	19675	21251
龙南县	21117	23186	25160
定南县	20717	22685	24489
全南县	19331	20974	22631
*宁都县	17669	19189	20785
*于都县	20358	22414	24266
*兴国县	20224	22024	23872
*会昌县	19576	21357	23117
*寻乌县	18375	20304	22024
*石城县	17903	19514	21081
*瑞金市	21190	23309	25304
*南康区	21642	23676	25720
吉安市	**24797**	**27078**	**29307**
吉州区	26394	28928	31416
青原区	26422	28959	31449
*吉安县	23352	25454	27490
吉水县	20850	22831	24726
峡江县	19604	21545	23354
新干县	22699	24992	27041
永丰县	22052	24257	26343
泰和县	20796	22626	24504
*遂川县	19821	21694	23451
*万安县	19258	20991	22649
安福县	20767	22736	24623
*永新县	17938	19517	21039
*井冈山市	24794	26951	29215

1-24-3 各县(市、区)城镇居民人均可支配收入(2014-2016年)

单位：元/人

地　　区	2014	2015	2016
宜春市	**23221**	**25381**	**27452**
袁州区	26124	28423	30640
奉新县	23325	25541	27610
万载县	20364	22258	24061
上高县	23249	25411	27546
宜丰县	23129	25326	27327
靖安县	21436	23515	25443
铜鼓县	18703	20293	21998
丰城市	24596	26968	29125
樟树市	24825	27283	29547
高安市	23755	26083	28222
抚州市	**23101**	**25065**	**27195**
临川区	28009	30530	33155
南城县	24183	26553	28810
黎川县	20293	22059	23912
南丰县	23321	25513	27733
崇仁县	20695	22681	24700
*乐安县	17723	19123	20672
宜黄县	19658	21290	23057
金溪县	22102	23914	25875
资溪县	18873	20478	22136
东乡区	24942	27237	29688
*广昌县	19361	20871	22541
上饶市	**24656**	**26924**	**29153**
信州区	26876	29300	31656
*广信区	20191	21996	23940
广丰区	25947	28607	30989
玉山县	21826	24222	26579
铅山县	18857	20786	22491
*横峰县	17810	19657	21277
弋阳县	22398	24611	26631
*余干县	17571	19351	21255
*鄱阳县	17297	18831	20466
万年县	22463	24682	26845
婺源县	18339	20015	21676
德兴市	24386	26591	28755

1-25-1　各县(市、区)城镇居民人均可支配收入(2017-2020年)

单位：元/人

地　区	2017	2018	2019	2020
南昌市	**37675**	**40844**	**44136**	**46796**
东湖区	39438	42632	45941	48313
西湖区	38692	41865	45277	47711
青云谱区	38026	41197	44431	46979
湾里区	34034	36927	39866	42069
青山湖区	38345	41551	44692	47436
南昌县	33987	36943	40106	42793
新建区	33790	36696	39871	42542
安义县	29935	32509	35321	37722
进贤县	31818	34525	37446	39992
景德镇市	**34283**	**37183**	**40143**	**42283**
昌江区	35506	38496	41564	43621
珠山区	36140	39158	42271	44334
浮梁县	27925	30293	32708	34579
乐平市	31624	34319	37074	39214
萍乡市	**33120**	**35763**	**38502**	**40405**
安源区	35175	37910	40935	42879
湘东区	33287	35937	38672	40578
*莲花县	23193	25074	27060	28394
上栗县	30904	33428	35921	37753
芦溪县	30543	33066	35721	37521
九江市	**32592**	**35265**	**38076**	**40337**
濂溪区	35097	37869	40785	43196
浔阳区	36048	38860	41813	43845
柴桑区	30993	33541	36274	38367
武宁县	30302	32902	35583	37861
*修水县	26266	28565	30913	32962
永修县	31031	33591	36279	38346
德安县	31532	34219	37008	39376
庐山市	30171	32645	35224	37200
都昌县	24531	26518	28586	30001
湖口县	31900	34657	37602	40009
彭泽县	29673	32153	34726	36511
瑞昌市	30630	33167	36019	38324
共青城市	32277	34933	37728	39810

1-25-2 各县(市、区)城镇居民人均可支配收入(2017-2020年)

单位：元/人

地　　区	2017	2018	2019	2020
新余市	**34775**	**37592**	**40610**	**42531**
渝水区	35891	38763	41856	43722
分宜县	29596	32017	34620	36361
鹰潭市	**31696**	**34263**	**37151**	**39053**
月湖区	35147	37969	41162	42704
余江区	29547	32070	34754	36600
贵溪市	31807	34530	37458	39590
赣州市	**29567**	**32163**	**34826**	**37031**
章贡区	34878	38142	41663	44501
*赣县区	26741	29137	31558	33287
信丰县	28056	30210	32525	34717
大余县	26110	28199	30457	32178
*上犹县	24393	26461	28629	30278
崇义县	24982	27257	29561	31361
*安远县	23111	25105	26920	28229
龙南县	27482	29991	32555	34713
定南县	26639	28727	30896	32744
全南县	24629	26678	28751	30600
*宁都县	22691	24679	26532	27883
*于都县	26513	28875	31373	33342
*兴国县	26044	28172	30248	31824
*会昌县	25230	27122	29333	30803
*寻乌县	24068	26237	28493	30295
*石城县	22951	25056	27328	28779
*瑞金市	27597	30042	32659	34792
*南康区	28034	30633	33378	35608
吉安市	**31936**	**34692**	**37543**	**39608**
吉州区	34306	37290	40348	42346
青原区	34311	37296	40160	42004
*吉安县	29964	32451	35242	36955
吉水县	26926	29336	31903	33720
峡江县	25456	27595	29802	31486
新干县	29583	32317	35063	36992
永丰县	28672	31270	33818	35783
泰和县	26684	29059	31529	33408
*遂川县	25562	27632	29835	31476
*万安县	24733	26910	29181	30827
安福县	26913	29200	31741	33334
*永新县	22933	24836	26798	28272
*井冈山市	31798	34469	37295	39398

1-25-3 各县(市、区)城镇居民人均可支配收入(2017-2020年)

单位：元/人

地 区	2017	2018	2019	2020
宜春市	**29871**	**32248**	**34831**	**36747**
袁州区	33217	35892	38801	40935
奉新县	30040	32428	34923	36956
万载县	26306	28506	30759	32466
上高县	30053	32289	34771	36565
宜丰县	29651	31827	34270	36213
靖安县	27657	30000	32281	34056
铜鼓县	23891	25761	27949	29326
丰城市	31805	34205	36834	38982
樟树市	32150	34736	37510	39656
高安市	30626	32968	35673	37371
抚州市	**29463**	**31976**	**34518**	**36628**
临川区	36073	39150	42356	45118
南城县	31316	34072	36836	39009
黎川县	25944	28124	30458	32093
南丰县	29924	32377	35081	36895
崇仁县	26824	29024	31247	33297
*乐安县	22367	24290	26233	27666
宜黄县	24971	27043	29169	30890
金溪县	27894	30237	32634	34599
资溪县	23907	26035	28053	29918
东乡区	32212	34992	37963	40335
*广昌县	24389	26511	28566	29954
上饶市	**31853**	**34656**	**37456**	**39647**
信州区	34549	37724	40474	42620
*广信区	26104	28404	30855	32725
广丰区	33903	36903	39803	42406
玉山县	29112	31773	34639	36776
铅山县	24569	26659	28915	30575
*横峰县	23213	25165	27282	28621
弋阳县	29111	31734	34225	36039
*余干县	23229	25169	27137	28426
*鄱阳县	22309	24241	26186	27608
万年县	29317	31797	34478	36658
婺源县	23705	25914	28330	29888
德兴市	31464	34195	36783	39034

1-26-1　各县(市、区)农村居民人均可支配收入(2014-2016年)

单位：元/人

地　　区	2014	2015	2016
南昌市	**12414**	**13693**	**14952**
东湖区	—	—	—
西湖区	—	—	—
青云谱区	—	—	—
湾里区	9395	10429	11399
青山湖区	14169	15728	17128
南昌县	13237	15001	16411
新建区	11923	13390	14635
安义县	11172	12301	13396
进贤县	12858	14146	15440
景德镇市	**11547**	**12736**	**13878**
昌江区	11953	13183	14383
珠山区	—	—	—
浮梁县	11598	12769	13906
乐平市	11517	12729	13849
萍乡市	**12769**	**14046**	**15274**
安源区	14845	16255	17656
湘东区	13116	14264	15481
*莲花县	6848	7644	8518
上栗县	12486	13834	15054
芦溪县	12994	14189	15459
九江市	**10139**	**11143**	**12157**
濂溪区	14058	15422	15407
浔阳区	14852	16233	17564
柴桑区	10956	12030	13118
武宁县	10707	11810	12897
*修水县	6689	7599	8465
永修县	11521	12662	13814
德安县	11526	12713	13851
庐山市	9738	10712	12988
都昌县	5461	6253	7066
湖口县	11166	12271	13363
彭泽县	10745	11830	12907
瑞昌市	11050	12144	13237
共青城市	13193	14460	13843

1-26-2 各县(市、区)农村居民人均可支配收入(2014-2016年)

单位：元/人

地　区	2014	2015	2016
新余市	**12831**	**13986**	**15203**
渝水区	12970	14306	15565
分宜县	12575	13656	14831
鹰潭市	**11350**	**12383**	**13534**
月湖区	12173	13282	14545
余江区	11345	12650	13902
贵溪市	11392	12588	13507
赣州市	**6946**	**7786**	**8729**
章贡区	10158	11438	12768
*赣县区	6888	7747	8588
信丰县	8607	9700	10803
大余县	7762	8677	9664
*上犹县	6835	7634	8494
崇义县	6845	7633	8515
*安远县	6740	7537	8371
龙南县	7640	8572	9506
定南县	6069	6797	7722
全南县	5330	6001	6839
*宁都县	6780	7695	8609
*于都县	6878	7862	8799
*兴国县	6842	7849	8794
*会昌县	6792	7764	8715
*寻乌县	6702	7597	8444
*石城县	5818	6662	7398
*瑞金市	7156	8251	9211
*南康区	7278	8237	9166
吉安市	**9262**	**10355**	**11380**
吉州区	11293	12625	13862
青原区	9322	10366	11350
*吉安县	7234	8283	9317
吉水县	11292	12568	13825
峡江县	8506	9519	10423
新干县	10569	11700	12858
永丰县	10873	12167	13347
泰和县	10144	11351	12452
*遂川县	6752	7677	8570
*万安县	6751	7649	8490
安福县	9985	11063	12125
*永新县	6667	7587	8432
*井冈山市	6799	7687	8577

1-26-3　各县(市、区)农村居民人均可支配收入(2014-2016年)

单位：元/人

地　区	2014	2015	2016
宜春市	**10526**	**11621**	**12643**
袁州区	10253	11360	12326
奉新县	11782	13066	14164
万载县	8395	9268	10167
上高县	12421	13713	14879
宜丰县	10895	12072	13086
靖安县	9898	11016	12029
铜鼓县	6824	7725	8490
丰城市	12025	13228	14313
樟树市	11924	13271	14412
高安市	11690	12859	13926
抚州市	**10410**	**11441**	**12447**
临川区	12531	13925	15150
南城县	11749	12924	14074
黎川县	9924	10887	11779
南丰县	15688	17147	18519
崇仁县	12530	13721	14873
*乐安县	6219	7083	7898
宜黄县	9969	10956	11865
金溪县	10425	11582	12624
资溪县	9831	10725	11605
东乡区	12163	13391	14543
*广昌县	6553	7430	8304
上饶市	**9102**	**10112**	**11103**
信州区	12075	13382	14358
*广信区	6857	7726	8535
广丰区	11268	12541	13760
玉山县	10305	11580	12788
铅山县	8860	9952	10927
*横峰县	6791	7627	8423
弋阳县	9371	10518	11532
*余干县	6827	7736	8577
*鄱阳县	6866	7731	8574
万年县	9213	10374	11403
婺源县	8833	9806	10750
德兴市	10590	11748	12873

1-27-1 各县(市、区)农村居民人均可支配收入(2017-2020年)

单位：元/人

地 区	2017	2018	2019	2020
南昌市	**16364**	**17866**	**19498**	**20921**
东湖区	—	—	—	—
西湖区	—	—	—	—
青云谱区	—	—	—	—
湾里区	12585	13770	15016	16185
青山湖区	18704	20388	22113	23742
南昌县	17971	19629	21504	23112
新建区	16365	17887	19577	21167
安义县	14602	15950	17437	18924
进贤县	16829	18352	20077	21438
景德镇市	**15095**	**16510**	**17985**	**19297**
昌江区	15661	17142	18646	20007
珠山区	—	—	—	—
浮梁县	15112	16521	18014	19547
乐平市	15064	16477	17919	19150
萍乡市	**16598**	**18012**	**19536**	**20831**
安源区	19151	20715	22425	23885
湘东区	16832	18214	19757	21219
*莲花县	9591	10671	11786	12843
上栗县	16366	17762	19279	20534
芦溪县	16750	18143	19616	21068
九江市	**13303**	**14482**	**15772**	**17051**
濂溪区	16794	18171	19661	21161
浔阳区	19092	—	—	—
柴桑区	14351	15682	17102	18531
武宁县	14147	15412	16784	18086
*修水县	9415	10437	11564	12684
永修县	15127	16497	17949	19051
德安县	15167	16567	18025	19476
庐山市	14196	15393	16702	17792
都昌县	7843	8722	9664	10515
湖口县	14619	15920	17353	18659
彭泽县	14133	15390	16745	18113
瑞昌市	14468	15741	17095	18454
共青城市	15139	16418	17830	19048

1-27-2 各县(市、区)农村居民人均可支配收入(2017-2020年)

单位：元/人

地　　区	2017	2018	2019	2020
新余市	**16581**	**17993**	**19481**	**20747**
渝水区	16997	18445	19952	21275
分宜县	16166	17540	19024	20168
鹰潭市	**14737**	**16145**	**17668**	**18873**
月湖区	15831	17324	18963	20011
余江区	15157	16656	18278	19543
贵溪市	14732	16139	17646	18869
赣州市	**9717**	**10782**	**11941**	**13036**
章贡区	14078	15565	17148	18593
*赣县区	9542	10546	11754	12790
信丰县	11909	13076	14388	15625
大余县	10657	11712	12886	13972
*上犹县	9407	10406	11478	12434
崇义县	9390	10412	11471	12449
*安远县	9227	10348	11381	12302
龙南县	10481	11591	12760	13683
定南县	8806	9703	10892	11886
全南县	7802	8593	9654	10717
*宁都县	9559	10515	11618	12706
*于都县	9793	10775	11930	13037
*兴国县	9729	10712	11909	13049
*会昌县	9612	10751	11829	13098
*寻乌县	9424	10599	11872	13077
*石城县	8435	9573	10738	12042
*瑞金市	10301	11355	12510	13655
*南康区	10165	11308	12452	13471
吉安市	**12543**	**13820**	**15227**	**16491**
吉州区	15276	16836	18503	20038
青原区	12406	13597	14943	16183
*吉安县	10325	11411	12565	13761
吉水县	15179	16646	18261	19605
峡江县	11497	12692	14025	15009
新干县	14118	15536	17043	18272
永丰县	14722	16203	17904	19385
泰和县	13722	15067	16536	17811
*遂川县	9506	10648	11804	12928
*万安县	9530	10585	11710	13049
安福县	13289	14604	16028	17366
*永新县	9453	10458	11614	12708
*井冈山市	9556	10583	11643	12872

1-27-3 各县(市、区)农村居民人均可支配收入(2017-2020年)

单位：元/人

地 区	2017	2018	2019	2020
宜春市	**13747**	**14975**	**16362**	**17588**
袁州区	13425	14669	16052	17296
奉新县	15371	16642	18168	19560
万载县	11106	12180	13364	14326
上高县	16114	17567	19152	20402
宜丰县	14175	15339	16731	17990
靖安县	13127	14380	15661	16824
铜鼓县	9257	10142	11100	11972
丰城市	15573	16919	18496	20070
樟树市	15671	16972	18531	19865
高安市	15072	16400	17907	19253
抚州市	**13563**	**14767**	**16081**	**17385**
临川区	16529	18033	19697	21304
南城县	15369	16783	18338	19646
黎川县	12816	13918	15147	16227
南丰县	20130	21774	23571	25204
崇仁县	16167	17574	19097	20657
*乐安县	8794	9800	10804	11834
宜黄县	12933	14097	15352	16534
金溪县	13710	14875	16160	17405
资溪县	12637	13762	14987	16225
东乡区	15896	17294	18842	20293
*广昌县	9364	10399	11481	12553
上饶市	**12174**	**13346**	**14670**	**15888**
信州区	15692	17146	18744	20113
*广信区	9520	10498	11592	12686
广丰区	15134	16541	18117	19377
玉山县	14045	15424	16969	18431
铅山县	11965	13079	14353	15517
*横峰县	9469	10470	11542	12610
弋阳县	12630	13812	15132	16184
*余干县	9472	10546	11661	12870
*鄱阳县	9483	10467	11599	12702
万年县	12491	13659	14952	16183
婺源县	11797	12977	14304	15348
德兴市	14089	15414	16857	18154

1-28-1　历年城镇住户基本情况

年　份	调查户数(户)	家庭人口数(人)	就业人口(人)	平均每户人口数(人)	平均每户就业人口数(人)	平均每户就业面(%)
1986	1000	4024.4	2154.7	4.0	2.2	53.5
1987	1000	3982.5	2143.9	4.0	2.1	53.8
1988	1280	4755.0	2554.7	3.7	2.0	53.7
1989	1280	4668.7	2556.7	3.7	2.0	54.7
1990	1280	4612.3	2525.1	3.6	2.0	54.8
1991	1280	4533.5	2507.1	3.5	2.0	55.3
1992	1280	4419.2	2479.6	3.5	1.9	56.1
1993	1280	4317.3	2458.0	3.4	1.9	56.9
1994	1180	3870.4	2245.9	3.3	1.9	58.0
1995	1180	3777.6	2224.2	3.2	1.9	58.9
1996	1180	3757.8	2221.3	3.2	1.9	59.1
1997	1180	3693.4	2242.0	3.1	1.9	60.7
1998	1180	3631.6	2210.2	3.1	1.9	60.9
1999	1314	4023.7	2385.5	3.1	1.8	59.3
2000	1280	3943.3	2206.0	3.1	1.7	55.9
2001	1280	3892.8	2151.1	3.0	1.7	55.3
2002	1280	3801.6	2048.0	3.0	1.6	53.9
2003	1280	3801.6	2035.2	3.0	1.6	53.5
2004	1280	3724.8	1996.8	2.9	1.6	53.6
2005	1280	3699.2	1945.6	2.9	1.5	52.6
2006	1280	3660.8	1958.4	2.9	1.5	53.5
2007	1280	3648.0	2022.4	2.9	1.6	55.4
2008	1280	3712.0	2060.8	2.9	1.6	55.5
2009	1280	3686.4	2009.6	2.9	1.6	54.5
2010	1230	3493.2	1869.6	2.8	1.5	53.5
2011	1230	3530.1	1869.6	2.9	1.5	53.0
2012	1230	3517.8	1906.5	2.9	1.6	54.2
2013	1700	5202.0	2890.0	3.1	1.7	55.6

1-28-2 历年城镇住户基本情况

年 份	平均每一就业者赡养人数(人)	平均每人每年总收入(元)	平均每人每年可支配收入(元)	可支配收入指数		平均每人每年消费性支出(元)
				以上年为100	以1978年为100	
1986	1.9	744.1	729.8	118.0	171.9	631.0
1987	1.9	808.2	791.9	100.6	172.9	703.2
1988	1.8	965.2	937.8	95.7	165.5	876.5
1989	1.8	1116.8	1081.9	98.4	161.2	977.9
1990	1.8	1224.5	1187.9	107.5	173.3	983.8
1991	1.8	1327.3	1295.4	104.5	181.0	1110.2
1992	1.8	1589.3	1585.0	113.8	206.0	1276.0
1993	1.8	1986.7	1984.8	108.1	222.8	1585.7
1994	1.7	2779.0	2776.8	110.2	245.6	2201.0
1995	1.7	3380.9	3376.6	104.0	255.5	2712.5
1996	1.7	3782.3	3780.2	103.6	264.6	2942.2
1997	1.7	4090.7	4071.4	104.6	276.7	3199.6
1998	1.6	4274.3	4251.5	103.4	286.0	3266.8
1999	1.7	4746.2	4720.6	112.0	320.3	3482.3
2000	1.8	5129.5	5103.6	105.9	339.2	3623.5
2001	1.8	5545.7	5506.1	108.1	366.7	3894.5
2002	1.9	6521.3	6335.6	114.8	421.0	4549.3
2003	1.9	7153.7	6901.4	108.0	454.7	4914.6
2004	1.9	7876.7	7559.6	106.0	482.0	5337.8
2005	1.9	9042.5	8619.7	112.3	541.3	6109.4
2006	1.9	10014.6	9551.1	110.0	595.4	6645.5
2007	1.8	11754.2	11221.9	112.5	669.8	7810.7
2008	1.8	13463.6	12866.4	108.3	725.4	8717.4
2009	1.8	15047.2	14021.5	109.6	795.0	9740.0
2010	1.9	16558.0	15481.1	107.3	853.0	10618.7
2011	1.9	18656.5	17494.9	107.5	917.0	11747.2
2012	1.9	21150.2	19860.4	110.6	1014.2	12775.7
2013	1.8	22949.4	21872.7	107.6	1091.3	13850.5

1-29 城镇住户平均每人每年收入

单位：元/人

指 标	2009	2010	2011	2012	2013
可支配收入	14021.5	15481.1	17494.9	19860.4	21872.7
工资性收入	9789.8	10613.8	11654.4	13424.9	14767.5
#工资及补贴收入	9621.4	10434.5	11552.9	13005.2	14305.8
其他劳动收入	168.4	179.4	101.5	419.7	461.7
经营净收入	1153.5	1266.2	1721.8	2206.5	2455.9
财产性收入	239.8	344.8	471.7	950.4	1068.2
转移性收入	3864.1	4333.2	4808.6	4277.0	4657.7
#养老金或离退休金	2794.3	3281.4	3658.5	2983.1	3248.7
赡养收入	273.9	287.0	312.4	462.5	598.1
捐赠收入	442.2	373.5	488.3	323.1	268.6

1-30 城镇住户平均每人每年消费性支出

单位：元/人

指标	2009	2010	2011	2012	2013
消费性支出	**9740.0**	**10618.7**	**11747.2**	**12775.7**	**13850.5**
食品	3881.6	4195.4	4675.2	5071.6	5221.1
#粮食	324.9	353.1	718.7	438.1	480.0
油脂类	170.6	164.5	191.2	200.8	218.8
肉禽及其制品类	872.3	916.4	1107.3	1161.9	1113.1
蛋类	79.3	89.1	104.3	104.0	101.0
水产品类	237.0	254.7	261.0	291.2	298.3
蔬菜类	486.5	581.9	580.7	671.3	732.9
干鲜瓜果类	297.3	345.9	392.0	423.0	382.9
奶及奶制品	180.8	171.0	205.8	218.1	208.2
在外饮食	565.3	589.1	659.4	674.6	749.1
衣着	1053.0	1138.8	1272.9	1476.6	1566.5
居住	935.4	1109.8	1114.5	1173.9	1414.9
家庭设备用品及服务	761.9	854.6	914.9	966.2	1004.2
#耐用消费品	324.9	410.1	379.2	336.9	428.7
医疗保健	550.3	524.2	641.2	670.7	672.5
交通和通信	1145.2	1270.3	1310.2	1501.3	1812.8
#交通	676.6	733.0	763.6	915.3	1087.6
通信	468.6	537.3	546.7	586.0	725.1
教育文化娱乐服务	1066.9	1179.9	1429.3	1487.3	1687.0
#文化娱乐用品	247.3	278.7	317.9	321.6	288.8
文化娱乐服务	395.6	427.4	500.7	617.1	544.9
教育	424.0	473.8	610.7	548.7	853.3
其他商品和服务	345.8	345.7	389.1	427.9	471.6

1-31 城镇住户平均每百户主要耐用消费品拥有量

品名	单位	2009	2010	2011	2012	2013
摩托车	辆	20.3	20.8	19.4	25.1	25.5
家用汽车	辆	4.3	5.3	8.9	14.9	18.0
洗衣机	台	92.5	93.8	93.7	91.2	92.3
电冰箱	台	95.3	96.6	94.6	94.9	95.2
彩色电视机	台	146.1	148.0	155.5	139.6	140.2
家用电脑	台	54.9	59.9	73.9	72.4	76.4
组合音响	套	28.0	27.8	21.5	12.8	12.3
照相机	架	31.7	33.8	36.0	31.7	31.5
微波炉	台	53.5	55.9	55.0	52.0	52.6
空调器	台	102.0	107.7	124.6	119.0	122.5
淋浴热水器	台	91.1	92.3	95.5	92.6	92.2
健身器材	套	3.0	3.2	2.1	2.1	2.3
移动电话	部	175.2	181.2	200.5	208.2	214.0

1-32 历年农村居民家庭基本情况

年 份	平均每户常住人口（人）	平均每户整半劳动力（人）	平均每个劳动力负担人口（人）	平均每人纯收入（元）	平均每人住房面积（平方米）
1978	5.7	2.8	2.5	140.7	
1979	5.7	2.3	2.5	156.5	
1980	5.9	2.5	2.4	181.2	9.1
1981	6.1	2.8	2.2	226.9	10.1
1982	6.0	2.6	2.3	269.7	11.6
1983	5.9	2.9	2.0	301.8	13.9
1984	5.9	3.0	2.0	334.1	15.6
1985	5.8	3.1	1.9	377.3	16.2
1986	5.7	3.0	1.9	395.6	17.5
1987	5.6	3.0	1.9	429.3	18.5
1988	5.5	3.0	1.8	488.2	19.4
1989	5.4	3.0	1.8	558.6	19.9
1990	5.3	3.0	1.8	669.9	20.6
1991	5.1	2.9	1.7	702.5	20.1
1992	5.0	2.9	1.7	768.4	20.7
1993	4.9	3.0	1.6	869.8	22.9
1994	4.9	3.1	1.6	1218.2	21.6
1995	4.8	3.1	1.5	1537.4	22.7
1996	4.7	3.0	1.6	1869.6	24.0
1997	4.6	3.0	1.5	2107.3	24.3
1998	4.6	3.0	1.5	2048.0	25.3
1999	4.5	3.0	1.5	2129.5	26.9
2000	4.4	3.0	1.5	2135.3	27.8
2001	4.4	3.0	1.5	2231.6	28.3
2002	4.4	3.0	1.5	2334.2	29.2
2003	4.4	3.1	1.4	2457.5	30.6
2004	4.3	3.1	1.4	2952.6	31.4
2005	4.3	3.1	1.4	3265.5	34.1
2006	4.3	3.2	1.4	3584.7	35.9
2007	4.3	3.2	1.4	4097.8	36.8
2008	4.3	3.2	1.4	4697.2	37.6
2009	4.3	3.2	1.4	5075.0	39.5
2010	4.3	3.2	1.4	5788.6	40.3
2011	4.3	3.1	1.4	6891.6	46.8
2012	4.2	3.0	1.4	7827.8	47.6
2013	4.2	2.9	1.5	8781.5	49.1

1-33　农民家庭平均每人纯收入

单位：元

指　　标	2009	2010	2011	2012	2013
全年纯收入	**5075.0**	**5788.6**	**6891.6**	**7827.8**	**8781.5**
工资性收入	2019.0	2394.6	2934.5	3801.3	4422.1
在非企业组织中劳动得到的收入	191.0	211.2	196.0	236.9	267.7
在本地劳动得到的收入	606.7	728.2	1095.7	1480.9	1751.2
常住人口外出从业得到的收入	1221.2	1455.2	1642.8	2083.5	2403.2
家庭经营收入	2685.3	2919.4	3421.4	3448.3	3683.8
第一产业	2165.2	2341.4	2752.9	2526.7	2668.2
种植业收入	1761.9	1910.1	2184.7	2058.3	2176.3
林业收入	105.8	125.0	138.0	131.7	115.5
牧业收入	245.5	257.7	382.5	295.9	298.7
渔业收入	52.1	48.6	47.8	40.8	77.6
第二产业	220.5	240.9	244.6	265.1	283.6
第三产业	299.7	337.1	423.9	656.5	732.0
财产性收入	80.4	100.2	111.5	156.1	191.0
转移性收入	290.3	374.3	424.2	422.1	484.6

1-34　农民家庭平均每人总支出

单位：元

指　　标	2009	2010	2011	2012	2013
全年总支出	**5306.2**	**5904.3**	**7280.8**	**7352.5**	**7762.9**
家庭经营费用支出	1297.2	1484.4	1837.7	1534.2	1578.8
第一产业	1053.5	1210.9	1532.6	1270.9	1222.9
第二产业	82.9	93.1	106.7	90.5	82.5
第三产业	160.8	180.4	198.4	172.8	273.5
购置生产性固定资产支出	148.5	133.3	164.4	111.8	121.0
生活消费支出	3532.7	3911.6	4660.1	5129.8	5653.6
食品	1609.2	1812.7	2106.4	2233.0	2389.1
衣着	162.6	174.6	233.6	265.0	308.6
居住	725.1	782.7	888.9	1030.2	1163.1
家庭设备、用品及服务	181.9	205.3	277.5	278.3	323.9
交通和通讯	295.8	331.8	393.3	494.5	587.6
文化、教育、娱乐用品及服务	254.8	285.2	319.4	342.7	356.4
医疗保健	232.8	243.8	346.7	380.4	401.3
其他商品和服务	70.5	75.5	94.3	105.6	123.8
财产性支出	21.1	34.8	19.2	0.7	0.9
转移性支出	288.6	332.2	587.6	571.5	403.8

1-35 农民家庭平均每百户主要耐用消费品拥有量

指 标	单位	2009	2010	2011	2012	2013
自行车	辆	83.5	84.9	60.8	62.7	63.3
洗衣机	台	11.6	14.1	22.0	27.8	31.9
电冰箱	台	34.7	45.8	68.1	73.6	78.1
摩托车	辆	58.3	60.5	67.9	69.3	75.8
彩色电视	台	103.8	106.9	117.0	120.5	127.4
抽油烟机	台	2.7	3.8	6.5	8.7	14.2
空调机	台	6.2	10.2	17.4	21.2	30.0
热水器	台	11.1	16.3	29.0	33.9	46.6
微波炉	台	1.4	2.7	3.8	5.3	9.1
电话机	部	53.8	50.9	25.1	22.9	19.3
移动电话	部	127.3	141.0	189.4	200.2	220.9
照相机	架	2.4	2.7	2.5	2.6	4.5
家用计算机	台	3.3	5.2	10.6	13.3	18.5

主要统计指标解释

可支配收入 指城乡住户在调查期内获得的可用于最终消费支出和储蓄的总和，即住户可以用来自由支配的收入。可支配收入既包括现金，也包括实物收入。按照收入来源，可支配收入包含四项，分别为：工资性收入、经营净收入、财产净收入、转移净收入。计算公式为：

可支配收入=工资性收入+经营净收入+财产净收入+转移净收入

其中：经营净收入=经营收入-经营费用-生产性固定资产折旧-生产税净额（生产税-生产补贴）

财产净收入=财产性收入-财产性支出

转移净收入=转移性收入-转移性支出

工资性收入 指就业人员通过各种途径得到的全部劳动报酬和各种福利，包括受雇于单位或个人、从事各种自由职业、兼职和零星劳动得到的全部劳动报酬和福利。

经营净收入 指住户或住户成员从事生产经营活动所获得的净收入，是全部经营收入中扣除经营费用、生产性固定资产折旧和生产税净额（生产税减去生产补贴）之后得到的净收入。

财产净收入 指住户或住户成员将其所拥有的金融资产和自然资源交由其他机构单位、住户或个人支配而获得的回报并扣除相关的费用之后得到的净收入。财产净收入包括利息净收入、红利收入、储蓄性保险净收益和转让承包土地经营权租金净收入等。

转移净收入 指国家、单位、社会团体对住户的各种经常性转移支付和住户之间的经常性收入转移。包括政府、非行政事业单位、社会团体对居民转移的养老金或退休金、社会救济和补助、政策性生活补贴、救灾款、经常性捐赠和赔偿以及报销医疗费等；住户之间的赡养收入、经常性捐赠和赔偿以及农村地区（村委会）在外（含国外）工作的本住户非常住成员寄回带回的收入等。是住户或住户成员当年得到的转移性收入减去转移性支出后的净额。

消费支出 指住户用于满足家庭日常生活消费需要的全部支出，包括用于消费品的支出和用于服务性消费的支出。根据用途不同，消费支出可划分为食品烟酒、衣着、居住、生活用品及服务、交通通信、教育文化娱乐、医疗保健、其他用品及服务八大类。根据来源不同，消费支出可划分为现金消费支出、实物消费支出（含自产自用、来自单位、来自政府和其他社会组织）。

转移性支出 指调查户对国家、单位、住户或个人的经常性或义务性转移支付。包括缴纳的税款、各项社会保障支出、赡养支出、经常性捐赠和赔偿支出以及其他经常转移支出等。

财产性支出 是指调查户支付的生活贷款利息以及其他财产性支出等。

城镇居民人均可支配收入（老口径） 指城镇家庭总收入扣除交纳的个人所得税和个人交纳的各项社会保障支出之后，按照城镇居民家庭人口平均的收入水平。其中家庭总收入是指该家庭中生活在一起的所有家庭人员从各种渠道得到的所有收入之和。

农民纯收入（老口径） 指农村住户当年从各个来源得到的总收入相应地扣除所发生的费用后的收入总和。纯收入主要用于再生产投入和当年生活消费支出，也可用于储蓄和各种非义务性支出。“农民人均纯收入”按人口平均的纯收入水平，反映的是一个地区或一个农户农村居民的平均收入水平。计算方法：

纯收入＝总收入-家庭经营费用支出-税费支出-生产性固定资产折旧-赠送农村内部亲友

二 价格调查

简要说明

消费价格指数与商品零售价格指数是根据抽样方法抽取，在全省 11 个地级市、瑞昌市、信丰县、宁都县、泰和县、上高县、南城县、铅山县等 7 个县，共 18 个市县选取 4300 多个具有代表性的调查点，共 26000 多个代表规格品，由专人定期到调查点采集实际成交价加权计算得到的。

农产品生产价格指数是根据抽样方法抽取的，在全省 28 个市县（区）的 648 家农产品生产企业、规模户和普通农户中，选择 25 个目标农产品类别或代表品进行调查的资料计算。

工业生产者价格指数包括工业生产者出厂价格指数和工业生产者购进价格指数，根据《工业生产者价格统计报表制度》抽选样本企业，样本企业每月采集 5 日和 20 日出厂、购进时点价格，然后用其价格变动加权计算得到。

房地产价格调查指数包括新建商品住宅价格指数和二手住宅价格指数，根据《房地产价格统计报表制度》，在南昌市、九江市、赣州市、吉安市、宜春市 5 个设区市按月度开展调查，按照 90 平方米及以下、90-144 平方米、144 平方米以上三个基本分类加权计算。

固定资产投资价格指数是采用重点调查与典型调查相结合的方法，在全省范围内抽选样本企业，由样本企业按季度采集材料费、人工费、机械使用费等价格，然后用其价格变动加权计算得到。

2020 年江西省 CPI 上涨 2.6%　全年涨幅前高后低

——2020 年江西省 CPI 运行情况分析

2020 年，全省各地、各部门扎实做好“六稳”工作，全面落实“六保”任务，统筹疫情防控和经济社会发展，全省全年 CPI（居民消费价格指数）同比上涨 2.6%，涨幅比上年低 0.3 个百分点，较全国平均水平高 0.1 个百分点，实现了年初确定的全年预期调控目标。全年 CPI 环比和同比总体呈现“前高后低”的回落走势。其中，食品价格上涨 11.5%，非食品价格上涨 0.1%；消费品价格上涨 3.6%，服务价格上涨 0.7%。

一、2020 年 CPI 运行总体情况

2020 年以来，受前期猪肉等食品价格持续高位运行，加上新冠肺炎疫情、极端天气等因素影响，全省 CPI 呈现“前高后低，年中反弹，震荡回落”的特点。

（一）从月度同比看，CPI“前高后低，涨幅总体收窄”

2020 年 1 月受春节叠加翘尾因素影响，全省 CPI 开年处于高位，上涨 5.1%；2 月受新冠肺炎疫情和春节双重因素影响涨幅再创新高，上涨 5.4%；在连续两个月“破 5”后，随着疫情防控形势向好，各项保供稳价措施成效初显，交通物流逐步恢复，市场供给不断改善，带动 CPI 持续回落，3-5 月 CPI 分别上涨 3.9%、2.9%、2.3%，涨幅逐步收窄；6-7 月受猪肉、水产品等食品价格上涨影响，全省 CPI 涨幅较 5 月有所反弹，分别上涨 2.7%、3.5%；8-11 月，市场供给充足，价格逐步平稳，加之去年翘尾因素影响逐步减弱，CPI 涨幅逐步回落至 2.4%、1.7%、0.6%、-0.1%，其中 11 月为 2010 年以来首次同比转降；12 月受猪肉价格反弹等因素影响，CPI 由降转涨，上涨 0.8%。

（二）从月度环比看，CPI“涨跌互现，波动总体稳定”

2020 年 1-2 月食品价格冲高带动 CPI 分别上涨 1.2%和 1.1%；3-5 月食品、工业品价格回落拉动 CPI 分别下降 1.5%、0.6%、0.5%；6 月猪肉价格反弹影响 CPI 微涨 0.2%；进入 7 月，受水灾影响，鲜菜、猪肉、蛋类价格均大幅上涨，推动 CPI 上涨 1.0%；8-9 月随着汛期结束，物价再度恢复平稳，分别小幅上涨 0.2%；10-11 月，受省内生猪出栏、存栏量持续向好，市场供应相对充足等因素影响，猪肉价格下降推动 CPI 分别下降 0.4%、0.9%；12 月受猪肉反弹、鲜菜价格上涨影响，CPI 由降转涨，上涨 0.8%。

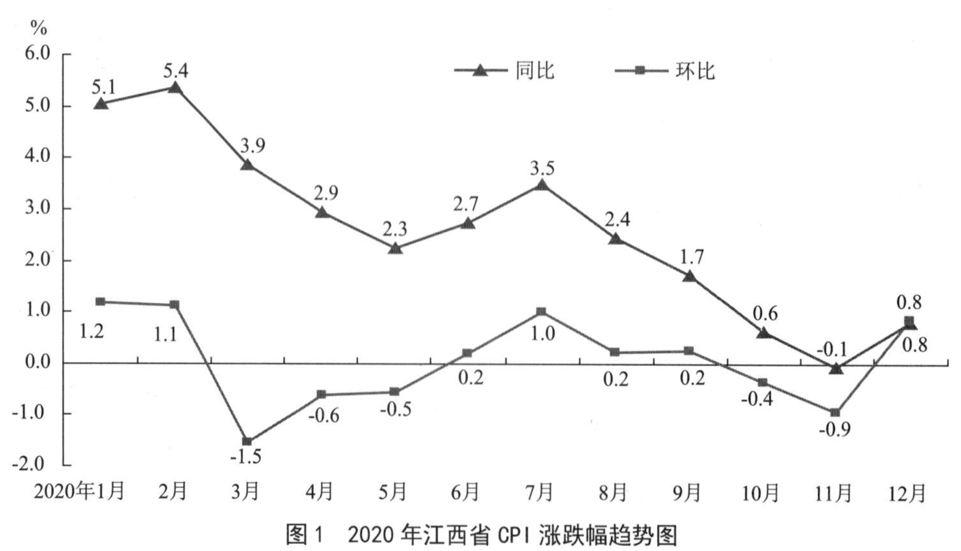

图 1　2020 年江西省 CPI 涨跌幅趋势图

（三）从八大类看，全年各类商品及服务价格“三涨五降”

2020 年，全省食品烟酒价格上涨 8.8%，涨幅高于上年 1.0 个百分点，影响 CPI 上涨约 2.8 个百分点，是本轮 CPI 上涨的主要影响因素；其他用品和服务价格上涨 4.9%，影响 CPI 上涨约 0.1 个百分点；教育文化娱乐价格上涨 2.1%，影响 CPI 上涨约 0.3 个百分点；交通通信价格下降 3.7%，衣着价格下降 0.8%，居住价格下降 0.6%，生活用品及服务价格下降 0.3%，医疗保健价格下降 0.1%，共同影响 CPI 下降约 0.6 个百分点。

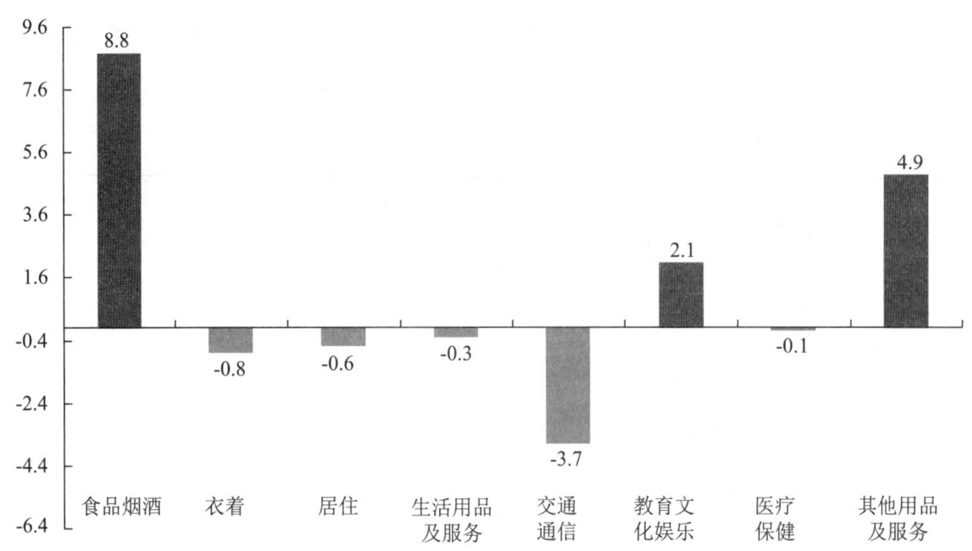

图 2 2020 年江西省 CPI 分类别累计涨跌幅（%）

（四）涨幅在全国位次居中，在中部省份靠后

2020 年全国 CPI 同比上涨 2.5%，全省较全国水平高 0.1 个百分点。按涨幅从高到低排序，在全国 31 个省（区、市）中与广东省、贵州省、青海省并列居第 9 位。与周边省份比较，2020 年全省 CPI 涨幅在中部六省中居第 5 位，高于湖南（102.3），低于湖北（102.7）、安徽（102.7）、河南（102.8）、山西（102.9）。

表 1 2020 年全国及中部六省居民消费价格指数对比表（上年同月=100）

项　　目	全国	江西省	湖北省	湖南省	安徽省	山西省	河南省
居民消费价格总指数	102.5	102.6	102.7	102.3	102.7	102.9	102.8
一、食品烟酒	108.3	108.8	109.3	108.3	108.4	106.9	108.5
二、衣着	99.8	99.2	99.7	100.2	100.3	101.3	98.8
三、居住	99.6	99.4	99.2	99.1	99.8	100.1	99.6
四、生活用品及服务	100.0	99.7	100.1	99.9	99.8	100.0	99.9
五、交通通信	96.5	96.3	96.5	96.7	96.8	96.6	95.8
六、教育文化娱乐	101.3	102.1	100.9	100.0	101.5	101.1	102.0
七、医疗保健	101.8	99.9	102.2	101.0	101.2	109.4	103.4
八、其他用品和服务	104.3	104.9	104.8	103.6	103.1	102.4	107.6

二、食品价格是影响全省 CPI 上涨的主要原因

2020 年主导全省 CPI 走势的依然是食品价格的变化。2020 年，全省食品价格上涨 11.5%，影响 CPI 上涨约 2.5 个百分点。食品当中，主要是以猪肉为首的畜肉类价格上涨较快，全年累计上涨 41.2%，对食品价格上涨的贡献率超九成。受成本上涨影响，全省在外餐饮价格上涨 4.7%，影响 CPI 上涨约 0.3 个百分点。

此外，鲜菜价格的变化对 CPI 走势也产生一定影响。

（一）猪肉价格高位运行，是 CPI 上涨主要推手

2020 年全省猪肉价格累计上涨 50.0%，影响 CPI 上涨约 1.9 个百分点，是 CPI 上涨的主要推手。其中，CPI 同比单月涨幅最高的 2 月（上涨 5.4%）对应猪肉同比涨幅最大（上涨 150.3%）。CPI 同比单月最低的 11 月（下降 0.1%）对应猪肉同比降幅最大（下降 12.7%）。

全省全年猪肉价格总体呈现“高开低走，年尾上翘”的特点，主要是受翘尾因素影响较大。从分月环比看，1-2 月受春节和新冠肺炎疫情双重因素影响，猪肉价格环比分别上涨 9.4%、10.9%。3-5 月随着调运渠道恢复畅通，生猪供应量增加，猪肉价格分别下降 10.8%、8.2%、7.1%。6-8 月，随着疫情防控形势好转，餐饮业逐步复苏，又恰逢端午节，猪肉消费量增加，猪肉价格分别上涨 6.6%、11.6%、0.2%。9-11 月，猪肉终端需求不及市场预期，省内生猪出栏、存栏量持续向好，市场供应充足使得生猪价格持续承压开始出现下行，猪肉价格分别下降 2.0%、8.0%、7.6%。12 月，受居民腌制腊肉、灌香肠等传统习惯因素影响，消费需求增加，带动猪肉价格上涨 6.9%。

此外，猪肉价格上涨直接带动了其他肉类价格上涨，与 2019 年相比，2020 年畜肉副产品价格上涨 44.0%，影响 CPI 上涨约 0.3 个百分点；其他畜肉及制品价格上涨 20.5%，影响 CPI 上涨约 0.1 个百分点；牛肉价格上涨 15.8%，羊肉价格上涨 6.3%，合计影响 CPI 上涨约 0.1 个百分点。

（二）鲜菜价格“震荡上行”，助推食品价格上涨

2020 年全省鲜菜价格走势总体呈现“震荡上行”特点，全年累计上涨 4.7%，影响 CPI 上涨约 0.1 个百分点。主要是受新冠肺炎疫情、极端天气等多重因素影响，外地蔬菜运输、储存成本上涨，鲜菜价格总体高于去年同期。

从分月环比看，1-2 月受春节叠加新冠肺炎疫情因素影响，全省鲜菜价格环比分别上涨 6.5%、12.4%；3 月天气回暖，大量本地鲜菜上市，价格下降 9.7%；4 月瓜豆类、叶菜类蔬菜正值换茬期，产出量减少，鲜菜价格上涨 4.5%；5-6 月雨水、温度适宜，特别是 6 月全省受洪涝灾害影响相对较小，鲜菜产量增多，市场供应充足，价格分别下降 10.1%、0.5%；7-10 月，受极端天气、节假日等因素叠加影响，鲜菜价格分别上涨 13.6%、1.9%、2.0%、2.5%；11 月全省天气晴好、温度适宜，南北蔬菜各主产区供给充足，蔬菜运输便利，致使菜价不断走低，鲜菜价格下降 10.0%；12 月受新一轮强冷空气影响，全省出现大幅降温及雨雪大风天气，给蔬菜的采收、运输等环节造成一定影响，加之年关将近，消费步入传统旺季，居民需求增加，鲜菜价格上涨 6.2%。

三、非食品价格对 CPI 走势产生一定影响

（一）教育服务价格上涨，成为 CPI 上涨第二推动力

2020 年全省教育服务价格累计上涨 3.5%，影响 CPI 上涨约 0.2 个百分点。其中小学初中教育价格涨幅最为突出，达 12.9%；学前教育价格上涨 4.0%；课外教育价格上涨 2.8%；高中中职教育价格上涨 2.2%。其主要是由于开学季，全省部分民办私立学校再次上调教育服务收费。根据历年 CPI 数据显示，2016-2020 年，9 月开学时教育服务价格单月环比涨幅分别为 2.1%、2.8%、1.4%、2.7%、2.6%，已有 4 年开学时教育服务价格单月环比涨幅超过 2.0 个百分点。

（二）国际经济形势错综复杂，对 CPI 间接产生影响

2020 年国际地缘政治局势紧张、社会动荡、疫情严重、经贸摩擦加剧，使得全球经济下行走势明显。国际货币基金组织（IMF）多次下调全球经济增长预期，加剧了大宗商品石油、黄金价格的波动。2020 年全省液化石油气、汽油、柴油价格分别下降 11.0%、14.5%、16.1%，合计影响 CPI 下降约 0.4 个百分点；金饰品价格上涨 22.4%，影响 CPI 上涨约 0.1 个百分点。

（三）全省全面执行药品带量采购带动医疗保健类价格下降

2020 年全省医疗保健类价格累计下降 0.1%，其中呼吸系统用药、抗肿瘤药、心血管系统用药、血液系统用药、治疗精神障碍药等药品价格分别下降 1.8%、5.4%、2.8%、2.4%、4.1%。究其原因主要是由于多轮

药品带量采购政策陆续落地，带量采购的中选药品质量可靠、价格实惠，缓解了当前药价虚高的问题，让药价不再成为阻挡患者规范化治疗的“拦路虎”。

（四）车险综合改革正式落地，车辆保险价格总体下降

2020 年全省车辆保险价格累计下降 4.6%，其中 10 月车辆保险价格环比下降 18.8%，主要是由于 2020 年 9 月 19 日起车险综合改革正式实施。通过对全省多家 4S 店、保险公司走访调研了解，消费者购买车辆保险总价格与改革前相比较，总体下降 10%～20%左右。其中，交强险提高了赔偿额度，但保费维持不变；第三者责任险改革后包含了第三者不计免赔险，各大保险公司最低保险档次为 100 万元，仅部分小公司还有 50 万元额度出售，价格下降幅度普遍在 40%～50%左右；车损险改革后包含的险种数量增多了，改革后玻璃险、自燃险、涉水险、不计免赔率、无法找到第三方等保险责任，直接纳入车损险的保障范围内，无须再单独购买，但价格与改革前单独购买车损险价格相差不大，由于包含的险种多了，实际上属于“加量不加价”，让消费者实实在在获利。

四、2021 年走势预测

受猪肉价格反弹和成品油价格上涨的共同推动，2020 年末全省 CPI 环比涨幅较大。随着春节临近，消费需求进一步提升将推高 CPI 涨幅。从中长期看，2020 年全省粮食生产再获丰收，生猪产能也已基本恢复到正常年份的水平，所以 CPI 环比持续大幅上涨的可能性较小。但风险因素较多，而且交织叠加，稳中有忧。

从国内看，疫情防控形势依然严峻。近期部分地区出现散发病例和局部聚集性疫情，多地已接连查出冷链从业者感染新冠肺炎，进口冷链食品外包装也被检出新冠病毒，冷链食品市场遇冷，加之全省加强对进口冷链食品集中监管工作，部分冷冻食品需求转向国内生鲜食品，这将进一步推动生鲜食品价格上涨。

从国际看，全球经济环境日益严峻。全球疫情仍在蔓延，经济增长依旧低迷，美国等西方国家不断出台刺激政策，全球流动性过度泛滥引发货币贬值，推动资产价格和大宗商品价格加快上行。此外，受疫情和极端天气、蝗灾等因素影响，已有多个稻米、小麦、大豆出口国，陆续宣布限制粮食出口，国际粮价出现较大幅度的上涨，这将直接影响食用油和畜禽饲料价格的走势，据统计 2020 年全国饲料企业共上调 10 轮饲料价格。与肉、果、菜相比，粮食价格的变化对物价的影响面更广、更深，更值得密切关注。

总体来看，随着全省经济持续稳定恢复，全省消费需求将逐渐复苏释放，考虑上年同期基数的影响，2021 年全省的物价水平总体保持温和上涨，预计全年 CPI 同比涨幅将会出现“先升后稳”的走势。

（万俊刚）

2020年江西PPI持续低位运行　12月由负转正

2020年，受新冠肺炎疫情、省内汛情以及国际大宗商品价格波动等因素影响，江西工业生产者价格持续低位运行。全年出厂价格同比下降1.7%，降幅较上年扩大0.6个百分点，购进价格同比下降3.0%，降幅较上年扩大1.2个百分点。

一、总体走势特征

（一）整体呈“V”型走势

尽管全年PPI处于负区间低位，但是12月指数实现了由负转正。分月来看，1-5月工业生产者出厂价格同比降幅持续扩大，6月开始，随着工业生产的稳定恢复，市场需求持续回暖，工业生产者价格稳步回升，同比降幅逐月收窄，整体呈“V”型走势。尤其是进入四季度后，工业品价格涨势加快，至12月，出厂价格同比上涨1.2%，涨幅在11月同比降幅收窄0.6个百分点基础上，实现由负转正，也是近20个月来首次转正；环比上涨2.0%，涨幅较11月扩大1.2个百分点，较10月扩大2.0个百分点，创下2020年的环比最高涨幅。购进价格与出厂价格走势基本一致（见图1）。

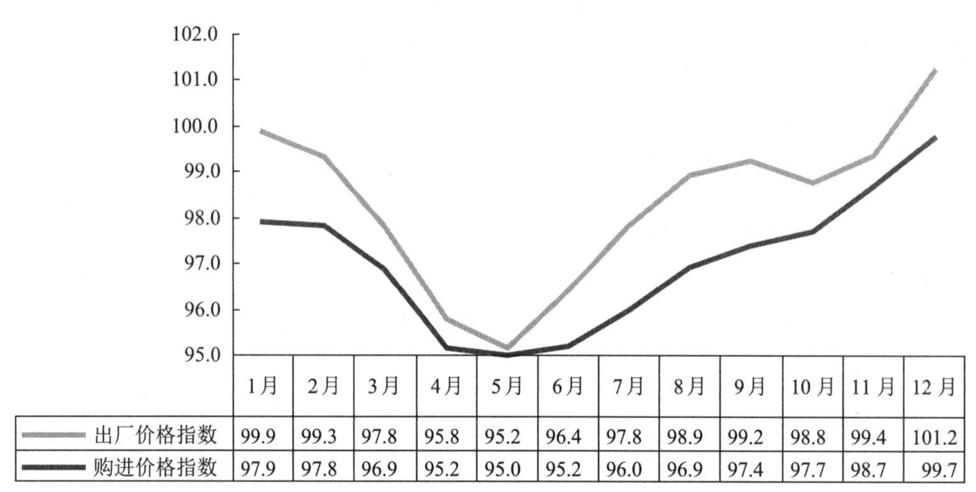

	1月	2月	3月	4月	5月	6月	7月	8月	9月	10月	11月	12月
出厂价格指数	99.9	99.3	97.8	95.8	95.2	96.4	97.8	98.9	99.2	98.8	99.4	101.2
购进价格指数	97.9	97.8	96.9	95.2	95.0	95.2	96.0	96.9	97.4	97.7	98.7	99.7

图1　2020年江西工业生产者价格走势

（二）生产资料、生活资料价格降幅双双扩大

从工业生产者出厂价格的两大部类看，2020年生产资料价格同比下降1.9%，降幅较上年扩大0.7个百分点，拉动PPI下降1.43个百分点，对总指数的贡献率为84.1%，是拉动工业生产者出厂价格指数下行的主要力量。其中，原材料和加工工业产品价格同比分别下降2.6%、1.9%，采掘工业产品价格上涨3.0%。生活资料价格同比下降1.0%，降幅较上年扩大0.3个百分点，拉动PPI下降0.27个点。其中，衣着、一般日用品、耐用消费品价格同比分别下降5.5%、4.3%和0.5%，食品价格同比上涨4.5%。

（三）行业价格下降面扩大

2020年，调查的38个行业大类产品出厂价格“13升23降2持平”，下降面为60.5%，下降行业较上年增加6个，下降面扩大15.8个百分点。降幅排前的行业分别是化学纤维制造业下降16.6%，石油、煤炭及其他燃料加工业价格下降12.3%，化学原料和化学制品制造业下降9.6%，纺织服装、服饰业下降7.9%，电气机械和器材制造业下降5.4%，纺织业下降5.1%。

（四）九大类原材料购进价格“4 升 5 降”

2020 年，九大类原材料购进价格呈“4 升 5 降”态势。其中，化工原料类、燃料动力类、其他工业原材料及半成品类、纺织原料类、有色金属材料类购进价格同比分别下降 11.2%、5.6%、2.8%、1.9%和 1.0%；黑色金属材料类、建筑材料及非金属类、木材及纸浆类、农副产品类购进价格同比分别上涨 1.5%、1.5%、0.5%和 0.3%。

（五）指数低于全国，走势基本一致

2020 年，江西工业生产者出厂价格走势与全国基本一致(见图 2)，同比指数高于全国平均水平 0.1 个百分点，与上海、贵州并列，位居全国第 16 位。在中部六省中位居第 5，分别比河南、湖北、安徽、湖南低 0.9、0.8、0.8 和 0.7 个百分点，高于山西 1.6 个百分点。

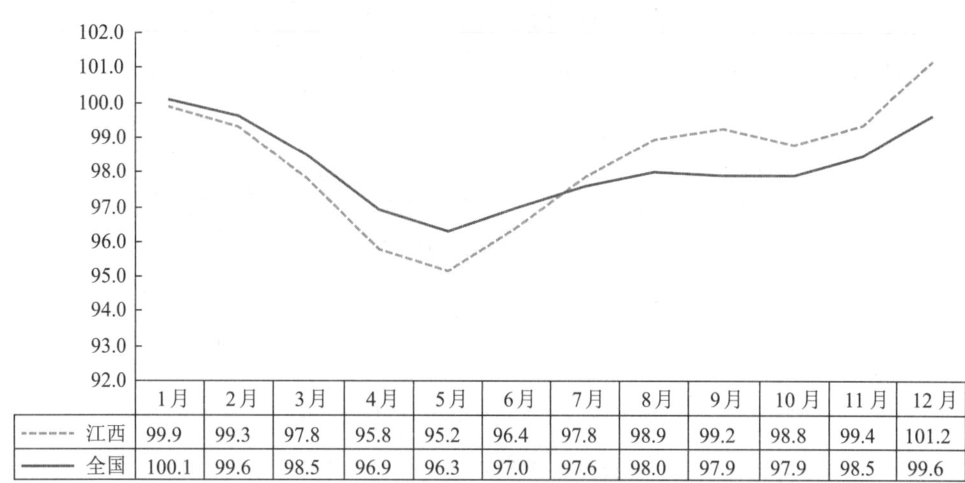

	1月	2月	3月	4月	5月	6月	7月	8月	9月	10月	11月	12月
江西	99.9	99.3	97.8	95.8	95.2	96.4	97.8	98.9	99.2	98.8	99.4	101.2
全国	100.1	99.6	98.5	96.9	96.3	97.0	97.6	98.0	97.9	97.9	98.5	99.6

图 2　2020 年全国和江西工业生产者出厂价格走势

二、主要行业价格变动情况

（一）金属及其相关行业产品价格先抑后扬，四季度飙涨

2020 年 1 月下旬开始，受疫情加重影响，江西金属及其相关行业产品价格出现快速下跌，环比连续下降，4 月起，伴随着疫情缓和，国内经济逐步复苏，下游企业复工复产，需求不断恢复，以铜、钢等为代表的金属价格由降转升，价格开始连续上涨，至 11 月下旬呈现快速拉升，12 月，黑色金属冶炼和压延加工业、有色金属冶炼和压延加工业产品出厂价格环比分别上涨 4.6%和 6.3%，环比涨幅创下近两年新高。2020 年，江西黑色金属冶炼和压延加工业产品出厂价格同比下降 2.3%，有色金属冶炼和压延加工业产品出厂价格同比上涨 1.0%。主要产品中，钢筋、线材价格同比分别下降 4.9%和 3.1%，铜冶炼产品价格同比上涨 2.6%。

（二）化学原料和化学制品价格低位反弹

受国内化学原料市场整体需求面疲软影响，2020 年 1–7 月，化学原料和化学制品销量减少，库存不断积压，产品价格持续下跌处于低位。8 月之后，随着上下游产业链逐步畅通，在国内市场需求回暖以及国际大宗化工商品价格回升等因素共同作用下，价格逐月上行。全年化学原料和化学制品价格前降后升，同比下降 9.6%，仍低于 2019 年水平，其中基础化学原料类产品价格同比下降 10.9%，专用化学产品价格同比下降 13.9%。

（三）电气机械和器材制造业产品价格涨跌互现

受国内外疫情影响，电气机械和器材企业市场需求大幅下滑，产品价格明显回落，2020 年，江西电气机械和器材制造业产品价格同比下降 5.4%，影响 PPI 下降 0.42 个百分点。尽管电气机械和器材制造业产品价格总体呈回落态势，但是各中类产品价格涨跌互现，走势分化明显。主要类别中，电线、电缆、光缆及电工器材制造产品在铜、钢材价格上涨的带动下，下半年强劲反弹，价格由降转升，全年同比上涨 0.3%；输配电及控制设备制造、电池制造产品价格则持续回落，同比分别下降 13.1%和 2.5%，共同影响 PPI 下降 0.39 个百分点。

（四）石油加工产品价格大幅下降

2020 年，受新冠疫情、世界经济衰退、原油供需失衡等因素影响，国际原油价格大幅下挫，国内成品油市场消积观望，成品油价格持续下跌，5 月起，在 OPEC+历史性的减产协议生效影响下，原油市场供应过剩的局面得到极大改善，国际原油价格开始快速回升，连续四个月反弹，之后，随着欧美疫情的再度恶化，国际原油需求偏弱，价格连续回落，虽然年末价格再度反弹，但整体仍远低于上年。受此影响，2020 年，江西石油、煤炭及其他燃料加工业产品价格同比下降 12.3%，影响 PPI 下降 0.23 个百分点，其中，精炼石油产品价格同比下降 17.6%

（五）非金属矿物制品价格震荡下行

2020 年，以水泥为主的江西非金属矿物制品业受疫情、汛情以及水泥行业错峰生产、环保等政策因素影响，需求释放受限，产品价格在经历一季度的高开低走后，二、三季度持续走低，四季度在下游工地赶工期，需求量增大的带动下，价格略有反弹，但仍低于上年水平。与上年相比，非金属矿物制品价格下降 1.5%，影响 PPI 下降 0.13 个百分点，其中，水泥、石灰和石膏制造产品价格下降 2.2%。

（六）农副食品价格高位震荡

2020 年，受生猪复产复养成本增加，供应紧张及餐饮业复苏，消费量增大影响，屠宰及肉类加工产品价格大幅上涨，进而带动农副食品价格整体上涨。受此影响，2020 年，江西农副食品加工业产品价格同比上涨 6.5%，影响 PPI 上涨 0.41 个百分点。其中，屠宰及肉类加工出厂价格同比上涨 33.5%。

三、后期走势预判

一是当前我国国民经济恢复态势持续向好，工业经济保持较快增长，制造业供需两端持续回暖，消费和投资市场继续改善，支撑经济持续恢复的有利条件较多，将为工业品价格上行提供强劲动力。国家统计局服务业调查中心、中国物流与采购联合会发布的 12 月中国制造业采购经理指数（PMI）表明，制造业市场需求持续改善，生产增速略有放缓，企业生产经营活动持续恢复向好。

二是随着全球经济基本面的好转，原油、铁矿石、铜等国际大宗商品价格或将延续 2020 年末的强劲涨势，带动工业品价格上涨。

三是对比基数以及前低后高走势影响，2020 年，受新冠疫情影响，工业生产者价格前低后高，整体处于低位，1-6 月同比下降 2.6%，全年同比下降 1.7%，上年同期对比基数相对偏低，对 PPI 上行有一定的推动作用。

四是当前全球疫情防控压力仍然存在，尤其是疫情防控下的停工减产、延迟复工、全球供应链风险及贸易保护主义的抬头等因素叠加，全球经济下行压力仍然较大，工业经济发展的环境仍面临很多不确定因素，给工业品价格的波动也带来很大的不确定性。

综合以上因素，预计 2021 年江西 PPI 仍将延续 2020 年 12 月的涨势，指数将进一步上行。

（夏　茵）

2020 年江西农产品生产者价格高位回稳

2020 年，面对新冠肺炎疫情、历史罕见的洪涝灾害和中美贸易摩擦等错综复杂的国内外形势，省委、省政府高度重视，着力抓好粮食等重要农产品的生产和供给保障。从调查情况看，全年农产品生产者价格同比上涨 11.0%。分季度看，一季度同比上涨 40.5%，二季度上涨 16.8%，三季度上涨 7.9%，四季度上涨 1.8%，呈高位回稳走势。分品种看，农、林、牧、渔同比价格“两涨两跌”，种植业产品生产价格上涨 2.5%，林业产品生产价格下跌 9.0%，畜牧业产品生产价格上涨 35.5%，渔业产品生产价格略跌 0.7%。

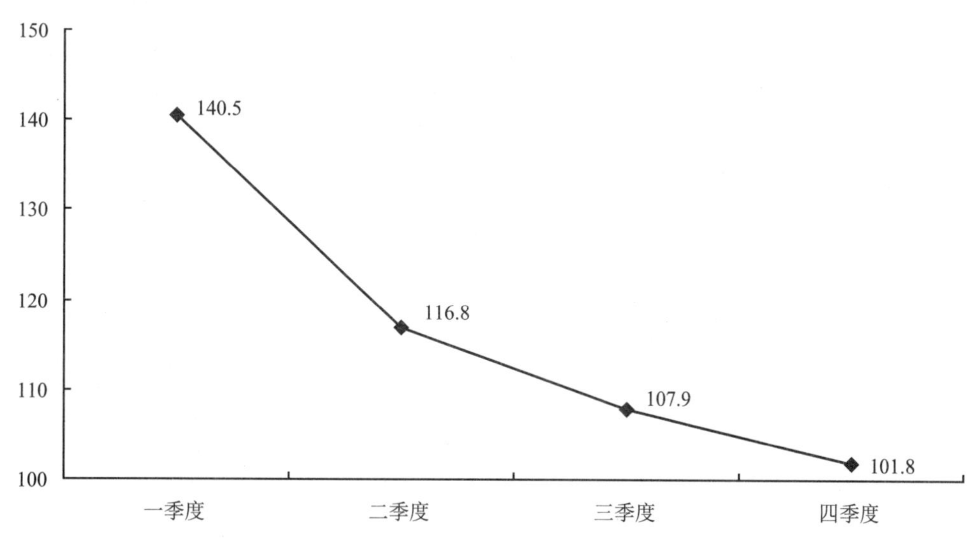

图 1　2020 年江西农产品生产者价格指数走势（以上年同期为 100）

一、四大类农产品价格变化特征

（一）种植业生产价格由跌转涨

2020 年，全省种植业产品价格同比上涨 2.5%。分季度看，一季度同比下跌 2.2%，二季度与去年持平，三季度上涨 2.2%，四季度上涨 6.0%。

1.稻谷价格触底回升。2020 年，全省稻谷价格同比上涨 4.5%，其中，早籼稻价格同比上涨 6.9%，中籼稻价格同比上涨 5.6%，晚籼稻价格同比上涨 3.0%。分季度看，一季度稻谷价格同比下跌 1.5%，二季度上涨 2.3%，三季度上涨 3.4%，四季度上涨 12.7%。

2.经济作物有涨有跌。由于今年油茶籽产量少，油料价格受油茶籽价格大幅上涨影响，同比上涨 4.2%；受疫情影响国际大豆价格涨幅较大，豆类价格同比上涨 4.3%；未加工烟草同比上涨 2.8%；薯类价格下跌 3.3%；棉花价格下跌 10.9%；生麻价格下跌 9.1%。

3.蔬菜价格先跌后涨。2020 年，蔬菜价格同比下跌 0.5%。分季度看，一季度下跌 0.8%，二季度下跌 5.7%，三季度下跌 2.3%，四季度价格由跌转涨，同比上涨 2.3%。其中，11 个蔬菜品种里，七成蔬菜价格下跌，分别是叶菜类下跌 0.5%，白菜类下跌 0.5%，芥菜类下跌 5.9%，甘蓝类下跌 4.6%，瓜菜类下跌 0.6%，豆类下跌 1.1%，茄果类下跌 2.0%，莴苣及菊苣类下跌 2.6%。

（二）林业生产价格跌幅收窄

2020 年，林业产品价格同比下跌 9.0%，其中，木材采伐类价格下跌 10.3%；竹材采伐类价格下跌 2.1%。受新冠肺炎疫情影响，外地木材商收购量减少，不少木材多次流拍，由于堆积时间较长，木材品质较差，价格连续四个季度下跌，一季度下跌2.2%，二季度下跌10.1%，三季度下跌18.1%，四季度下跌6.8%。

（三）畜牧业生产价格涨幅逐季回落

2020年，全省畜牧业产品价格受生猪价格推动，同比上涨35.5%，涨幅比去年同期缩小5.5个百分点。从季度看呈回落态势，一季度上涨111.9%，二季度上涨54.7%，三季度上涨34.1%，四季度下跌4.3%。

1.生猪价格涨幅回落。2020年，生猪价格同比上涨52.0%。受翘尾因素影响，生猪价格一季度涨幅创新高，上涨149.0%，二季度上涨74.9%，三季度上涨50.8%，四季度下跌2.8%。

2.活禽价格跌幅逐季扩大。2020年，活禽价格同比下跌2.1%，其中一季度下跌0.2%，二季度下跌1.0%，三季度下跌1.7%，四季度下跌9.6%。分品种看，活鸡价格下跌7.2%；活鸭价格上涨2.8%。

3.禽蛋价格跌幅较大。2020年，禽蛋价格同比下跌10.0%，其中一季度下跌3.8%，二季度下跌15.4%，三季度下跌9.1%，四季度下跌11.1%。分品种看，鸡蛋价格跌幅较大，下跌12.2%；鸭蛋价格下跌8.5%。

（四）水产品价格相对稳定

2020年，水产品价格同比略跌0.7%，跌幅比去年同期缩小0.25个百分点。分季度看，一季度下跌0.3%，二季度下跌5.3%，三季度下跌1.1%，四季度上涨3.2%。分品种看，鳙鱼、青鱼、鳊鲂和鲤鱼价格分别同比上涨1.2%、0.8%、5.6%和7.3%；鲫鱼、黄颡鱼、鳜鱼和草鱼价格出现不同程度的下跌，分别下跌2.3%、0.4%、3.0%和2.6%。

二、全年农产品价格变动因素分析

（一）新冠肺炎疫情影响农产品供需

今年年初，受新冠肺炎疫情的影响，农业产品的生产、加工及物流配送受阻，运输的不畅通，导致农产品不能及时供应到市场，部分农户由于收储能力较弱，只能以低价销售农产品。二季度随着疫情得到有效控制，国内的农产品供应和销售水平逐步恢复。但仍受国外新冠肺炎疫情的困扰，粮食、大豆等农产品的进口受到一定阻碍，因此全省粮食、大豆等农产品的价格出现明显上涨。

（二）生猪复养政策调节效果明显

面对新冠肺炎疫情和非洲猪瘟双重压力，江西省统筹抓好恢复生猪生产和非洲猪瘟防控工作，深入推进生猪复产增养工作力度，生猪存栏大幅增长。截至12月末，全省生猪存栏1569.9万头，同比增长56.0%。随着生猪存栏的持续恢复增长，猪肉市场供应逐步改善，生猪价格呈震荡回落态势，到今年年底全省生猪平均价格已低于去年同期水平。

（三）家禽市场需求支撑力不足

受猪肉价格节节攀升影响，去年家禽类市场需求量增大。不少农户看到养殖行情好，去年年底纷纷加大投入。然而今年上半年，受新冠疫情的影响，本地餐馆、工厂和学校食堂歇业，家禽类市场需求量大幅减少，导致本地库存积压较多，价格大幅下跌。下半年虽然学校复课、工厂复工，对鸡鸭和蛋类的需求量有所回升，但市场整体需求不足以消化过剩的产能。

（邹文静）

房市量降价稳　预期以稳为主　二手住宅市场需关注

2020 年，江西重点监测城市南昌、九江、赣州房地产市场在政府“三稳”和“因城施策”等宏观调控政策持续推动下，总体保持平稳，呈现“量降价稳”态势，市场预期以稳为主。但三城市去化周期延长，南昌二手住宅成交量连年下降，同比价格近 9 个月连续负区间运行需关注。

一、新建住宅、二手住宅成交量总体低于 2019 年

2020 年年初因疫情影响，新建商品住宅、二手住宅成交量出现近年来最低点，虽然后期随着疫情防控形势持续向好，生产生活秩序加快恢复，住宅成交量快速回升，但三城市新建商品住宅全年累计成交量仍低于 2019 年水平，也不及 2018 年；二手住宅成交量除赣州较 2019 年有所上涨外，南昌、九江成交量也低于 2019 年。对比新建商品住宅和二手住宅两个市场发现，市场活跃度仍集中在新建住宅市场。

（一）从新建商品住宅成交量看，2 月为成交低谷，全年成交量未恢复至 2019 年水平，也不及 2018 年

从 2020 年各月成交量来看，南昌成交量最低月份为 2 月，仅成交 672 套，12 月为全年单月成交量峰值，成交 4480 套；九江 2 月成交 934 套，1 月为全年成交量峰值，成交 2224 套；赣州 2 月成交 197 套，8 月为全年成交量峰值，成交 2029 套。三城市房地产市场虽然自 2 月份之后呈现回暖态势，但全年累计成交量均未达到 2019 年的水平。和 2019 年比，南昌、九江、赣州 2020 年新建商品住宅分别下降 25.4%、36.7%、3.3%，与 2018 年比分别下降 22.0%、35.1%、15.6%。

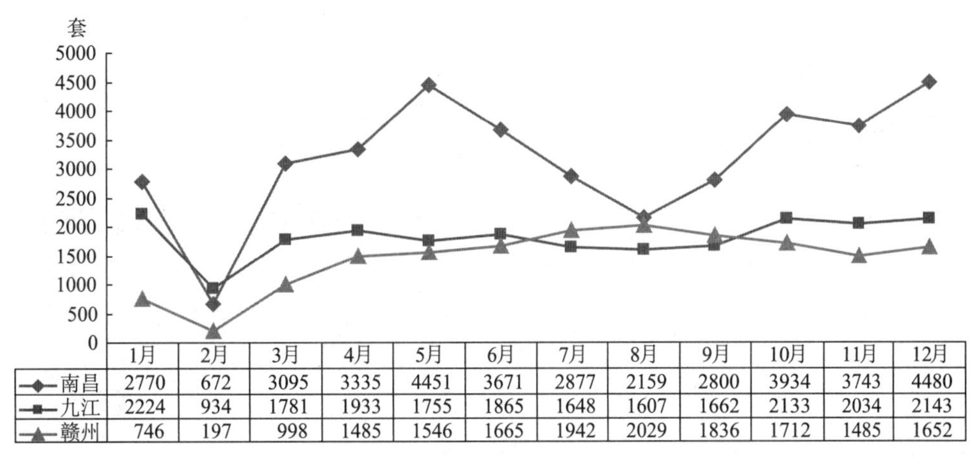

	1月	2月	3月	4月	5月	6月	7月	8月	9月	10月	11月	12月
南昌	2770	672	3095	3335	4451	3671	2877	2159	2800	3934	3743	4480
九江	2224	934	1781	1933	1755	1865	1648	1607	1662	2133	2034	2143
赣州	746	197	998	1485	1546	1665	1942	2029	1836	1712	1485	1652

图 1　2020 年南昌、九江、赣州新建商品住宅成交量

（二）从二手住宅成交量看，疫情常态化防控后回暖态势更为明显，赣州超过 2019 年水平，但南昌有逐年缩减态势

从 2020 年各月成交量来看，南昌成交量最低的 2 月仅成交 218 套，成交量最大的 6 月成交了 2571 套；九江 2 月仅成交 118 套，9 月成交量最大，达 1133 套；赣州 2 月仅成交 125 套，7 月成交量最大，达 944 套。二手住宅成交量也均在 2 月份达到低谷，后期有所回升，但从全年累计成交量来看，南昌、九江仍未恢复到 2019 年水平，成交量较 2019 年分别下降 12.0%、13.7%，赣州后期回升态势良好，全年成交量较 2019 年上涨 9.4%。与 2018 年比，2020 年南昌二手住宅成交量降幅达 31.0%，赣州微降 1.0%，九江微涨 0.4%。总体来看，九江二手住宅成交量降幅小于同期新建商品住宅，赣州二手住宅保持较快上涨，南昌二手住宅市场有逐年萎缩态势。

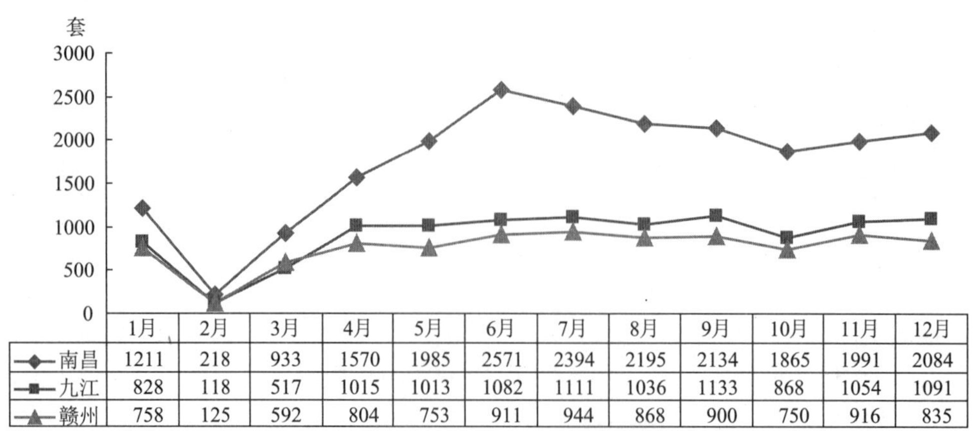

图 2 2020 年南昌、九江、赣州二手住宅成交量

（三）从新建房、二手房两个市场看，市场需求仍以新建房为主

调查显示，2018 年至 2020 年，三城市购房需求主要集中在新建商品住宅，南昌新建商品住宅成交量分别为二手住宅的 1.6 倍、2.1 倍、1.8 倍；九江新建商品住宅成交量分别为二手住宅的 3.1 倍、2.7 倍、2 倍；赣州新建商品住宅成交量分别为二手住宅的 2.1 倍、2.1 倍、1.9 倍。

表 1 2018-2020 年南昌、九江、赣州新建房和二手房成交量

地 区	新建商品住宅（套）			二手住宅（套）		
	2018 年	2019 年	2020 年	2018 年	2019 年	2020 年
南 昌	48729	50893	37987	30672	24031	21151
九 江	33465	34307	21719	10827	12590	10866
赣 州	20484	17891	17293	9254	8370	9156

二、住宅销售价格总体平稳，南昌、九江同比涨幅回落明显

（一）从环比看，三城市新建住宅价格以涨为主，二手住宅价格南昌降多涨少，九江、赣州两地以涨为主

2 月，受疫情影响最严重，三城市住宅销售量断崖式下滑，但网签备案价格因从签订购房合同到完成网签备案有一定的时差，疫情影响暂未传导，无论是新建商品住宅还是二手住宅，价格总体稳中略升，但涨幅以回落居多；3 月随着疫情防控形势好转，生产生活秩序逐渐恢复，虽然市场成交逐渐活跃，但市场观望情绪依然较浓，开发商打折力度加大，价格整体呈现由升转降态势；4-6 月因疫情积压的住房需求逐步释放，价格以涨为主；进入三季度，受传统淡季影响，且因疫情积压的需求量在二季度已基本释放，价格涨幅回落；四季度价格平稳，整体涨跌幅均在 ± 0.5 个百分点之间。

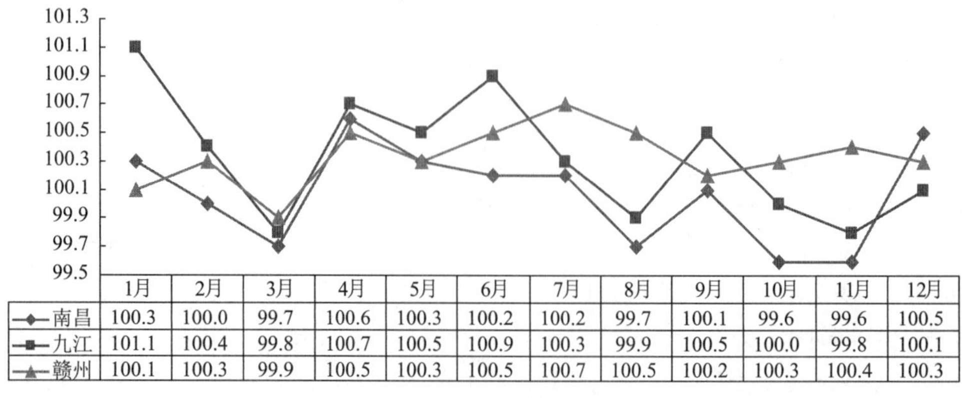

图 3 2020 年南昌、九江、赣州新建商品住宅价格环比指数

纵观 2020 年全年波动情况，南昌新建商品住宅环比“7 涨 4 降 1 平”、二手住宅“4 涨 6 降 2 平”；九江新建商品住宅环比“8 涨 3 降 1 平”、二手住宅“7 涨 3 降 2 平”；赣州新建商品住宅环比“11 涨 1 降”、二手住宅“10 涨 2 降”。而 2018 年、2019 年各月涨跌情况，相对涨多降少，且单月环比涨幅最高值均达到 1.5 个百分点以上。总体看来，三城市 2020 年房价环比“上涨面”不如 2018 年、2019 年，且涨幅有所收窄，房价趋于平稳。

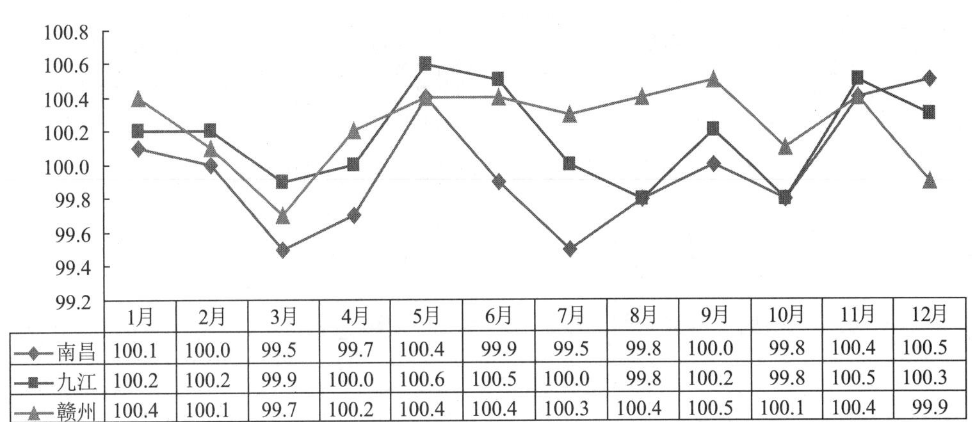

	1月	2月	3月	4月	5月	6月	7月	8月	9月	10月	11月	12月
南昌	100.1	100.0	99.5	99.7	100.4	99.9	99.5	99.8	100.0	99.8	100.4	100.5
九江	100.2	100.2	99.9	100.0	100.6	100.5	100.0	99.8	100.2	99.8	100.5	100.3
赣州	100.4	100.1	99.7	100.2	100.4	100.4	100.3	100.4	100.5	100.1	100.4	99.9

图 4　2020 年南昌、九江、赣州二手住宅价格环比指数

（二）从同比看，三城市新建商品住宅涨幅总体前高后低，二手住宅涨跌不一，南昌二手住宅连续九个月同比维持在下降区间运行

2020 年南昌新建商品住宅价格同比涨幅基本逐月回落，10 月为全年最低，同比上涨 0.2%，最高月份在 1 月，同比上涨 3.3%，12 月有所回升，但同比涨幅较 2019 年同期回落 2.7 个百分点；二手住宅则自 4 月后连续 9 个月在负区间运行。九江、赣州新建商品住宅、二手住宅同比价格则继续攀升，全年各月均在正区间运行，但和 2019 年 12 月比，九江新建住宅同比涨幅回落 4.0 个百分点，二手住宅同比涨幅回落 5.2 个百分点；赣州新建住宅同比涨幅回升 1.2 个百分点，二手住宅同比涨幅回落 2.8 个百分点。

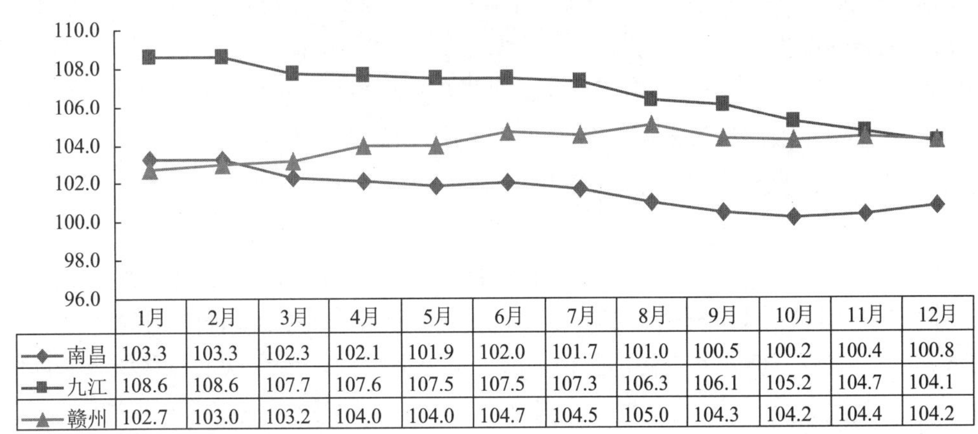

	1月	2月	3月	4月	5月	6月	7月	8月	9月	10月	11月	12月
南昌	103.3	103.3	102.3	102.1	101.9	102.0	101.7	101.0	100.5	100.2	100.4	100.8
九江	108.6	108.6	107.7	107.6	107.5	107.5	107.3	106.3	106.1	105.2	104.7	104.1
赣州	102.7	103.0	103.2	104.0	104.0	104.7	104.5	105.0	104.3	104.2	104.4	104.2

图 5　2020 年南昌、九江、赣州新建商品住宅价格同比指数

（三）涨幅在全国 70 个大中城市中排名情况

从全国 70 个大中城市新建商品住宅同比涨幅排位看，12 月份南昌、九江、赣州分别位列第 58、38、35 位；从二手住宅成交价格同比涨幅排位看，12 月份南昌、九江、赣州分别位列第 46、30、32 位。

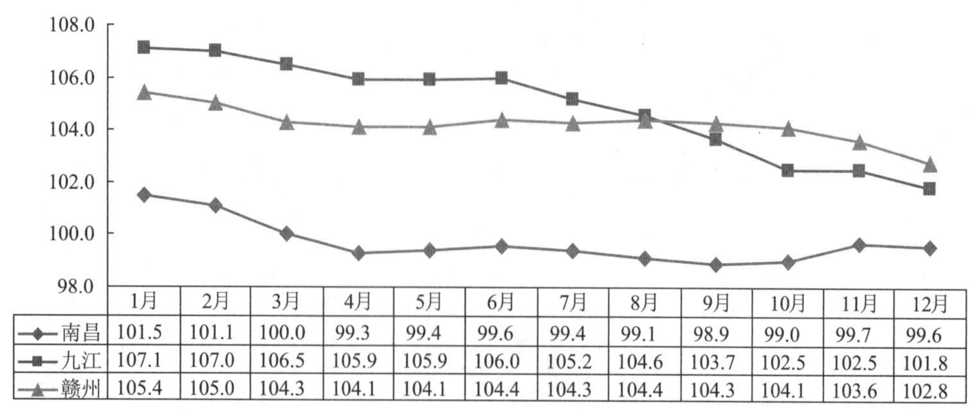

	1月	2月	3月	4月	5月	6月	7月	8月	9月	10月	11月	12月
南昌	101.5	101.1	100.0	99.3	99.4	99.6	99.4	99.1	98.9	99.0	99.7	99.6
九江	107.1	107.0	106.5	105.9	105.9	106.0	105.2	104.6	103.7	102.5	102.5	101.8
赣州	105.4	105.0	104.3	104.1	104.1	104.4	104.3	104.4	104.3	104.1	103.6	102.8

图6　2020年南昌、九江、赣州二手住宅价格同比指数

三、商品住宅市场影响因素及后期预判

（一）从市场供应看，南昌供应量同比下降，九江、赣州供应量同比上涨，去化周期均较2019年同期有所延长

截至2020年12月，南昌、九江、赣州新建商品住宅可供出售套数分别为30414套、13319万套、8242万套，与2019年同期比，南昌减少1.1%，九江、赣州增加5.9%、15.3%。去化周期分别为10.5个月、8.2个月、5.6个月，与2019年同期比，南昌、九江、赣州分别延长0.7个月、3.1个月、0.9个月。

（二）从政策层面看，各地疫情期间和疫情常态后均出台了系列政策措施，以促进房地产市场平稳健康发展

1. 企业减税降负方面。南昌、九江、赣州均在疫情期间下发政策，从降低企业用地成本、缓缴城市基础配套费用、落实税收扶持政策、加大金融支持力度、合理顺延工期和商品房交付时间、降低企业社保负担等方面支持房地产相关行业。

2. 金融政策方面。南昌于2月放宽了公积金贷款政策；九江在2月份对全市范围内的业主（房东）减免房产税，在5月对双缴存职工家庭住房公积金贷款最高限额进行调整，并对二手房公积金贷款流程再优化，更方便九江市民提取公积金；9月江西三个城市（南昌、九江、宜春）与其他17个城市签署了《长江中游城市群住房公积金管理中心合作公约》，20个城市之间实现公积金贷款互认互贷。

3. 购房政策方面。南昌4月份出台全面放开城镇落户限制的实施意见，明确全面取消在南昌市城镇地域落户的参保年限、居住年限、学历要求等迁入条件限制；6月发布人才落户奖励政策；10月新建区明确放松限购；12月发布《关于调整南昌人才政策的补充规定》，鼓励在昌人才，不受落户限制，在本市辖区内购房。

（三）从市场评价看，12月认为房价有所上涨企业占比上升，超六成企业认为政策适度

1. 新建商品住宅方面，认为价格较半年前有所上涨的企业占比较疫情期间上升4.3个百分点。问卷调查显示，12月份南昌、九江、赣州共走访调研销量前十及新推预售楼盘33家，认为与半年前比新建商品住宅价格有所上涨的企业占51.5%，但疫情期间（以2020年3月为代表）该比率为47.2%；认为有所下降的企业占比48.5%（3月该比率为52.8%）。总体来看，2020年年末认为新建商品住宅价格较半年前有所上涨的占比较疫情最严重的时期上升4.3个百分点。

2. 手住宅方面，认为价格较半年前有所上涨的企业占比较疫情期间上升17.3个百分点。问卷调查显示，12月份南昌、九江、赣州共走访调研覆盖市辖各区35家中介机构（门店），35家中介中，认为二手住宅价格较半年前有所上涨的企业占比65.7%（3月该比率为48.4%）；认为有所下降的企业占31.4%（3月该比率为51.6%）。总体来看，2020年年末认为二手住宅价格较半年前有所上涨的企业较疫情最严重的时期上升17.3个百分点。

3. 在对当前房地产宏观调控政策的评价方面，认为政策适度的企业较疫情期间占比上升21.6个百分点。

调研的 68 家企业（33 家房企和 35 家中介）中，认为“政策适度，应保持政策的稳定性”的占 52.9%（3 月该比率为 31.3%）；认为“政策过紧，需放松部分政策”的占 45.6%（3 月该比率为 68.7%）；认为“政策相对宽松，需采取进一步调控措施”的占 1.5%（3 月没有企业认为政策相对宽松）。总体来看，和疫情期间比较，2020 年末认为政策适度的企业占比上升了 21.6 个百分点。

（四）从市场预判看，九成以上企业认为新建住宅价格将保持稳定或处于缓慢上涨态势，七成以上中介企业认为二手住宅价格将保持稳定或处于缓慢上涨态势

问卷调查显示，33 家房企中，认为未来半年新建商品住宅价格将上涨的企业占 30.3%（3 月该比率为 25.0%）；认为半年内保持稳定的占 60.6%（3 月该比率为 66.7%）；认为半年内下降的占 9.1%（3 月该比率为 8.3%）。总体来看，无论是疫情期还是疫情后期，均有九成以上企业都认为新建住宅价格将保持稳定或处于上涨态势。

35 家中介企业中，认为未来半年二手住宅价格将上涨的占 37.1%（3 月该比率为 16.1%）；认为半年内保持稳定的占 37.1%（3 月该比率为 41.9%）；认为半年内下降的占 25.8%（3 月该比率占 42.0%）。总体来看，2020 年末和疫情期间比较，对二手住宅价格预期的看涨率上升 21.0 个百分点，看跌率下降 16.2 个百分点。

综合判断，新房市场对房价预期以稳为主，二手住宅市场在疫情之后回暖更快、预期看涨率更高。随着“三稳”和“因城施策”等宏观调控政策的持续推动，购房者更加理性，房价涨幅趋于平稳，但南昌市二手住宅同比价格连续 9 个月处于下降区间的情况也应关注。

（徐玉冰）

2-1-1 各种价格指数

（上年=100）

年　份	商品零售价格指数	城　市	农　村	居民消费价格指数	城　市	农　村
1978	100.1	100.2	100.1		100.2	
1980	104.3	106.6	102.9		106.0	
1985	108.3	109.0	107.8	109.0	108.8	109.1
1990	101.3	100.3	102.2	102.1	101.5	102.8
1991	102.4	104.0	101.2	102.8	104.4	101.3
1992	105.6	107.2	103.9	105.7	107.5	103.5
1993	111.1	112.6	110.1	114.6	115.8	112.5
1994	123.9	122.9	125.4	126.9	126.9	126.7
1995	115.9	115.0	116.9	116.9	116.9	117.0
1996	106.6	106.4	106.7	108.4	108.1	108.6
1997	99.6	100.1	99.3	102.0	103.0	102.1
1998	98.8	98.5	98.9	101.0	101.0	101.0
1999	96.8	97.3	96.3	98.6	99.1	98.1
2000	98.5	98.6	98.5	100.3	102.1	99.1
2001	98.4	98.3	98.4	99.5	99.8	99.2
2002	100.2	100.1	100.3	100.1	100.2	99.9
2003	100.1	99.4	100.7	100.8	100.9	100.6
2004	103.0	101.9	104.0	103.5	103.3	103.5
2005	100.9	100.3	101.4	101.7	101.5	102.2
2006	101.2	101.0	101.4	101.2	100.9	101.6
2007	104.0	103.5	105.1	104.8	104.4	105.8
2008	106.1	106.0	106.4	106.0	105.9	106.3
2009	99.1	99.1	99.0	99.3	99.4	99.2
2010	102.7	102.6	102.9	103.0	102.9	103.3
2011	104.8	104.8	105.0	105.2	105.1	105.6
2012	102.1	101.9	102.5	102.7	102.6	103.0
2013	101.5	101.2	101.9	102.5	102.4	102.9
2014	101.2	101.1	101.4	102.3	102.4	102.2
2015	100.5	100.4	100.6	101.5	101.5	101.5
2016	100.6	100.5	100.8	102.0	102.0	101.9
2017	101.0	101.0	101.0	102.0	102.0	101.9
2018	101.0	101.0	100.8	102.1	102.1	102.2
2019	101.9	102.0	101.4	102.9	102.9	102.8
2020	101.6	101.5	101.9	102.6	102.4	103.0

2-1-2 各种价格指数(2020年)

类　别	以1978年价格为100	以1980年价格为100	以1990年价格为100	以1995年价格为100	以2005年价格为100	以2010年价格为100	以2015年价格为100
商品零售价格指数	494.2	469.8	234.4	136.1	132.4	116.8	106.1
城　市	514.4	475.5	232.8	131.4	130.5	116.1	106.1
农　村	473.6	459.0	240.4	141.7	136.0	118.0	105.9
居民消费价格指数			313.2	169.5	145.5	127.4	112.0
城　市	736.6	682.2	333.4	173.1	143.4	126.5	111.9
农　村			298.3	170.4	149.8	129.1	112.4

注：1990–1993年零售、消费价格指数中城市、农村口径为城镇、农村。

2-2-1　居民消费价格分类指数(2011-2015年)

（上年=100）

项　　目	2011	2012	2013	2014	2015
居民消费价格指数	**105.2**	**102.7**	**102.5**	**102.3**	**101.5**
#服务项目价格指数	102.5	102.3	102.6	102.9	101.6
#消费品价格指数	106.2	102.9	102.5	102.2	101.5
一、食品	111.2	105.2	104.5	103.7	103.3
1.粮食	114.0	103.8	102.3	103.0	102.2
2.淀粉及制品	106.5	101.4	100.2	101.4	102.2
3.干豆类及豆制品	102.5	101.5	105.5	103.5	105.1
4.油脂	112.8	104.2	100.0	97.0	96.2
5.肉禽及其制品	122.7	98.9	103.9	100.5	107.0
6.蛋	116.6	96.9	105.7	108.7	98.7
7.水产品	107.1	112.6	107.3	101.0	100.0
8.菜	99.3	118.2	107.5	101.8	109.3
9.调味品	104.6	103.3	102.4	101.4	102.5
10.糖	112.5	102.7	99.8	99.6	100.6
11.茶及饮料	103.9	104.6	102.0	101.4	101.0
12.干鲜瓜果	116.1	102.4	105.9	116.4	99.3
13.糕点饼干面包	107.1	104.2	101.9	102.7	100.9
14.液体乳及乳制品	107.5	104.0	107.2	114.0	101.1
15.在外用膳食品	104.2	110.8	104.9	105.4	102.2
16.其他食品	104.3	102.9	102.1	100.0	100.2
二、烟酒	101.0	102.2	100.6	100.1	103.0
1.烟草	100.2	100.8	100.7	100.0	104.6
2.酒	102.8	105.2	100.5	100.3	99.9
三、衣着	102.9	100.2	102.8	102.4	103.2
1.服装	102.3	99.7	103.4	102.6	103.8
2.衣着材料	109.3	105.0	102.4	104.1	103.0
3.鞋袜帽	103.9	100.8	100.8	101.6	101.2
4.衣着加工服务	110.3	108.5	105.0	105.2	110.2
四、家庭设备用品及维修服务	102.0	101.7	101.0	99.9	101.0
1.耐用消费品	98.6	99.7	99.1	99.4	99.2
2.室内装饰品	104.0	103.2	102.4	100.0	99.3
3.床上用品	105.4	97.4	100.4	98.0	100.9
4.家庭日用杂品	103.8	103.3	101.4	99.8	100.4
5.家庭服务及加工维修服务	110.3	110.6	109.3	104.6	111.2
五、医疗保健和个人用品	103.0	102.2	101.3	101.0	101.4
1.医疗保健	102.1	102.1	101.2	101.3	101.5
2.个人用品及服务	104.6	102.4	101.4	100.6	101.2
六、交通通信	100.4	100.1	99.7	99.7	98.8
1.交通	103.0	102.7	100.7	100.7	98.3
2.通信	98.3	97.8	98.7	98.8	99.3
七、娱乐教育文化用品及服务	100.7	100.9	101.8	102.8	101.1
1.文娱用耐用消费品及服务	95.4	95.4	96.0	96.8	99.4
2.教育	101.3	101.9	102.9	103.6	101.7
3.文化娱乐	100.7	101.2	100.4	101.4	101.5
4.旅游	103.7	102.0	104.3	106.1	99.7
八、居住	104.6	102.7	101.9	102.5	98.5
1.建房及装修材料	106.0	102.2	101.9	102.0	98.6
2.住房租金	103.7	103.0	104.8	104.3	102.0
3.自有住房	106.7	104.1	103.2	103.8	100.8
4.水电燃料	102.8	102.2	100.6	101.6	96.0

注：2016年居民消费价格指数目录进行了调整。

2-2-2 居民消费价格分类指数(2016-2020年)

(上年=100)

项　　目	2016	2017	2018	2019	2020
居民消费价格指数	**102.0**	**102.0**	**102.1**	**102.9**	**102.6**
#服务项目价格指数	102.5	104.3	103.8	101.7	100.7
#消费品价格指数	101.7	100.7	101.2	103.5	103.6
一、食品烟酒	104.4	99.3	101.0	107.8	108.8
1.食品	105.6	98.5	100.6	110.6	111.5
(1)粮食	100.6	100.7	101.1	101.0	101.9
(2)薯类	112.6	100.0	104.3	108.7	106.4
(3)豆类	102.9	102.3	101.0	103.3	106.9
(4)食用油	101.8	101.2	99.0	100.6	102.7
(5)菜	111.3	92.6	105.9	109.2	104.5
(6)畜肉类	114.4	93.3	93.8	131.5	141.2
(7)禽肉类	101.9	100.8	108.0	107.5	98.8
(8)水产品	105.1	107.7	98.9	98.7	105.1
(9)蛋类	97.2	97.6	111.3	105.7	90.7
(10)奶类	100.6	99.9	102.1	101.3	100.5
(11)干鲜瓜果类	95.7	103.6	101.4	111.8	89.6
(12)糖果糕点类	100.6	103.1	103.0	100.8	100.4
(13)调味品	101.8	102.4	102.1	100.5	100.8
(14)其他食品类	102.5	101.2	101.3	101.0	102.2
2.茶及饮料	100.5	100.2	100.8	100.8	100.3
3.烟酒	101.5	99.6	100.0	100.5	100.8
(1)烟草	102.0	99.3	99.6	100.0	100.4
(2)酒类	100.7	100.1	100.8	101.5	101.5
4.在外餐饮	102.7	101.5	103.0	103.2	104.7
二、衣着	100.9	102.1	100.2	100.9	99.2
1.服装	100.9	102.3	100.5	100.7	98.9
2.服装材料	100.5	103.0	104.5	103.3	99.1
3.其他衣着及配件	101.3	100.8	100.2	100.6	100.0
4.衣着加工服务费	107.2	105.9	102.9	103.7	102.1
5.鞋类	100.2	101.4	98.8	101.1	99.8
三、居住	101.0	103.4	102.6	101.0	99.4
1.租赁房房租	103.9	103.9	101.7	100.7	99.5
2.住房保养维修及管理	103.0	104.6	106.0	103.0	101.6
3.水电燃料	97.6	102.4	101.8	99.2	97.7
4.自有住房	102.0	103.4	101.9	101.3	99.5
四、生活用品及服务	100.1	101.2	101.0	100.3	99.7
1.家具及室内装饰品	100.4	103.7	102.7	101.2	100.5
2.家用器具	98.4	100.5	100.3	98.3	97.5
3.家用纺织品	99.6	99.8	100.0	100.6	99.6
4.家庭日用杂品	100.0	100.6	100.8	101.2	100.4
5.个人护理用品	100.8	101.1	100.5	100.3	99.9
6.家庭服务	107.1	103.1	102.9	102.1	103.3
五、交通通信	98.8	101.9	101.6	97.8	96.3
1.交通	99.2	102.8	103.1	97.2	94.7
2.通信	98.2	100.3	98.8	98.9	99.2
六、教育文化娱乐	101.5	102.5	102.6	102.4	102.1
1.教育	102.7	103.5	103.4	102.6	103.4
2.文化娱乐	99.8	100.9	101.3	102.1	100.0
七、医疗保健	102.7	109.0	108.3	101.0	99.9
1.药品及医疗器具	103.2	105.2	101.4	101.8	100.7
2.医疗服务	102.5	111.0	111.6	100.7	99.6
八、其他用品及服务	102.6	102.6	100.8	102.9	104.9
1.其他用品类	101.6	101.2	99.0	104.5	108.6
2.其他服务类	103.6	103.9	102.4	101.4	101.4

注：2016年居民消费价格指数目录进行了调整。

2-3-1 居民消费价格分类指数(2020年)

(上年=100)

项　目	全　省	城　市	农　村
居民消费价格指数	**102.6**	**102.4**	**103.0**
#服务项目价格指数	100.7	100.7	100.9
#消费品价格指数	103.6	103.4	104.1
一、食品烟酒	108.8	108.1	110.3
1.食品	111.5	110.5	113.4
(1)粮食	101.9	101.6	102.3
(2)薯类	106.4	106.6	104.4
(3)豆类	106.9	106.9	106.9
(4)食用油	102.7	101.2	104.7
(5)菜	104.5	105.1	102.8
(6)畜肉类	141.2	139.8	143.3
(7)禽肉类	98.8	97.1	102.2
(8)水产品	105.1	106.4	102.8
(9)蛋类	90.7	90.3	91.6
(10)奶类	100.5	100.5	100.6
(11)干鲜瓜果类	89.6	89.9	88.8
(12)糖果糕点类	100.4	100.2	101.0
(13)调味品	100.8	100.4	101.4
(14)其他食品类	102.2	103.4	100.4
2.茶及饮料	100.3	100.5	99.9
3.烟酒	100.8	100.6	101.1
(1)烟草	100.4	100.1	100.9
(2)酒类	101.5	101.5	101.5
4.在外餐饮	104.7	104.5	105.3
二、衣着	99.2	99.4	98.7
1.服装	98.9	99.0	98.6
2.服装材料	99.1	99.1	99.2
3.其他衣着及配件	100.0	99.9	100.4
4.衣着加工服务费	102.1	101.8	103.0
5.鞋类	99.8	100.6	98.2
三、居住	99.4	99.7	98.8
1.租赁房房租	99.5	99.4	100.2
2.住房保养维修及管理	101.6	101.3	102.0
3.水电燃料	97.7	99.0	95.5
4.自有住房	99.5	99.7	99.2
四、生活用品及服务	99.7	99.8	99.4
1.家具及室内装饰品	100.5	100.6	100.2
2.家用器具	97.5	98.1	96.7
3.家用纺织品	99.6	99.7	99.5
4.家庭日用杂品	100.4	100.2	100.7
5.个人护理用品	99.9	99.6	101.0
6.家庭服务	103.3	103.5	102.5
五、交通通信	96.3	96.2	96.4
1.交通	94.7	94.7	94.6
2.通信	99.2	99.0	99.6
六、教育文化娱乐	102.1	101.7	103.1
1.教育	103.4	103.1	103.9
2.文化娱乐	100.0	100.0	99.8
七、医疗保健	99.9	100.2	99.4
1.药品及医疗器具	100.7	100.4	101.5
2.医疗服务	99.6	100.1	98.8
八、其他用品及服务	104.9	104.9	104.9
1.其他用品类	108.6	109.1	107.5
2.其他服务类	101.4	101.3	102.0

注：2016年居民消费价格指数目录进行了调整。

2-3-2 全省各月居民消费价格分类指数(2020年)

(上月=100)

项目	1月	2月	3月	4月	5月	6月	7月	8月	9月	10月	11月	12月
居民消费价格指数	**101.2**	**101.1**	**98.5**	**99.4**	**99.5**	**100.2**	**101.0**	**100.2**	**100.2**	**99.6**	**99.1**	**100.8**
#服务项目价格指数	100.4	100.0	99.9	100.0	100.1	100.0	99.8	99.9	100.6	100.0	99.9	100.1
#消费品价格指数	101.6	101.7	97.7	99.1	99.1	100.3	101.6	100.4	100.0	99.4	98.6	101.3
一、食品烟酒	102.9	104.0	96.6	98.6	98.1	100.6	103.1	100.5	100.1	98.8	97.4	101.9
1.食品	104.1	105.6	95.2	98.0	97.3	101.0	104.4	100.7	100.0	98.3	96.2	102.7
(1)粮食	100.1	100.7	100.1	100.1	100.3	99.8	100.4	100.3	99.8	100.7	99.9	100.8
(2)薯类	105.0	115.8	97.2	98.6	98.9	99.6	100.5	98.4	98.5	95.7	94.3	103.3
(3)豆类	100.2	105.4	101.9	98.8	100.4	100.0	99.8	100.0	100.0	100.3	100.1	100.1
(4)食用油	100.0	100.0	99.8	100.2	100.2	99.8	100.9	99.6	101.1	100.5	99.5	102.2
(5)菜	106.0	111.3	91.1	104.1	90.7	99.6	112.4	101.7	101.9	102.4	90.7	105.7
(6)畜肉类	108.5	108.5	91.4	93.6	94.7	104.5	108.7	100.4	99.0	94.6	94.1	105.1
(7)禽肉类	99.7	100.0	98.4	98.0	97.4	98.0	99.4	100.6	99.1	98.9	98.9	99.9
(8)水产品	102.4	106.4	95.6	99.3	102.9	101.1	99.9	101.4	98.7	98.4	98.1	99.6
(9)蛋类	96.6	97.8	95.0	97.8	96.6	96.4	101.6	106.9	100.2	100.1	98.6	100.6
(10)奶类	99.9	100.0	99.8	99.8	99.9	100.1	100.1	100.2	100.1	100.0	100.3	100.2
(11)干鲜瓜果类	104.6	104.9	100.7	99.1	104.1	96.8	97.6	99.9	102.9	98.9	97.5	100.5
(12)糖果糕点类	99.1	100.6	100.3	100.3	99.9	99.4	100.4	100.3	100.9	100.5	100.0	100.1
(13)调味品	100.1	100.2	100.1	99.6	100.1	100.0	100.2	100.3	100.1	100.1	100.4	100.0
(14)其他食品类	100.2	100.2	100.8	100.4	100.1	100.1	99.8	100.2	100.5	100.4	100.1	99.8
2.茶及饮料	99.6	100.1	100.0	99.6	99.9	99.7	99.8	100.3	101.3	100.0	100.2	100.1
3.烟酒	99.6	100.2	100.2	100.0	100.1	100.0	100.2	100.1	100.2	100.0	100.1	100.3
(1)烟草	99.7	100.0	100.1	100.2	100.2	99.8	100.1	100.0	100.1	100.0	100.0	100.2
(2)酒类	99.3	100.8	100.3	99.8	99.9	100.3	100.3	100.3	100.2	100.1	100.4	100.3
4.在外餐饮	100.6	100.2	100.0	100.4	100.1	99.8	100.2	100.1	100.3	100.1	100.2	100.2
二、衣着	99.8	98.8	99.5	101.0	100.7	100.1	99.7	99.8	100.3	100.5	99.6	100.3
1.服装	99.7	98.6	99.6	101.0	100.8	100.0	99.6	99.8	100.5	100.6	99.7	100.4
2.服装材料	99.6	100.0	100.0	100.0	100.0	100.0	99.7	99.8	100.2	100.0	100.0	99.9
3.其他衣着及配件	99.9	100.0	100.1	100.1	99.9	100.0	99.7	100.0	100.0	100.1	99.9	100.0
4.衣着加工服务费	100.5	100.0	100.2	100.3	100.0	99.9	99.5	100.1	100.3	99.9	99.8	100.0
5.鞋类	99.7	99.5	98.9	101.1	100.5	100.3	100.0	99.7	99.7	100.5	99.2	100.0
三、居住	100.2	99.9	99.5	99.7	99.9	99.8	99.9	100.0	100.1	100.2	100.2	100.6
1.租赁房房租	100.0	100.0	100.2	100.3	100.0	99.9	99.5	100.1	100.3	99.9	99.8	100.0
2.住房保养维修及管理	100.3	99.9	99.7	100.0	100.6	99.9	99.7	99.7	100.2	100.2	100.6	100.3
3.水电燃料	100.6	99.6	98.5	98.7	99.2	99.5	99.9	100.1	99.9	100.7	100.1	101.6
4.自有住房	99.9	100.0	100.2	100.3	100.0	99.9	99.5	100.1	100.3	99.9	99.8	100.0
四、生活用品及服务	100.0	100.0	99.9	100.1	100.1	99.9	100.0	100.3	100.0	100.0	100.0	100.0
1.家具及室内装饰品	100.1	100.2	100.1	100.1	99.8	100.1	99.8	100.2	99.9	100.4	100.1	100.3
2.家用器具	99.7	99.7	99.6	99.8	100.5	99.9	100.4	99.9	99.9	100.1	99.9	100.1
3.家用纺织品	100.2	99.4	100.2	99.8	100.1	100.2	100.0	99.8	100.4	99.9	100.4	99.6
4.家庭日用杂品	99.9	100.3	100.1	100.3	99.9	99.9	99.9	100.8	100.1	99.8	100.0	99.8
5.个人护理用品	100.0	100.1	99.8	100.3	100.3	99.8	99.8	100.1	100.2	100.2	100.0	100.1
6.家庭服务	101.0	100.0	100.2	100.3	100.0	99.7	100.0	100.8	99.9	100.0	100.0	99.9
五、交通通信	100.9	98.8	97.8	98.7	99.9	100.1	100.5	100.1	100.0	99.6	99.8	100.8
1.交通	101.4	98.2	96.6	97.8	99.7	100.1	100.7	100.3	99.9	99.3	99.7	101.4
2.通信	100.0	100.0	100.0	100.1	100.3	100.0	100.0	99.9	100.1	100.2	100.0	99.8
六、教育文化娱乐	100.6	100.0	100.0	99.8	100.3	99.9	99.9	99.7	101.7	100.4	99.8	100.1
1.教育	100.1	100.0	100.0	100.0	100.6	100.4	100.0	100.0	102.5	100.0	100.0	100.0
2.文化娱乐	101.4	100.1	100.0	99.6	99.7	98.9	99.8	99.1	100.2	101.0	99.5	100.3
七、医疗保健	99.8	100.0	100.0	100.1	100.0	100.0	99.4	100.0	100.1	100.0	100.0	100.0
1.药品及医疗器具	99.4	100.0	100.1	100.3	100.0	100.0	100.2	100.1	100.1	100.0	100.0	100.0
2.医疗服务	100.0	100.0	100.2	100.3	100.0	99.9	99.5	100.1	100.3	99.9	99.8	100.0
八、其他用品及服务	101.4	99.9	100.3	99.9	100.9	100.6	100.5	102.4	99.3	98.3	100.0	99.4
1.其他用品类	101.3	100.0	101.1	99.6	101.3	101.2	100.9	104.7	98.2	99.0	99.9	98.8
2.其他服务类	101.4	99.9	99.6	100.1	100.5	100.0	100.1	100.1	100.4	97.6	100.0	100.1

2-3-3 全省各月居民消费价格分类指数(2020年)

(上年同月=100)

项　目	1月	2月	3月	4月	5月	6月	7月	8月	9月	10月	11月	12月
居民消费价格指数	**105.1**	**105.4**	**103.9**	**102.9**	**102.3**	**102.7**	**103.5**	**102.4**	**101.7**	**100.6**	**99.9**	**100.8**
#服务项目价格指数	101.0	100.7	101.0	100.8	101.0	100.9	100.4	100.2	100.5	100.7	100.9	100.8
#消费品价格指数	107.4	108.1	105.5	104.1	103.0	103.8	105.3	103.7	102.4	100.6	99.4	100.8
一、食品烟酒	115.5	117.4	113.6	111.1	108.7	109.9	112.6	108.7	106.2	102.6	99.9	102.5
1.食品	121.3	124.0	118.3	114.6	111.0	112.9	116.8	111.1	107.9	102.9	99.1	102.8
(1)粮食	100.8	101.2	101.1	101.2	101.5	101.6	102.2	102.3	101.9	102.6	102.9	103.0
(2)薯类	106.7	115.1	109.5	107.7	105.5	106.5	107.6	104.4	105.4	103.4	100.0	104.3
(3)豆类	103.0	104.2	109.0	107.5	107.8	107.9	108.0	107.2	106.9	107.4	107.3	107.0
(4)食用油	102.4	102.6	102.0	102.3	102.4	102.2	103.2	102.6	103.0	103.2	102.0	104.1
(5)菜	102.0	101.8	93.1	93.6	88.3	98.3	110.2	110.2	115.4	119.3	112.6	115.5
(6)畜肉类	192.2	202.0	183.0	169.5	160.9	165.7	171.1	138.4	120.9	100.9	92.9	100.6
(7)禽肉类	110.2	107.4	108.5	105.8	103.3	101.0	99.9	96.2	90.4	90.1	87.4	88.9
(8)水产品	102.2	105.7	104.3	103.8	107.6	109.1	108.3	106.7	104.8	103.5	102.4	103.4
(9)蛋类	98.9	99.1	97.4	95.5	89.9	87.6	87.1	90.2	84.9	86.0	85.8	88.3
(10)奶类	100.3	101.1	101.0	101.0	100.9	100.7	100.2	100.4	100.1	99.9	100.3	100.4
(11)干鲜瓜果类	91.4	92.5	92.4	88.3	82.6	74.9	76.4	82.3	93.7	102.1	105.6	107.4
(12)糖果糕点类	99.5	100.2	99.8	99.9	100.0	99.2	100.0	100.4	100.9	101.4	101.6	101.7
(13)调味品	101.2	101.3	100.6	100.3	100.4	100.3	100.4	100.8	100.7	100.8	101.5	101.1
(14)其他食品类	101.4	101.7	101.7	102.1	102.5	102.6	101.7	102.3	102.4	102.8	102.8	102.5
2.茶及饮料	100.4	100.9	100.2	100.0	99.9	100.0	99.3	99.9	101.2	101.0	100.5	100.6
3.烟酒	100.3	100.6	100.8	100.9	100.8	100.7	100.9	100.9	101.0	100.9	101.0	101.0
(1)烟草	100.3	100.3	100.3	100.5	100.6	100.4	100.6	100.5	100.6	100.4	100.3	100.3
(2)酒类	100.2	101.2	101.6	101.7	101.2	101.3	101.2	101.5	101.8	101.8	102.1	102.2
4.在外餐饮	105.9	105.9	105.8	106.1	106.0	105.6	105.7	105.0	103.4	102.8	102.4	102.5
二、衣着	99.2	98.5	97.8	98.4	98.9	99.0	99.0	99.3	99.7	100.1	100.6	100.0
1.服装	98.7	97.7	97.2	98.0	98.6	98.7	98.6	99.0	99.5	100.0	100.7	100.2
2.服装材料	99.9	99.8	99.8	99.3	99.2	99.2	98.1	98.8	98.7	98.5	98.9	99.3
3.其他衣着及配件	100.3	100.6	101.1	100.6	100.4	100.0	99.6	99.5	99.4	99.4	99.8	99.8
4.衣着加工服务费	101.8	101.4	102.0	102.1	102.1	102.2	102.2	102.2	102.4	102.9	102.4	101.8
5.鞋类	100.5	100.6	99.0	99.0	99.3	99.4	99.9	100.2	100.1	100.0	100.1	99.1
三、居住	100.0	99.9	99.3	99.0	99.1	99.2	99.1	99.0	99.1	99.5	99.8	100.0
1.租赁房房租	99.7	99.5	99.2	99.4	99.7	99.4	99.2	99.0	99.3	99.9	100.0	100.1
2.住房保养维修及管理	102.1	102.1	101.8	101.6	102.3	102.0	101.4	101.2	101.2	100.9	101.3	101.2
3.水电燃料	99.3	99.1	98.2	96.8	96.3	96.9	97.3	97.6	97.2	97.7	98.0	98.4
4.自有住房	99.5	99.4	99.1	99.2	99.3	99.4	99.2	99.0	99.3	100.0	100.3	100.4
四、生活用品及服务	99.1	99.3	99.2	99.2	99.4	99.6	99.5	99.9	99.9	99.9	100.6	100.4
1.家具及室内装饰品	100.1	100.3	100.3	100.5	100.4	100.5	100.3	100.5	100.3	100.6	100.8	101.1
2.家用器具	96.6	96.5	96.3	96.2	96.9	97.4	97.7	97.9	97.9	98.4	99.4	99.4
3.家用纺织品	99.8	99.2	99.2	99.1	99.2	99.9	100.0	99.7	99.9	99.5	100.1	99.9
4.家庭日用杂品	99.7	100.3	100.2	100.2	99.9	100.0	99.8	100.7	100.9	100.7	101.5	100.7
5.个人护理用品	99.6	99.9	99.6	99.7	99.8	99.7	99.8	99.8	99.9	99.9	100.7	100.6
6.家庭服务	103.1	103.9	103.8	104.1	104.2	103.8	103.1	103.7	103.0	102.3	102.4	102.1
五、交通通信	99.7	97.9	95.6	94.6	94.3	95.1	95.7	96.2	96.5	96.3	96.5	97.0
1.交通	100.7	97.9	94.2	92.3	91.6	92.7	93.8	94.6	94.7	94.2	94.2	95.1
2.通信	97.9	97.8	98.2	98.7	99.0	99.2	99.3	99.1	99.7	100.0	100.5	100.5
六、教育文化娱乐	102.7	101.8	102.9	102.3	102.6	102.5	101.7	101.4	101.6	101.8	102.1	102.1
1.教育	103.2	103.0	102.9	102.8	103.4	103.8	103.7	103.7	103.6	103.6	103.6	103.6
2.文化娱乐	101.8	100.0	102.9	101.5	101.3	100.4	98.4	97.6	98.2	98.8	99.6	99.6
七、医疗保健	100.7	100.6	100.2	100.3	100.2	100.2	99.6	99.5	99.6	99.5	99.5	99.4
1.药品及医疗器具	101.2	101.0	100.9	101.1	100.9	100.6	100.7	100.6	100.8	100.4	100.4	100.3
2.医疗服务	100.4	100.4	99.9	99.9	99.9	100.0	99.1	99.1	99.1	99.1	99.1	99.1
八、其他用品及服务	103.9	104.5	105.1	105.1	106.1	106.2	105.8	107.2	105.0	103.4	103.8	102.8
1.其他用品类	108.2	108.4	109.3	108.6	110.1	110.1	109.1	112.2	107.3	106.6	107.5	106.1
2.其他服务类	100.1	101.0	101.3	101.9	102.5	102.5	102.6	102.4	102.7	100.3	100.2	99.7

2-3-4 全省各月居民消费价格分类指数(2020年)

(上年同期=100)

项目	1月	1-2月	1-3月	1-4月	1-5月	1-6月	1-7月	1-8月	1-9月	1-10月	1-11月	1-12月
居民消费价格指数	**105.1**	**105.2**	**104.8**	**104.3**	**103.9**	**103.7**	**103.7**	**103.5**	**103.3**	**103.0**	**102.8**	**102.6**
#服务项目价格指数	101.0	100.9	100.9	100.9	100.9	100.9	100.8	100.8	100.7	100.7	100.7	100.7
#消费品价格指数	107.4	107.7	107.0	106.3	105.6	105.3	105.3	105.1	104.8	104.3	103.9	103.6
一、食品烟酒	115.5	116.5	115.5	114.4	113.2	112.7	112.7	112.1	111.4	110.5	109.5	108.8
1.食品	121.3	122.7	121.2	119.5	117.8	117.0	117.0	116.2	115.2	113.8	112.4	111.5
(1)粮食	100.8	101.0	101.0	101.1	101.2	101.2	101.4	101.5	101.5	101.6	101.8	101.9
(2)薯类	106.7	111.0	110.5	109.8	108.9	108.5	108.4	107.9	107.6	107.2	106.6	106.4
(3)豆类	103.0	103.6	105.4	105.9	106.3	106.6	106.8	106.8	106.8	106.9	106.9	106.9
(4)食用油	102.4	102.5	102.4	102.3	102.3	102.3	102.4	102.5	102.5	102.6	102.5	102.7
(5)菜	102.0	101.9	98.9	97.5	95.6	96.1	97.9	99.4	101.1	102.8	103.6	104.5
(6)畜肉类	192.2	197.2	192.4	186.5	181.3	178.7	177.5	171.3	163.6	154.4	146.3	141.2
(7)禽肉类	110.2	108.8	108.7	108.0	107.1	106.1	105.2	104.0	102.4	101.0	99.7	98.8
(8)水产品	102.2	104.0	104.1	104.0	104.7	105.4	105.8	106.0	105.8	105.6	105.3	105.1
(9)蛋类	98.9	99.0	98.5	97.7	96.2	94.7	93.6	93.2	92.2	91.5	91.0	90.7
(10)奶类	100.3	100.7	100.8	100.9	100.9	100.9	100.8	100.7	100.6	100.6	100.5	100.5
(11)干鲜瓜果类	91.4	91.9	92.1	91.1	89.2	86.4	84.9	84.5	85.5	86.9	88.3	89.6
(12)糖果糕点类	99.5	99.8	99.8	99.8	99.9	99.7	99.8	99.9	100.0	100.1	100.2	100.4
(13)调味品	101.2	101.2	101.0	100.8	100.8	100.7	100.6	100.7	100.7	100.7	100.8	100.8
(14)其他食品类	101.4	101.6	101.6	101.7	101.9	102.0	102.0	102.0	102.0	102.1	102.2	102.2
2.茶及饮料	100.4	100.6	100.5	100.4	100.3	100.2	100.1	100.1	100.2	100.3	100.3	100.3
3.烟酒	100.3	100.4	100.5	100.6	100.7	100.7	100.7	100.7	100.8	100.8	100.8	100.8
(1)烟草	100.3	100.3	100.3	100.3	100.4	100.4	100.4	100.4	100.5	100.5	100.4	100.4
(2)酒类	100.2	100.7	101.0	101.2	101.2	101.2	101.2	101.3	101.3	101.4	101.4	101.5
4.在外餐饮	105.9	105.9	105.9	105.9	106.0	105.9	105.9	105.7	105.5	105.2	104.9	104.7
二、衣着	99.2	98.8	98.5	98.5	98.6	98.6	98.7	98.8	98.9	99.0	99.1	99.2
1.服装	98.7	98.2	97.9	97.9	98.1	98.2	98.2	98.3	98.5	98.6	98.8	98.9
2.服装材料	99.9	99.9	99.8	99.7	99.6	99.5	99.3	99.3	99.2	99.1	99.1	99.1
3.其他衣着及配件	100.3	100.4	100.7	100.6	100.6	100.5	100.4	100.3	100.2	100.1	100.1	100.0
4.衣着加工服务费	101.8	101.6	101.7	101.8	101.9	101.9	102.0	102.0	102.1	102.1	102.2	102.1
5.鞋类	100.5	100.6	100.0	99.8	99.7	99.6	99.7	99.7	99.8	99.8	99.8	99.8
三、居住	100.0	99.9	99.7	99.5	99.5	99.4	99.4	99.3	99.3	99.3	99.4	99.4
1.租赁房房租	99.7	99.6	99.5	99.4	99.5	99.5	99.4	99.4	99.4	99.4	99.5	99.5
2.住房保养维修及管理	102.1	102.1	102.0	101.9	102.0	102.0	101.9	101.8	101.7	101.7	101.6	101.6
3.水电燃料	99.3	99.2	98.9	98.4	98.0	97.8	97.7	97.7	97.6	97.6	97.7	97.7
4.自有住房	99.5	99.5	99.3	99.3	99.3	99.3	99.3	99.3	99.3	99.4	99.4	99.5
四、生活用品及服务	99.1	99.2	99.2	99.2	99.3	99.3	99.3	99.4	99.5	99.5	99.6	99.7
1.家具及室内装饰品	100.1	100.2	100.2	100.3	100.3	100.3	100.3	100.3	100.3	100.4	100.4	100.5
2.家用器具	96.6	96.5	96.5	96.4	96.5	96.7	96.8	96.9	97.1	97.2	97.4	97.5
3.家用纺织品	99.8	99.5	99.4	99.3	99.3	99.4	99.5	99.5	99.5	99.5	99.6	99.6
4.家庭日用杂品	99.7	100.0	100.1	100.1	100.1	100.1	100.0	100.1	100.2	100.3	100.4	100.4
5.个人护理用品	99.6	99.7	99.7	99.7	99.7	99.7	99.7	99.7	99.7	99.7	99.8	99.9
6.家庭服务	103.1	103.5	103.6	103.7	103.8	103.8	103.7	103.7	103.6	103.5	103.4	103.3
五、交通通信	99.7	98.8	97.7	96.9	96.4	96.2	96.1	96.1	96.2	96.2	96.2	96.3
1.交通	100.7	99.3	97.6	96.3	95.3	94.9	94.7	94.7	94.7	94.7	94.6	94.7
2.通信	97.9	97.9	98.0	98.2	98.3	98.5	98.6	98.7	98.8	98.9	99.0	99.2
六、教育文化娱乐	102.7	102.2	102.5	102.4	102.5	102.5	102.4	102.2	102.2	102.1	102.1	102.1
1.教育	103.2	103.1	103.0	103.0	103.0	103.2	103.2	103.3	103.3	103.4	103.4	103.4
2.文化娱乐	101.8	100.9	101.6	101.5	101.5	101.3	100.9	100.5	100.2	100.1	100.0	100.0
七、医疗保健	100.7	100.6	100.5	100.4	100.4	100.4	100.2	100.2	100.1	100.0	100.0	99.9
1.药品及医疗器具	101.2	101.1	101.0	101.0	101.0	100.9	100.9	100.9	100.8	100.8	100.8	100.7
2.医疗服务	100.4	100.4	100.3	100.2	100.1	100.1	100.0	99.9	99.8	99.7	99.7	99.6
八、其他用品及服务	103.9	104.2	104.5	104.7	105.0	105.2	105.2	105.5	105.4	105.2	105.1	104.9
1.其他用品类	108.2	108.3	108.6	108.6	108.9	109.1	109.1	109.5	109.3	109.0	108.9	108.6
2.其他服务类	100.1	100.6	100.8	101.1	101.4	101.6	101.7	101.8	101.9	101.7	101.6	101.4

2-4-1　主要城市居民消费价格总指数(2011-2020年)

(上年=100)

年　份	南昌市	景德镇市	萍乡市	九江市	新余市	鹰潭市	赣州市	吉安市	宜春市	抚州市	上饶市
2011	105.0	105.1	104.9	105.1	105.2	105.1	104.9	104.7	104.7	105.0	105.0
2012	102.9	102.7	102.6	102.8	102.3	102.5	102.8	102.6	102.5	102.4	102.6
2013	102.3	102.5	102.4	102.5	102.6	102.7	102.4	102.3	102.6	101.8	102.7
2014	102.5	102.4	102.6	102.1	101.4	102.4	102.1	102.1	101.8	103.2	102.3
2015	101.6	101.7	101.2	101.9	100.9	101.5	102.1	101.5	100.9	100.9	101.2
2016	102.1	101.8	102.1	102.1	101.5	102.0	102.0	101.3	102.5	101.5	101.7
2017	102.1	102.3	101.9	102.3	102.0	101.7	102.1	101.5	101.8	101.6	102.1
2018	102.3	101.5	102.2	101.7	101.9	102.2	102.1	102.0	101.7	102.1	102.3
2019	102.8	102.9	103.0	102.5	103.0	102.8	102.5	102.4	102.9	102.6	102.4
2020	102.5	102.1	101.9	102.6	102.5	102.0	102.1	102.0	102.6	102.3	102.4

2-4-2　主要城市居民消费价格分类指数(2020年)

(上年=100)

类　别	南昌市	景德镇市	萍乡市	九江市	新余市	鹰潭市	赣州市	吉安市	宜春市	抚州市	上饶市
居民消费价格总指数	**102.5**	**102.1**	**101.9**	**102.6**	**102.5**	**102.0**	**102.1**	**102.0**	**102.6**	**102.3**	**102.4**
一、食品烟酒	**107.5**	**108.6**	**106.9**	**108.2**	**110.0**	**108.7**	**107.2**	**107.9**	**109.6**	**108.0**	**107.1**
粮　食	102.6	100.4	102.6	99.3	100.6	102.6	102.5	100.8	101.7	100.2	102.2
鲜　菜	107.6	104.3	104.2	104.6	103.7	109.7	101.9	113.4	105.5	101.2	110.1
畜　肉	139.9	139.9	138.2	143.1	147.3	142.9	138.3	138.9	144.0	136.2	129.9
水产品	108.7	105.4	102.9	104.7	103.1	104.6	106.1	102.4	104.1	107.4	106.4
蛋	89.4	87.9	93.7	83.8	92.1	89.9	94.4	89.9	96.5	86.6	98.2
鲜　果	82.4	95.4	82.9	96.3	81.5	84.5	84.6	88.6	84.9	91.6	95.5
二、衣着	**100.9**	**101.0**	**98.9**	**100.4**	**97.0**	**96.3**	**99.2**	**97.2**	**97.4**	**98.5**	**98.9**
三、居住	**99.9**	**98.5**	**99.7**	**100.8**	**100.4**	**99.3**	**98.4**	**99.7**	**99.1**	**99.7**	**100.9**
四、生活用品及服务	**100.2**	**100.0**	**99.1**	**100.6**	**99.3**	**99.8**	**98.9**	**98.4**	**100.1**	**100.5**	**99.4**
五、交通通信	**96.9**	**96.9**	**94.3**	**96.7**	**97.0**	**96.4**	**95.5**	**95.3**	**96.9**	**95.8**	**95.3**
六、教育文化娱乐	**102.2**	**99.3**	**102.9**	**100.0**	**99.1**	**101.2**	**103.7**	**101.9**	**100.5**	**101.1**	**103.4**
七、医疗保健	**99.7**	**100.5**	**100.1**	**100.5**	**100.8**	**99.2**	**100.6**	**100.6**	**100.2**	**100.3**	**101.4**
八、其他用品及服务	**105.9**	**103.3**	**105.7**	**107.1**	**101.6**	**101.8**	**106.2**	**104.2**	**104.2**	**103.3**	**103.0**

2-5-1 商品零售价格分类指数(2011-2015年)

(上年=100)

项　　目	2011	2012	2013	2014	2015
商品零售价格指数	**104.8**	**102.1**	**101.5**	**101.2**	**100.5**
一、食品类	111.1	105.3	104.6	103.7	103.4
1.粮食	113.9	103.8	102.4	102.9	102.3
2.淀粉及制品	106.3	102.3	99.7	101.7	101.9
3.干豆类及豆制品	102.6	101.9	105.7	103.2	105.0
4.油脂	112.6	104.5	100.0	96.7	96.2
5.肉禽及其制品	121.8	99.1	104.3	100.8	106.9
6.蛋	116.3	96.5	105.7	109.1	98.7
7.水产品	107.2	112.7	107.4	101.6	100.2
8.菜	99.1	117.7	107.6	101.6	109.5
9.调味品	104.6	103.5	102.5	101.2	102.5
10.糖	112.3	102.7	99.6	99.4	100.7
11.干鲜瓜果	115.5	102.2	105.6	116.2	99.9
12.糕点饼干面包	108.0	104.3	101.7	102.4	101.0
13.液体乳及乳制品	108.0	104.2	107.8	114.3	101.1
14.在外用膳食品	104.2	111.1	105.0	105.5	102.2
15.其他食品	104.1	102.9	101.7	100.2	100.2
二、饮料、烟酒	102.0	103.2	100.8	100.4	102.1
1.茶及饮料	104.0	104.7	102.0	101.7	101.2
2.烟草	100.2	100.8	100.6	100.0	104.5
3.酒	103.3	105.2	100.4	100.2	99.9
三、服装、鞋帽	102.6	100.1	102.7	102.5	103.1
1.服装	102.5	99.9	103.4	102.9	104.1
2.鞋袜帽	103.2	100.8	101.2	101.7	101.2
3.其他	99.1	99.7	100.7	102.3	100.4
四、纺织品	106.9	100.3	101.2	100.8	102.2
1.衣着材料	108.7	105.1	102.4	104.1	103.7
2.床上用品	105.3	96.1	100.1	97.5	100.7
五、家用电器及音像器材	96.8	97.1	97.8	98.1	98.5
1.家庭设备	97.6	98.1	98.1	98.4	98.5
2.文娱用耐用消费品	95.4	95.1	97.0	97.7	98.6
3.专业音像器材	100.0	102.5	100.1	98.7	98.3
六、文化办公用品	99.7	99.4	98.0	99.2	99.8
七、日用品	103.0	102.5	100.9	100.9	100.3
1.日用百货	102.9	102.3	100.7	100.9	100.6
2.日用杂品	103.6	101.6	100.1	100.4	100.1
3.洗涤用品	103.8	105.2	102.2	101.7	100.8
4.其他日用品	101.7	100.1	100.2	100.1	99.3
八、体育娱乐用品	100.2	100.3	100.2	100.4	100.3
1.体育用品	100.5	102.1	100.9	100.8	99.7
2.娱乐用品	100.0	99.1	99.7	100.2	100.7
九、交通、通信用品	96.6	96.4	97.0	97.6	98.3
1.交通运输机械	99.3	98.7	99.0	99.9	99.2
2.通信器材	93.2	93.3	94.0	94.2	96.8
十、家具	100.8	104.1	100.1	100.9	100.6
十一、化妆品	101.1	101.0	101.4	100.9	100.6
十二、金银珠宝	119.9	101.6	92.2	91.6	94.2
十三、中西药品及医疗保健用品	102.9	103.0	101.6	101.4	101.3
1.医疗器具及用品	100.4	101.7	100.8	100.1	100.9
2.中药材及中成药	108.5	105.7	102.7	102.2	101.1
3.西药	99.5	101.6	101.1	100.6	101.7
4.保健器具及用品	101.8	101.6	100.5	102.2	100.7
十四、书报杂志及电子出版物类	100.5	101.2	100.5	100.8	101.0
1.教材及参考书	101.0	101.9	100.9	101.1	100.7
2.书报杂志	100.2	101.0	100.4	100.8	101.8
3.电子音像制品	99.5	99.5	99.9	100.1	99.6
十五、燃料	108.7	103.3	100.1	99.9	87.5
1.煤炭及制品	107.1	105.5	103.4	101.1	99.3
2.石油及制品	109.3	102.5	99.0	99.5	83.2
十六、建筑材料及五金电料	106.5	100.8	101.3	100.5	97.7
1.建筑装潢材料	107.1	100.1	101.3	100.3	97.1
2.五金电料	104.0	103.8	101.4	101.9	100.5

2-5-2 商品零售价格分类指数(2016-2020年)

(上年=100)

项 目	2016	2017	2018	2019	2020
商品零售价格指数	**100.6**	**101.0**	**101.0**	**101.9**	**101.6**
一、食品	105.2	99.7	101.1	108.9	110.0
1.粮食	101.2	100.9	101.0	100.8	101.8
2.薯类	111.9	99.4	104.9	106.6	106.8
3.豆类	102.7	102.8	101.1	103.0	106.7
4.食用油	101.7	101.4	99.5	99.9	101.9
5.菜	112.2	92.6	106.3	110.0	105.4
6.畜肉类	113.7	94.5	94.7	129.9	140.8
7.禽肉类	102.6	101.7	109.5	108.0	97.4
8.水产品	106.2	108.5	97.8	98.3	106.5
9.蛋类	96.9	97.3	111.3	105.4	90.6
10.奶类	100.8	100.1	103.4	101.4	100.5
11.干鲜瓜果类	95.8	104.4	101.0	112.3	89.0
12.糖果糕点类	100.4	103.5	102.8	100.6	100.5
13.调味品	101.9	102.4	101.5	99.7	100.1
14.其他食品类	102.8	102.5	101.7	102.1	103.4
15.在外餐饮	102.8	101.5	102.7	102.9	104.7
二、饮料、烟酒	101.2	99.6	100.4	100.6	100.7
1.茶及饮料	100.9	99.7	101.1	100.0	100.6
2.烟草	101.7	99.2	100.0	100.0	100.4
3.酒类	100.6	100.2	100.6	101.8	101.1
三、服装、鞋帽	100.5	102.2	100.0	101.2	99.4
1.服装	100.7	102.7	100.1	101.1	98.9
2.鞋袜帽	99.8	100.8	99.6	101.4	101.0
3.其他衣着配件	102.2	100.1	99.3	99.1	100.8
四、纺织品	99.3	99.2	100.4	100.4	99.2
1.服装材料	100.4	102.8	105.2	103.4	98.7
2.床上用品	99.0	98.3	99.1	99.6	99.4
五、家用电器及音像器材	97.8	99.9	99.2	98.4	97.9
1.家庭设备	97.9	99.8	100.6	98.6	97.3
2.文娱用耐用消费品	97.1	99.5	96.4	97.8	98.8
3.专业音像器材	100.5	103.4	99.5	99.3	99.4
六、文化办公用品	100.6	103.1	100.6	100.2	100.2
七、日用品	99.9	99.4	100.1	100.7	100.0
1.日用百货	100.3	100.6	101.3	100.4	99.4
2.厨具餐具茶具	100.4	100.2	99.4	100.4	102.6
3.清洗用品	99.8	97.8	98.9	102.3	99.7
4.其他日用品	99.1	98.4	99.5	100.2	99.9
八、体育娱乐用品	100.7	100.9	101.1	100.0	99.8
1.体育户外用品	100.3	101.1	101.4	100.8	100.0
2.娱乐用品	100.9	100.7	101.0	99.5	99.7
九、交通、通信用品	96.6	97.3	97.7	98.2	97.8
1.交通运输机械	99.1	98.2	98.5	98.8	98.1
2.通信器材	88.2	94.1	94.5	95.8	96.8
十、家具	100.4	104.5	103.4	101.4	100.5
十一、化妆品	100.5	101.3	100.5	100.9	100.1
十二、金银饰品	101.6	102.2	98.0	107.6	115.0
十三、中西药品及医疗保健用品	103.3	104.8	100.9	101.7	100.4
1.医疗卫生器具	101.3	100.4	100.6	101.6	98.5
2.中药	104.4	106.3	103.8	102.2	102.7
3.西药	103.7	105.6	99.6	101.8	99.5
4.保健器具及用品	101.0	101.5	101.6	100.7	101.0
十四、书报杂志及电子出版物	100.7	101.3	107.0	104.2	101.4
1.教材及参考书	99.5	100.8	102.4	102.4	101.2
2.书报杂志	101.6	101.8	113.6	107.4	102.1
3.计算机办公软件	101.4	101.0	101.3	99.6	99.7
十五、燃料	96.7	108.7	108.3	95.7	91.0
1.煤炭及制品	110.7	102.7	102.3	100.2	102.0
2.石油及制品	94.2	109.9	109.5	94.9	88.9
十六、建筑材料及五金电料	100.1	102.8	103.3	101.0	100.5
1.建筑装潢材料	99.9	102.8	103.6	100.8	100.3
2.五金水暖	100.7	102.8	102.6	101.7	100.8

2-6-1 商品零售价格分类指数(2020年)

(上年=100)

项 目	全 省	城 市	农 村
商品零售价格指数	**101.6**	**101.5**	**101.9**
一、食品	110.0	109.7	111.4
1.粮食	101.8	101.8	101.8
2.薯类	106.8	107.1	105.7
3.豆类	106.7	106.4	107.8
4.食用油	101.9	101.0	105.4
5.菜	105.4	105.7	103.5
6.畜肉类	140.8	140.2	143.4
7.禽肉类	97.4	96.4	101.9
8.水产品	106.5	107.2	103.5
9.蛋类	90.6	90.3	91.7
10.奶类	100.5	100.5	100.4
11.干鲜瓜果类	89.0	89.2	87.8
12.糖果糕点类	100.5	100.5	100.8
13.调味品	100.1	99.8	100.9
14.其他食品类	103.4	103.9	100.4
15.在外餐饮	104.7	104.6	105.4
二、饮料、烟酒	100.7	100.6	100.9
1.茶及饮料	100.6	100.7	99.8
2.烟草	100.4	100.2	100.9
3.酒类	101.1	101.0	101.6
三、服装、鞋帽	99.4	99.7	98.2
1.服装	98.9	99.1	98.2
2.鞋袜帽	101.0	101.7	98.0
3.其他衣着配件	100.8	100.9	100.2
四、纺织品	99.2	99.3	98.8
1.服装材料	98.7	98.7	98.7
2.床上用品	99.4	99.5	98.8
五、家用电器及音像器材	97.9	98.1	97.0
1.家庭设备	97.3	97.5	96.6
2.文娱用耐用消费品	98.8	99.0	98.0
3.专业音像器材	99.4	99.8	96.2
六、文化办公用品	100.2	100.2	100.0
七、日用品	100.0	100.0	100.2
1.日用百货	99.4	99.3	99.9
2.厨具餐具茶具	102.6	103.0	100.1
3.清洗用品	99.7	99.5	100.7
4.其他日用品	99.9	99.8	100.4
八、体育娱乐用品	99.8	99.7	100.2
1.体育户外用品	100.0	100.0	100.0
2.娱乐用品	99.7	99.5	100.4
九、交通、通信用品	97.8	97.8	98.1
1.交通运输机械	98.1	98.0	98.5
2.通信器材	96.8	96.8	96.6
十、家具	100.5	100.5	100.2
十一、化妆品	100.1	99.9	101.3
十二、金银饰品	115.0	115.2	113.8
十三、中西药品及医疗保健用品	100.4	100.2	101.6
1.医疗卫生器具	98.5	98.0	102.2
2.中药	102.7	102.2	104.7
3.西药	99.5	99.3	100.5
4.保健器具及用品	101.0	101.0	100.7
十四、书报杂志及电子出版物	101.4	101.2	102.9
1.教材及参考书	101.2	100.8	102.7
2.书报杂志	102.1	101.9	104.2
3.计算机办公软件	99.7	99.8	99.6
十五、燃料	91.0	91.5	88.4
1.煤炭及制品	102.0	102.6	99.5
2.石油及制品	88.9	89.5	86.0
十六、建筑材料及五金电料	100.5	100.5	100.5
1.建筑装潢材料	100.3	100.4	100.2
2.五金水暖	100.8	100.7	101.3

2-6-2　全省各月商品零售价格分类指数(2020年)

（上月=100）

项　　目	1月	2月	3月	4月	5月	6月	7月	8月	9月	10月	11月	12月
商品零售价格指数	**101.0**	**100.9**	**98.4**	**99.3**	**99.5**	**100.2**	**101.0**	**100.2**	**100.0**	**99.6**	**99.2**	**100.8**
一、食品	103.7	105.1	95.9	98.4	97.8	100.9	103.6	100.4	100.2	98.5	96.6	102.2
1.粮食	100.2	101.0	100.0	100.0	100.2	99.9	100.5	100.0	99.5	100.5	99.5	101.3
2.薯类	105.9	116.7	96.2	98.2	98.9	99.5	100.1	97.7	99.5	95.4	94.6	103.5
3.豆类	100.0	104.5	103.0	98.9	100.3	100.1	99.8	99.9	100.0	100.5	100.0	100.1
4.食用油	100.0	99.8	99.3	100.6	100.6	99.2	101.0	98.9	102.2	101.1	99.0	102.0
5.菜	106.0	112.2	90.8	104.3	89.5	102.0	112.7	101.3	102.2	101.6	89.7	105.9
6.畜肉类	108.8	108.9	91.7	93.4	94.7	104.1	108.1	100.2	99.3	95.3	94.4	104.7
7.禽肉类	99.7	99.9	98.4	97.8	97.2	98.0	99.4	100.6	98.9	98.6	98.7	99.9
8.水产品	102.7	106.2	95.9	99.6	103.9	101.8	99.8	101.6	98.1	97.5	97.6	99.4
9.蛋类	96.9	97.9	95.3	98.0	96.6	96.3	101.9	106.2	100.0	100.2	98.6	100.8
10.奶类	99.8	99.9	100.0	99.9	99.8	100.0	100.2	100.2	99.8	100.1	100.3	100.2
11.干鲜瓜果类	104.8	105.3	100.8	98.6	104.5	96.3	97.7	99.4	103.0	97.8	98.0	100.5
12.糖果糕点类	99.6	100.6	100.3	100.2	99.9	99.4	100.3	100.4	100.6	100.4	100.0	100.3
13.调味品	100.1	100.2	100.0	99.0	100.0	100.1	100.3	100.2	100.1	100.1	100.5	100.1
14.其他食品类	100.3	100.3	101.3	100.7	100.2	100.1	99.5	100.1	100.5	100.5	100.4	99.5
15.在外餐饮	100.6	100.2	100.0	100.6	100.3	99.9	100.2	100.0	100.4	100.1	100.2	100.2
二、饮料、烟酒	99.4	100.4	100.2	99.8	99.9	99.7	100.2	100.3	100.3	100.2	100.3	100.4
1.茶及饮料	99.7	100.0	100.0	99.4	99.9	99.6	99.8	100.6	101.6	100.0	100.2	100.0
2.烟草	99.8	99.9	100.2	100.1	100.1	99.6	100.0	100.0	100.2	100.0	99.9	100.4
3.酒类	98.8	101.2	100.4	99.5	99.7	99.8	100.5	100.5	99.7	100.6	100.8	100.5
三、服装、鞋帽	99.7	99.1	99.4	100.8	100.6	99.9	99.7	99.7	100.4	100.5	99.5	100.2
1.服装	99.8	98.8	99.3	100.8	100.7	99.7	99.6	99.8	100.5	100.6	99.6	100.3
2.鞋袜帽	99.5	99.9	99.5	100.8	100.2	100.3	99.9	99.5	100.1	100.1	99.1	99.9
3.其他衣着配件	99.9	100.3	100.2	99.7	100.8	100.4	100.0	100.1	99.9	99.3	100.3	100.0
四、纺织品	99.9	99.2	100.4	99.7	99.8	100.3	99.9	99.9	100.3	100.0	100.6	99.5
1.服装材料	99.5	99.9	100.0	100.0	100.0	100.0	99.9	99.8	100.2	100.0	100.0	99.9
2.床上用品	100.1	99.0	100.5	99.6	99.8	100.5	99.9	99.8	100.4	100.0	100.7	99.3
五、家用电器及音像器材	99.9	99.8	99.7	99.8	100.2	99.7	100.2	99.8	99.9	100.1	99.9	100.1
1.家庭设备	99.8	99.7	99.4	99.8	100.1	100.0	100.2	99.9	99.8	100.0	99.9	100.1
2.文娱用耐用消费品	100.0	100.1	100.1	99.8	100.3	99.3	100.0	99.7	100.1	100.3	100.1	100.0
3.专业音像器材	100.1	99.2	100.2	99.8	100.2	99.1	101.4	99.0	99.9	100.2	99.7	100.2
六、文化办公用品	99.9	100.2	100.3	100.5	99.5	99.6	100.3	99.5	100.3	100.2	100.1	99.8
七、日用品	100.1	100.1	99.5	100.4	100.2	99.7	99.8	100.5	100.0	100.0	100.1	99.6
1.日用百货	99.8	100.2	99.7	100.3	100.3	99.7	99.2	100.6	100.1	100.4	99.7	99.5
2.厨具餐具茶具	100.5	101.4	99.9	100.5	100.5	99.8	99.3	101.3	99.9	100.1	99.7	100.0
3.清洗用品	100.3	100.2	99.3	100.4	99.9	99.2	100.2	100.8	99.9	98.8	100.6	99.7
4.其他日用品	100.2	99.3	99.4	100.7	100.2	99.9	100.7	99.6	100.2	100.2	100.7	99.5
八、体育娱乐用品	99.9	100.1	100.0	99.9	100.0	100.2	100.1	100.0	100.0	100.1	100.0	100.1
1.体育户外用品	99.6	100.2	100.0	100.0	100.0	100.0	99.9	99.8	100.2	100.0	100.0	99.9
2.娱乐用品	100.0	100.0	100.0	99.9	100.0	100.3	100.1	100.0	100.0	100.1	100.0	100.1
九、交通、通信用品	100.1	99.7	99.7	100.0	100.1	99.9	100.0	99.2	99.9	99.8	100.2	100.1
1.交通运输机械	100.1	99.6	99.6	99.8	99.8	99.7	100.0	99.1	99.8	99.7	100.3	100.1
2.通信器材	99.9	100.1	100.2	101.0	101.4	100.6	100.0	99.5	100.5	100.2	99.8	99.8
十、家具	100.2	100.0	100.2	100.1	99.9	100.1	99.8	100.1	100.2	100.0	100.2	100.9
十一、化妆品	100.0	100.3	99.9	99.8	100.5	100.1	99.1	100.3	100.8	100.3	99.8	100.1
十二、金银饰品	102.4	100.0	102.0	99.2	102.0	102.0	101.3	107.3	97.2	98.4	99.8	98.2
十三、中西药品及医疗保健用品	99.3	100.0	100.2	100.2	99.7	100.0	100.1	100.1	100.1	100.0	100.0	100.2
1.医疗卫生器具	100.0	100.1	96.8	100.7	100.3	99.8	100.3	100.2	100.2	100.0	100.2	99.7
2.中药	100.6	100.2	100.5	100.5	99.3	100.0	100.1	100.1	100.2	100.0	99.9	101.3
3.西药	98.6	100.0	100.1	100.0	99.8	99.9	100.1	100.2	100.0	100.0	100.0	99.7
4.保健器具及用品	99.9	100.0	100.8	100.2	100.1	100.0	99.9	100.0	100.3	100.0	100.0	100.4
十四、书报杂志及电子出版物	100.4	100.2	100.0	100.1	99.9	100.0	100.2	100.0	100.4	100.1	100.0	100.0
1.教材及参考书	100.3	100.1	100.1	100.2	100.0	99.9	99.9	100.0	100.2	100.0	100.0	99.9
2.书报杂志	100.7	100.3	100.0	100.0	100.0	100.1	100.5	100.0	100.5	100.1	100.0	100.1
3.计算机办公软件	100.0	100.0	100.0	100.0	100.0	100.0	99.9	99.8	100.2	100.0	100.0	99.9
十五、燃料	101.9	96.1	93.4	95.1	99.3	99.7	101.2	100.5	99.4	99.7	99.8	104.3
1.煤炭及制品	100.0	99.9	100.3	98.6	100.0	99.2	100.0	100.0	100.1	100.1	99.6	100.3
2.石油及制品	102.3	95.5	92.1	94.3	99.2	99.6	101.5	100.6	99.2	99.6	99.7	105.0
十六、建筑材料及五金电料	100.1	99.8	99.3	99.6	100.3	99.8	99.7	100.2	99.9	100.3	100.7	100.2
1.建筑装潢材料	100.2	99.9	99.0	99.3	100.4	99.7	99.5	100.4	99.8	100.3	100.9	100.4
2.五金水暖	99.9	99.6	100.1	100.5	100.0	100.0	100.3	99.8	100.0	100.0	100.1	99.8

2-6-3 全省各月商品零售价格分类指数(2020年)

(上年同月=100)

项　　目	1月	2月	3月	4月	5月	6月	7月	8月	9月	10月	11月	12月
商品零售价格指数	**104.0**	**104.2**	**102.4**	**101.6**	**101.0**	**101.6**	**102.5**	**101.7**	**101.0**	**99.9**	**99.3**	**100.1**
一、食品	117.2	119.6	115.2	112.3	109.4	111.1	114.5	109.9	107.4	103.4	99.7	102.9
1.粮食	100.7	101.7	101.5	101.5	101.7	101.8	102.7	102.3	101.6	102.1	101.9	102.4
2.薯类	106.1	115.8	111.7	108.9	105.3	106.4	108.1	104.5	106.1	103.1	100.5	104.6
3.豆类	102.4	103.6	108.7	107.3	107.5	107.7	107.7	107.0	106.7	107.2	107.3	107.1
4.食用油	101.0	101.3	100.5	101.4	102.0	101.1	102.0	101.2	103.0	103.9	101.8	103.8
5.菜	102.1	101.2	92.1	93.5	88.0	101.3	113.5	112.5	117.9	121.4	112.8	115.8
6.畜肉类	187.5	198.6	181.5	168.3	159.9	164.9	170.7	138.9	121.2	101.9	93.0	101.2
7.禽肉类	109.1	106.0	107.4	104.2	101.5	99.3	97.8	94.5	89.6	89.2	85.9	87.6
8.水产品	102.5	106.2	105.6	105.5	110.1	112.3	111.0	108.8	106.1	104.1	102.6	103.7
9.蛋类	98.4	98.3	96.7	95.1	89.6	87.2	87.4	89.9	84.8	86.0	86.1	88.8
10.奶类	100.6	101.1	100.8	101.3	101.4	100.8	99.9	100.2	99.9	99.8	100.0	100.4
11.干鲜瓜果类	92.0	93.4	93.7	88.3	81.7	73.3	75.5	80.8	92.5	101.0	105.1	106.4
12.糖果糕点类	99.6	100.3	100.2	100.2	100.2	99.4	100.1	100.7	101.0	101.4	101.6	101.8
13.调味品	100.0	100.3	99.9	99.3	99.4	99.4	99.8	100.4	100.3	100.3	101.2	100.8
14.其他食品类	102.5	102.9	102.9	103.9	104.3	104.3	102.6	103.1	103.1	103.8	104.0	103.5
15.在外餐饮	105.2	105.2	105.1	105.6	105.9	105.6	105.7	105.3	104.3	103.6	102.8	102.9
二、饮料、烟酒	100.2	100.9	101.0	101.0	100.6	100.3	100.1	100.5	100.8	100.8	100.8	100.9
1.茶及饮料	100.0	101.2	100.5	100.3	100.0	100.4	98.8	100.3	101.9	101.6	100.8	100.9
2.烟草	100.4	100.3	100.5	100.6	100.6	100.2	100.4	100.3	100.4	100.3	100.1	100.2
3.酒类	100.1	101.6	102.0	101.9	100.8	100.4	100.4	100.8	100.7	101.1	101.7	102.0
三、服装、鞋帽	99.9	99.7	98.7	99.1	99.3	99.2	99.2	99.4	99.5	99.7	100.1	99.4
1.服装	99.4	98.8	97.9	98.4	98.8	98.6	98.4	98.7	98.9	99.5	100.2	99.6
2.鞋袜帽	101.7	102.5	101.3	101.1	101.1	101.2	101.5	101.5	101.4	100.4	99.8	98.9
3.其他衣着配件	99.5	100.3	100.5	100.2	101.2	101.5	101.3	101.0	101.5	100.7	101.1	100.8
四、纺织品	99.7	98.9	99.2	98.9	98.7	99.7	99.3	99.1	99.3	99.0	99.6	99.4
1.服装材料	99.8	99.5	99.5	99.5	99.3	99.2	97.6	97.9	97.8	97.6	98.3	98.9
2.床上用品	99.7	98.7	99.1	98.7	98.6	99.9	99.9	99.4	99.8	99.4	100.0	99.6
五、家用电器及音像器材	97.9	97.6	97.3	97.0	97.5	97.6	97.8	98.1	98.0	98.2	99.2	99.1
1.家庭设备	97.3	96.9	96.5	96.4	96.6	97.1	97.2	97.5	97.4	97.5	98.9	98.7
2.文娱用耐用消费品	98.6	98.6	98.3	97.8	98.7	98.3	98.6	98.9	99.2	99.2	100.0	99.9
3.专业音像器材	100.3	99.5	99.2	99.1	100.6	99.2	100.4	99.5	98.7	99.5	98.5	98.9
六、文化办公用品	99.4	99.6	100.0	100.9	100.7	100.3	100.6	100.0	100.3	100.1	100.3	100.2
七、日用品	99.6	99.9	99.6	100.0	100.1	100.0	99.9	100.3	100.2	100.1	100.6	100.2
1.日用百货	98.6	98.8	98.9	99.4	99.4	99.5	99.3	99.9	99.6	99.9	100.2	99.4
2.厨具餐具茶具	100.9	102.5	102.5	103.5	103.7	102.8	101.9	102.9	102.9	102.8	102.2	102.9
3.清洗用品	101.1	101.5	100.4	100.1	99.6	99.1	98.7	99.5	99.6	98.5	99.4	99.3
4.其他日用品	99.4	99.0	98.2	98.9	99.4	100.1	100.6	100.2	100.2	100.3	101.2	100.7
八、体育娱乐用品	99.1	99.2	99.3	99.0	99.5	99.9	100.0	100.2	100.3	100.3	100.3	100.3
1.体育户外用品	100.0	100.1	100.8	100.3	99.8	99.8	99.8	99.6	99.9	99.9	99.9	99.9
2.娱乐用品	98.5	98.7	98.5	98.4	99.3	99.9	100.2	100.4	100.6	100.5	100.5	100.5
九、交通、通信用品	97.1	97.0	96.8	97.4	98.0	98.2	98.5	97.8	98.1	97.9	98.7	98.8
1.交通运输机械	98.5	98.4	98.0	98.2	98.3	98.2	98.6	97.8	98.0	97.5	97.8	97.8
2.通信器材	91.0	91.0	91.6	94.3	96.9	98.3	98.2	97.7	98.3	99.5	102.3	103.2
十、家具	100.1	100.0	100.2	100.4	100.3	100.5	100.3	100.4	100.5	100.5	100.7	101.6
十一、化妆品	100.0	100.7	100.1	99.8	100.1	100.1	99.4	99.5	100.2	100.1	100.7	100.8
十二、金银饰品	114.8	115.1	116.9	116.0	118.4	118.0	115.7	120.9	112.3	111.1	111.8	109.9
十三、中西药品及医疗保健用品	101.0	101.0	100.8	100.9	100.6	100.3	100.3	100.2	100.3	99.9	99.9	99.9
1.医疗卫生器具	100.4	100.3	96.7	98.0	98.2	98.1	97.9	98.4	98.5	98.5	98.7	98.3
2.中药	102.3	102.4	102.7	103.4	102.7	102.8	103.2	103.1	102.8	102.0	101.8	102.7
3.西药	100.7	100.5	100.2	99.9	99.7	99.3	99.2	99.1	99.1	98.9	98.9	98.4
4.保健器具及用品	100.7	100.6	101.3	101.2	101.2	100.8	100.7	100.3	101.4	101.0	101.2	101.5
十四、书报杂志及电子出版物	102.5	102.0	101.3	101.2	101.1	101.1	101.1	101.2	101.1	101.2	101.7	101.4
1.教材及参考书	102.4	102.4	101.2	101.3	101.5	101.5	101.0	101.1	100.1	100.4	100.6	100.7
2.书报杂志	103.3	102.3	101.9	101.6	101.4	101.3	101.5	101.7	102.3	102.4	103.3	102.5
3.计算机办公软件	100.0	99.9	100.0	99.9	99.3	99.3	99.7	99.7	99.8	99.8	99.9	99.8
十五、燃料	105.0	99.2	91.0	86.5	85.2	87.4	89.4	90.9	89.6	89.0	88.9	90.3
1.煤炭及制品	103.8	102.8	102.9	102.1	101.9	102.1	101.4	101.6	101.4	102.3	102.5	99.2
2.石油及制品	105.2	98.5	88.9	83.6	82.2	84.6	87.2	88.8	87.4	86.6	86.4	88.6
十六、建筑材料及五金电料	101.4	101.4	100.5	100.4	100.8	100.7	100.4	100.7	100.0	99.5	99.9	99.9
1.建筑装潢材料	101.4	101.5	100.5	100.1	100.7	100.4	100.1	100.5	100.0	99.2	99.7	99.9
2.五金水暖	101.4	101.1	100.5	101.2	101.2	101.3	101.4	101.2	100.1	100.1	100.4	100.1

2-6-4　全省各月商品零售价格分类指数(2020年)

(上年同期=100)

项　　目	1月	1-2月	1-3月	1-4月	1-5月	1-6月	1-7月	1-8月	1-9月	1-10月	1-11月	1-12月
商品零售价格指数	**104.0**	**104.1**	**103.5**	**103.0**	**102.6**	**102.5**	**102.5**	**102.4**	**102.2**	**102.0**	**101.7**	**101.6**
一、食品	117.2	118.4	117.3	116.1	114.7	114.1	114.2	113.6	112.9	111.8	110.7	110.0
1.粮食	100.7	101.2	101.3	101.3	101.4	101.5	101.6	101.7	101.7	101.7	101.8	101.8
2.薯类	106.1	111.1	111.3	110.7	109.6	109.1	108.9	108.4	108.1	107.6	107.0	106.8
3.豆类	102.4	103.0	104.9	105.5	105.9	106.2	106.4	106.5	106.5	106.6	106.6	106.7
4.食用油	101.0	101.1	100.9	101.0	101.2	101.2	101.3	101.3	101.5	101.7	101.7	101.9
5.菜	102.1	101.7	98.4	97.1	95.3	96.2	98.5	100.1	102.0	103.8	104.5	105.4
6.畜肉类	187.5	193.1	189.2	183.9	179.1	176.7	175.8	170.0	162.7	153.8	145.8	140.8
7.禽肉类	109.1	107.5	107.5	106.7	105.6	104.6	103.6	102.4	100.9	99.6	98.3	97.4
8.水产品	102.5	104.4	104.8	104.9	106.0	107.0	107.6	107.7	107.5	107.2	106.8	106.5
9.蛋类	98.4	98.3	97.8	97.1	95.6	94.2	93.3	92.8	91.8	91.2	90.7	90.6
10.奶类	100.6	100.9	100.8	100.9	101.0	101.0	100.8	100.8	100.7	100.6	100.5	100.5
11.干鲜瓜果类	92.0	92.7	93.1	91.8	89.5	86.3	84.6	84.1	85.0	86.3	87.7	89.0
12.糖果糕点类	99.6	99.9	100.0	100.1	100.1	100.0	100.0	100.1	100.2	100.3	100.4	100.5
13.调味品	100.0	100.1	100.0	99.8	99.8	99.7	99.7	99.8	99.9	99.9	100.0	100.1
14.其他食品类	102.5	102.7	102.8	103.1	103.3	103.5	103.4	103.3	103.3	103.3	103.4	103.4
15.在外餐饮	105.2	105.2	105.2	105.3	105.4	105.4	105.5	105.5	105.3	105.1	104.9	104.7
二、饮料、烟酒	100.2	100.6	100.7	100.8	100.8	100.7	100.6	100.6	100.6	100.6	100.6	100.7
1.茶及饮料	100.0	100.6	100.5	100.5	100.4	100.4	100.2	100.2	100.4	100.5	100.5	100.6
2.烟草	100.4	100.4	100.4	100.5	100.5	100.5	100.4	100.4	100.4	100.4	100.4	100.4
3.酒类	100.1	100.9	101.2	101.4	101.3	101.1	101.0	101.0	101.0	101.0	101.0	101.1
三、服装、鞋帽	99.9	99.8	99.4	99.3	99.3	99.3	99.3	99.3	99.3	99.4	99.5	99.4
1.服装	99.4	99.1	98.7	98.6	98.6	98.6	98.6	98.6	98.7	98.7	98.9	98.9
2.鞋袜帽	101.7	102.1	101.8	101.7	101.5	101.5	101.5	101.5	101.5	101.4	101.2	101.0
3.其他衣着配件	99.5	99.9	100.1	100.1	100.4	100.5	100.6	100.7	100.8	100.8	100.8	100.8
四、纺织品	99.7	99.3	99.2	99.2	99.1	99.2	99.2	99.2	99.2	99.2	99.2	99.2
1.服装材料	99.8	99.7	99.6	99.6	99.5	99.5	99.2	99.0	98.9	98.8	98.7	98.7
2.床上用品	99.7	99.2	99.1	99.0	98.9	99.1	99.2	99.2	99.3	99.3	99.4	99.4
五、家用电器及音像器材	97.9	97.7	97.6	97.4	97.4	97.5	97.5	97.6	97.6	97.7	97.8	97.9
1.家庭设备	97.3	97.1	96.9	96.8	96.7	96.8	96.8	96.9	97.0	97.0	97.2	97.3
2.文娱用耐用消费品	98.6	98.6	98.5	98.3	98.4	98.4	98.4	98.5	98.6	98.6	98.7	98.8
3.专业音像器材	100.3	99.9	99.7	99.5	99.7	99.6	99.7	99.7	99.6	99.6	99.5	99.4
六、文化办公用品	99.4	99.5	99.6	99.9	100.1	100.1	100.2	100.2	100.2	100.2	100.2	100.2
七、日用品	99.6	99.8	99.7	99.8	99.8	99.9	99.9	99.9	100.0	100.0	100.0	100.0
1.日用百货	98.6	98.7	98.7	98.9	99.0	99.1	99.1	99.2	99.2	99.3	99.4	99.4
2.厨具餐具茶具	100.9	101.7	102.0	102.4	102.6	102.7	102.6	102.6	102.6	102.7	102.6	102.6
3.清洗用品	101.1	101.3	101.0	100.8	100.5	100.3	100.1	100.0	99.9	99.8	99.8	99.7
4.其他日用品	99.4	99.2	98.9	98.9	99.0	99.2	99.4	99.5	99.6	99.6	99.8	99.9
八、体育娱乐用品	99.1	99.1	99.2	99.2	99.2	99.3	99.4	99.5	99.6	99.7	99.7	99.8
1.体育户外用品	100.0	100.1	100.3	100.3	100.2	100.1	100.1	100.0	100.0	100.0	100.0	100.0
2.娱乐用品	98.5	98.6	98.6	98.5	98.7	98.9	99.1	99.2	99.4	99.5	99.6	99.7
九、交通、通信用品	97.1	97.0	96.9	97.1	97.3	97.4	97.6	97.6	97.6	97.7	97.8	97.8
1.交通运输机械	98.5	98.5	98.3	98.3	98.3	98.3	98.3	98.3	98.2	98.2	98.1	98.1
2.通信器材	91.0	91.0	91.2	92.0	93.0	93.8	94.4	94.8	95.2	95.6	96.2	96.8
十、家具	100.1	100.1	100.1	100.2	100.2	100.3	100.3	100.3	100.3	100.3	100.4	100.5
十一、化妆品	100.0	100.3	100.3	100.1	100.1	100.1	100.0	99.9	100.0	100.0	100.1	100.1
十二、金银饰品	114.8	115.0	115.6	115.7	116.3	116.6	116.4	117.0	116.4	115.9	115.5	115.0
十三、中西药品及医疗保健用品	101.0	101.0	100.9	100.9	100.8	100.8	100.7	100.6	100.6	100.5	100.5	100.4
1.医疗卫生器具	100.4	100.3	99.1	98.8	98.7	98.6	98.5	98.5	98.5	98.5	98.5	98.5
2.中药	102.3	102.3	102.5	102.7	102.7	102.7	102.8	102.8	102.8	102.7	102.7	102.7
3.西药	100.7	100.6	100.4	100.3	100.2	100.0	99.9	99.8	99.8	99.7	99.6	99.5
4.保健器具及用品	100.7	100.7	100.9	101.0	101.0	101.0	100.9	100.9	100.9	100.9	100.9	101.0
十四、书报杂志及电子出版物	102.5	102.3	102.0	101.8	101.6	101.5	101.5	101.4	101.4	101.4	101.4	101.4
1.教材及参考书	102.4	102.4	102.0	101.8	101.8	101.7	101.6	101.6	101.4	101.3	101.2	101.2
2.书报杂志	103.3	102.8	102.5	102.3	102.1	102.0	101.9	101.9	101.9	102.0	102.1	102.1
3.计算机办公软件	100.0	100.0	100.0	99.9	99.8	99.7	99.7	99.7	99.7	99.7	99.7	99.7
十五、燃料	105.0	102.1	98.3	95.3	93.3	92.3	91.9	91.8	91.5	91.3	91.1	91.0
1.煤炭及制品	103.8	103.3	103.2	102.9	102.7	102.6	102.4	102.3	102.2	102.2	102.3	102.0
2.石油及制品	105.2	101.9	97.4	93.9	91.5	90.4	89.9	89.8	89.5	89.2	89.0	88.9
十六、建筑材料及五金电料	101.4	101.4	101.1	100.9	100.9	100.9	100.8	100.8	100.7	100.6	100.5	100.5
1.建筑装潢材料	101.4	101.4	101.1	100.9	100.8	100.8	100.7	100.6	100.6	100.4	100.4	100.3
2.五金水暖	101.4	101.3	101.0	101.0	101.1	101.1	101.1	101.2	101.0	100.9	100.9	100.8

2-7-1　主要城市商品零售价格总指数(2011-2020年)

(上年=100)

年　份	南昌市	景德镇市	萍乡市	九江市	新余市	鹰潭市	赣州市	吉安市	宜春市	抚州市	上饶市
2011	105.2	104.3	104.8	104.3	105.9	104.7	104.1	104.8	104.7	104.9	104.0
2012	102.4	101.7	101.6	101.8	101.1	101.8	102.6	101.2	101.6	101.5	101.9
2013	101.3	102.0	101.7	100.9	100.8	101.5	101.2	100.6	100.6	101.4	101.9
2014	101.1	101.8	101.5	100.9	100.3	101.3	100.7	101.0	100.1	102.7	101.1
2015	100.5	101.1	100.1	100.8	99.5	100.3	100.5	100.3	99.8	100.6	100.8
2016	100.4	100.8	101.5	99.7	100.2	99.8	100.9	100.1	101.4	100.4	100.6
2017	101.0	100.1	101.4	100.7	100.6	101.8	101.5	99.9	100.2	101.7	100.5
2018	100.8	101.2	101.1	100.9	101.5	101.9	100.3	100.2	101.6	100.5	101.3
2019	101.3	102.1	101.6	102.5	102.3	102.0	101.2	102.1	102.3	101.6	101.6
2020	101.5	101.9	101.0	102.0	101.8	100.7	101.1	100.9	101.6	101.1	101.4

2-7-2　主要城市零售价格分类指数(2020年)

(上年=100)

项　　目	南昌市	景德镇市	萍乡市	九江市	新余市	鹰潭市	赣州市	吉安市	宜春市	抚州市	上饶市
商品零售价格总指数	**101.5**	**101.9**	**101.0**	**102.0**	**101.8**	**100.7**	**101.1**	**100.9**	**101.6**	**101.1**	**101.4**
一、食品	108.9	110.0	108.5	110.2	110.8	110.2	108.5	109.3	111.2	109.2	108.5
二、饮料、烟酒	100.0	103.4	100.7	101.2	101.9	101.6	101.8	100.7	100.1	98.6	100.4
三、服装、鞋帽	100.8	101.2	98.9	100.5	97.0	96.2	99.4	97.2	97.1	98.4	98.8
四、纺织品	98.9	100.0	100.0	101.8	100.0	100.3	97.4	99.1	95.1	101.6	103.0
五、家用电器及音像器材	97.0	99.0	95.7	102.0	96.3	97.8	99.2	97.2	100.2	100.4	99.5
六、文化办公用品	99.8	99.9	99.2	99.1	99.8	98.7	103.8	99.3	100.0	100.2	101.8
七、日用品	101.1	99.9	99.9	98.3	100.6	100.2	96.9	98.0	101.5	100.1	99.8
八、体育娱乐用品	99.6	98.6	99.9	99.7	99.4	100.9	99.7	100.2	99.8	101.6	100.0
九、交通、通信用品	98.0	99.0	97.5	99.2	99.0	97.5	96.5	97.2	96.6	96.4	97.0
十、家具	100.1	99.9	101.6	101.2	101.3	99.8	101.9	98.9	100.8	98.9	100.1
十一、化妆品	100.0	100.2	100.8	97.8	98.9	100.8	101.2	99.8	100.0	100.6	97.3
十二、金银珠宝	115.3	111.7	115.7	119.6	114.3	105.5	120.4	117.3	113.8	112.5	104.6
十三、中西药品及医疗保健用品	99.3	101.0	100.3	101.2	101.1	97.4	100.3	101.4	100.4	100.6	104.2
十四、书报杂志及电子出版物	100.7	102.9	101.7	100.2	102.0	100.3	104.6	100.7	100.1	97.2	102.5
十五、燃料	93.8	88.0	90.8	92.1	90.9	89.2	91.2	90.3	90.8	91.2	90.8
十六、建筑材料及五金电料	101.2	100.7	100.0	98.7	100.8	100.2	98.2	99.6	101.9	99.0	103.4

2-8　主要年份工业生产者价格指数(1992-2020年)

(上年同期=100)

年　份	工业生产者出厂价格指数			工业生产者购进价格指数
		生产资料	生活资料	
1992	106.2	104.8	108.8	107.9
1993	115.5	117.9	110.9	129.7
1994	124.5	117.3	136.8	123.6
1995	114.8	114.0	117.3	114.7
1996	103.9	104.2	103.3	105.8
1997	101.7	103.5	97.3	100.4
1998	98.4	98.6	97.4	95.4
1999	96.1	96.0	96.7	96.9
2000	101.0	102.2	97.7	101.2
2001	98.1	97.7	99.3	99.3
2002	98.5	98.5	98.5	98.6
2003	104.0	105.3	100.1	106.5
2004	109.7	112.5	101.5	114.5
2005	108.8	110.8	100.5	110.0
2006	109.7	111.5	101.5	108.6
2007	106.2	106.6	104.1	107.9
2008	106.4	107.0	103.5	114.2
2009	93.0	91.3	100.7	90.7
2010	115.3	117.9	103.1	111.8
2011	111.3	112.8	105.6	112.4
2012	96.5	95.1	101.4	98.3
2013	98.5	98.0	100.3	98.4
2014	97.8	97.0	100.6	98.4
2015	93.7	91.9	100.3	93.6
2016	98.6	98.1	100.2	97.7
2017	107.9	110.5	100.5	107.2
2018	104.2	105.3	100.9	103.2
2019	98.9	98.8	99.3	98.2
2020	98.3	98.1	99.0	97.0

2-9 按轻重部类分组的工业生产者

项 目	1992	1993	1994	1995	1996	1997
总指数	**106.2**	**115.5**	**124.5**	**114.8**	**103.9**	**101.7**
按轻重工业分						
轻工业	107.7	110.6	133.1	119.3	103.7	97.7
以农产品为原料	110.7	112.8	141.4	124.3	105.4	97.5
以非农产品为原料	99.1	105.1	111.3	108.0	97.4	98.2
重工业	105.1	118.8	117.8	112.2	104.0	103.8
采掘	101.8	117.0	122.6	128.2	109.7	104.9
原料	108.9	119.1	117.8	106.0	104.9	108.0
加工	104.2	119.1	114.9	109.8	100.4	97.9
按生产生活资料分						
生产资料	104.8	117.9	117.3	114.0	104.2	103.5
采掘	101.8	117.0	122.6	128.2	109.7	104.9
原料	107.2	117.4	116.2	110.7	105.0	106.4
加工	104.1	118.7	115.2	110.6	101.0	99.1
生活资料	108.8	110.9	136.8	117.3	103.3	97.3
食品	120.3	117.7	146.4	128.0	108.4	97.1
衣着	101.1	104.5	146.7	113.3	97.1	97.9
一般日用品	100.7	109.9	114.8	113.3	108.8	102.5
耐用消费品	96.6	102.7	109.2	105.0	97.2	93.5
按工业部门分						
冶金工业	103.1	121.3	127.5	115.2	99.2	98.7
电力工业	106.9	94.9	115.4	101.6	114.6	135.2
煤炭及炼焦工业	105.2	141.0	98.0	119.2	111.5	103.0
石油工业	112.8	124.3	162.3	110.8	101.3	109.9
化学工业	100.4	103.9	112.4	118.8	101.9	94.5
机械工业	102.9	117.9	111.9	106.9	99.3	97.1
建筑材料工业	108.7	122.7	116.9	106.9	103.2	99.0
森林工业	101.3	109.2	114.9	119.9	105.6	100.4
食品工业	120.3	117.7	146.4	128.0	108.0	95.7
纺织工业	98.2	109.7	149.4	117.4	96.7	97.2
缝纫工业	115.8	79.0	108.4	108.6	102.6	103.0
皮革工业	97.7	105.7	128.0	113.7	108.2	98.3
造纸工业	101.2	109.1	106.5	140.6	111.8	93.3
文教艺术用品工业	87.2	101.5	103.7	128.0	109.1	94.4
其他工业	107.5	117.9	134.1	116.0	110.4	109.5

出厂价格指数(1992-2020年)

(上年同期=100)

1998	1999	2000	2001	2002	2003	2004	2005	2006
98.4	**96.1**	**101.0**	**98.1**	**98.5**	**104.0**	**109.7**	**108.8**	**109.7**
97.1	95.2	98.2	99.0	98.0	101.6	104.0	99.2	101.6
97.2	95.5	98.5	99.4	98.3	101.2	105.2	100.6	101.7
96.5	94.4	97.0	96.2	95.6	102.2	102.9	98.0	101.6
98.8	96.5	102.4	97.6	98.8	106.1	113.0	113.3	113.8
93.8	94.5	102.0	105.4	102.7	104.8	128.6	145.5	117.9
94.4	98.1	105.7	96.7	98.4	107.4	116.1	115.6	119.8
105.3	94.9	97.2	97.5	98.3	102.8	106.0	104.2	104.7
98.6	96.0	102.2	97.7	98.5	105.3	112.5	110.8	111.5
93.8	94.5	101.4	103.3	106.6	103.7	128.2	142.2	114.0
94.2	97.8	106.1	96.6	97.0	107.8	115.2	115.1	120.9
105.0	94.1	97.1	97.7	97.7	103.0	107.6	101.7	103.3
97.4	96.7	97.7	99.3	98.5	100.1	101.5	100.5	101.5
100.9	100.1	95.4	99.2	99.0	100.9	103.5	100.3	100.4
92.8	93.0	104.2	104.0	99.6	101.2	99.3	100.7	104.0
99.2	95.4	95.8	100.2	97.7	99.2	100.7	101.6	101.9
93.8	95.5	95.4	94.1	96.7	94.8	98.3	99.7	99.4
86.0	92.5	105.6	96.1	94.7	109.9	131.0	120.7	122.7
112.3	100.6	103.0	100.2	100.5	96.2	99.7	104.6	106.2
104.8	96.5	102.2	102.6	111.3	104.2	129.9	125.0	102.4
87.5	109.3	118.9	95.6	92.1	116.9	114.0	122.8	115.4
93.4	96.7	97.9	97.1	97.8	101.3	102.9	106.1	104.1
97.9	96.6	96.2	96.0	97.6	99.8	100.4	100.3	102.8
106.7	94.0	96.1	96.6	100.1	104.2	107.6	93.0	102.4
94.9	89.4	99.8	98.2	97.3	95.6	102.3	102.9	102.2
100.3	98.9	94.5	99.9	99.1	100.9	106.1	100.9	100.2
92.4	92.2	108.2	92.5	92.0	107.7	109.6	98.7	103.7
97.7	107.6	94.3	104.7	99.6	102.6	100.8	101.0	104.2
96.7		105.3	102.9	95.3	99.9	104.7	100.4	99.8
91.9	94.4	97.8	98.9	99.2	97.9	100.3	102.8	101.2
93.9	75.2	103.8	100.0	97.7	94.2	98.8	99.8	100.4
100.3	95.3	99.5	111.1	106.6	101.5	102.5	105.7	104.9

2-9 续表

项　目	2007	2008	2009	2010	2011	2012
总指数	**106.2**	**106.4**	**93.0**	**115.3**	**111.3**	**96.5**
按轻重工业分						
轻工业	105.0	105.4	99.5	104.3	103.7	98.3
以农产品为原料	104.0	104.7	99.9	105.4	109.0	102.5
以非农产品为原料	106.3	106.2	99.0	103.2	94.8	90.2
重工业	106.8	106.9	89.6	121.3	114.1	95.8
采掘	106.6	110.5	92.0	123.0	123.3	98.2
原料	106.5	104.2	90.8	123.7	123.0	95.2
加工	107.1	109.5	88.0	118.8	108.0	95.8
按生产生活资料分						
生产资料	106.6	107.0	91.3	117.9	112.8	95.1
采掘	107.2	110.1	92.8	121.5	123.3	98.2
原料	106.2	102.6	91.2	124.3	123.3	95.2
加工	106.8	109.9	91.2	113.8	106.5	94.7
生活资料	104.1	103.5	100.7	103.1	105.6	101.4
食品	103.3	105.1	101.5	103.5	107.6	102.7
衣着	106.6	102.7	100.7	103.3	106.6	104.2
一般日用品	102.3	102.0	100.3	102.4	103.2	98.1
耐用消费品	105.4	101.7	97.8	102.1	103.4	99.7
按工业部门分						
冶金工业	110.7	106.3	82.9	131.8	123.4	91.0
电力工业	102.3	102.3	103.4	102.2	102.0	105.6
煤炭及炼焦工业	108.6	129.7	93.2	115.4	112.9	98.3
石油工业	103.8	118.4	101.0	115.4	114.9	103.8
化学工业	102.9	111.0	100.4	108.4	109.2	98.1
机械工业	103.5	100.8	95.9	103.4	98.8	93.6
建筑材料工业	106.7	111.2	98.2	104.9	113.6	97.5
森林工业	103.5	104.3	100.3	104.1	105.4	102.2
食品工业	104.3	106.5	100.8	103.9	108.4	103.8
纺织工业	100.5	102.6	96.2	117.4	119.2	97.7
缝纫工业	107.2	101.9	101.2	103.4	107.0	103.8
皮革工业	103.6	106.1	97.7	102.7	104.3	105.1
造纸工业	101.4	105.0	95.6	103.5	103.9	96.1
文教艺术用品工业	99.6	100.9	98.8	103.8	101.0	100.7
其他工业	101.8	102.9	105.0	105.3	103.8	99.9

(上年同期=100)

2013	2014	2015	2016	2017	2018	2019	2020
98.5	**97.8**	**93.7**	**98.6**	**107.9**	**104.2**	**98.9**	**98.3**
99.7	99.9	99.1	99.4	101.4	100.3	98.6	97.7
101.3	100.8	99.8	99.3	101.4	102.2	99.8	99.2
96.7	98.5	97.9	99.4	101.4	96.7	96.1	94.9
98.0	97.0	91.7	98.3	110.9	105.9	99.1	98.6
96.4	95.2	91.2	94.3	109.7	106.9	98.9	103.0
97.5	96.9	90.0	96.3	114.1	107.6	97.2	97.8
98.5	97.2	92.7	99.6	109.4	105.0	100.0	98.6
98.0	97.0	91.9	98.1	110.5	105.3	98.8	98.1
96.4	95.2	91.2	94.3	109.7	106.9	98.9	103.0
97.4	96.8	90.0	96.1	114.3	107.6	97.0	97.4
98.4	97.3	92.9	99.2	108.9	104.2	99.5	98.1
100.3	100.6	100.3	100.2	100.5	100.9	99.3	99.0
100.0	100.7	101.3	101.6	102.0	100.9	102.1	104.5
101.9	102.0	100.9	98.9	97.5	101.7	98.1	94.5
99.4	100.1	99.0	99.7	101.2	100.5	97.0	95.7
100.0	99.0	98.9	99.5	100.0	100.2	99.8	99.5
95.9	93.8	84.8	97.5	120.7	108.5	98.5	100.5
100.4	99.0	96.3	96.5	99.4	100.2	98.9	99.1
93.8	94.2	88.7	104.3	144.4	109.4	100.4	99.0
99.2	96.6	77.5	94.7	111.1	112.4	94.8	84.8
99.2	99.0	97.4	98.5	105.8	103.1	95.2	94.1
98.0	98.7	97.7	98.7	101.9	98.5	97.9	97.9
100.2	100.7	97.9	100.3	105.7	111.3	105.9	98.6
102.2	101.5	100.7	100.5	101.1	102.5	101.5	99.4
101.2	100.9	100.4	99.7	101.2	100.9	101.7	104.4
100.1	99.1	94.9	98.5	107.4	104.8	98.2	94.9
102.6	102.2	100.7	98.7	96.6	102.5	97.2	92.4
101.0	101.1	101.6	100.1	100.5	99.1	101.3	101.0
97.9	99.0	100.1	99.9	105.5	106.3	94.2	96.3
100.5	100.1	99.9	99.7	96.1	100.5	100.4	99.7
100.8	100.7	100.4	100.0	101.6	102.0	100.8	95.8

2-10-1 按行业大类分工业生产者

类　别	1992	1993	1994	1995
总指数	**106.2**	**115.5**	**124.5**	**114.8**
煤炭开采和洗选产品	105.2	140.9	96.8	119.6
黑色金属矿采选产品	105.5	122.0	105.7	105.1
有色金属矿采选产品	99.5	105.9	157.7	138.5
建筑材料及其它非金属矿采选业	124.5	95.4	89.9	131.5
木材及竹材采运业	100.6	103.2	113.2	121.3
自来水生产与供应业	99.9	118.4	119.7	105.0
食品制造业	120.3	118.8	150.2	130.3
饮料制造业	115.0	104.3	102.5	104.5
烟草加工业		111.7	102.1	107.9
饲料工业	112.9	116.9	162.5	134.2
纺织业	98.4	109.9	150.7	116.5
缝纫业	115.8	79.0	108.4	108.6
皮革、毛皮及其制品业	97.7	105.7	128.0	113.7
木材加工及竹藤棕草制品业	103.5	115.4	105.3	117.3
家俱制造业	100.5	117.7	126.4	118.7
造纸及纸制品业	101.2	109.1	106.5	140.6
文教体业用品制造业	87.2	101.5	103.7	128.0
电力、蒸汽、热水生产和供应业	106.9	94.9	115.4	101.6
石油加工业	112.8	124.3	162.3	110.8
炼焦、煤气及煤制品业		142.7	103.7	104.3
化学工业	99.8	105.4	115.7	118.6
医药工业	101.6	110.4	108.8	106.5
化学纤维工业	96.3	107.3	134.3	128.1
橡胶制品工业	101.1	102.7	107.3	131.6
塑料制品业	100.2	95.6	102.6	124.8
建筑材料及其它非金属矿制品业	108.7	122.7	116.9	106.9
黑色金属冶炼及压延加工业	106.0	133.7	111.0	97.3
有色金属冶炼及压延加工业	107.5	109.3	114.2	128.7
金属制品业	104.1	121.5	113.7	113.0
机械工业	103.8	126.8	111.6	107.4
交通运输设备制造业	105.9	117.5	104.5	104.5
电力机械及器材制造业	106.4	118.4	126.4	109.3
电力及通讯设备制造业	94.4	95.2	111.8	103.8
仪器仪表及其它计量器具制造业	100.5	104.1	108.7	107.5
工艺美术品制造业				

出厂价格指数(1992-2001年)

(上年同期=100)

1996	1997	1998	1999	2000	2001
103.9	**101.7**	**98.4**	**96.1**	**101.0**	**98.1**
111.5	103.2	106.4	100.2	101.3	100.5
105.0	107.6	85.2	88.1	99.0	117.0
142.8	93.1			104.1	101.7
101.6	91.8	95.9	86.3	101.0	96.5
121.1	128.5	114.2	122.5	108.2	111.1
100.8	94.2	97.1	95.9	93.5	98.3
93.5	99.8	1 402.3	105.3	95.7	98.4
124.1	93.2	106.3	109.3	98.7	101.4
110.1	108.0	98.9	95.1	92.7	102.9
97.9	97.6	92.7	89.0	107.7	92.5
102.6	103.0	97.7	107.6	94.3	104.7
108.2	98.3	96.7		105.3	102.9
103.2	106.7	90.8	91.1	91.5	101.1
117.3	105.6	96.6	94.0		
111.8	93.3	91.9	94.5	97.8	98.9
109.1	94.4	93.9	75.2	104.2	100.0
114.6	135.2	112.3	100.5	102.9	100.2
101.3	109.9	87.5	108.5	118.9	95.6
111.2	102.3	98.8	89.3	102.7	111.4
102.5	94.5	92.3	93.9	96.9	94.9
106.3	93.6	96.9	98.2	97.6	101.9
75.9	91.3	90.2	80.6	118.1	96.8
103.2	93.7			101.7	100.3
93.9	101.8	102.3	113.8	92.4	97.8
103.2	99.0	106.7	96.9	96.1	96.4
99.9	96.4	92.6	89.3	101.0	100.8
93.1	92.9	80.5	89.2	112.3	91.9
99.2	96.6	95.5	97.3	99.0	96.4
99.7	98.8	99.0	101.5	96.5	96.6
98.1	98.5	101.4	98.1	98.8	94.7
98.7	95.6	94.2	94.4	98.2	96.2
99.2	88.3	85.6	87.4	84.5	98.2
101.8	103.9	100.2	97.7	95.0	98.8
				100.0	100.0

2-10-2 按行业大类分工业生产者

类　　别	2002	2003	2004
总指数	**98.5**	**104.0**	**109.7**
煤炭开采和洗选业	112.3	101.6	129.8
黑色金属矿采选业	100.0	106.5	121.3
有色金属矿采选业	91.2	111.7	133.5
非金属矿采选业	99.8	101.1	100.9
农副食品加工业	98.0	102.2	115.6
食品制造业	99.7	97.7	101.0
饮料制造业	100.4	98.8	100.5
烟草制品业	100.7	99.6	101.4
纺织业	93.1	106.8	106.9
纺织服装、鞋、帽制造业	99.6	100.7	101.1
皮革、毛皮、羽毛(绒)及其制品业	96.8	106.2	107.4
木材加工和木、竹、藤、棕、草制品业	97.4	95.5	102.4
家具制造业	98.9	97.1	99.5
造纸和纸制品业	98.9	97.9	100.3
印刷和记录媒介复制业	100.0	99.2	98.6
文教体育用品制造业	98.3	101.3	99.0
石油加工、炼焦及核燃料加工业	93.3	117.6	115.7
化学原料和化学制品制造业	98.3	100.9	105.8
医药制造业	98.3	98.7	97.9
化学纤维制造业	99.5	113.7	108.5
橡胶制品业	98.6	98.4	102.1
塑料制品业	93.8	101.7	107.7
非金属矿物制品业	100.1	103.9	107.9
黑色金属冶炼和压延加工业	96.6	106.8	120.8
有色金属冶炼和压延加工业	94.9	111.3	136.9
金属制品业	99.2	102.8	116.2
通用设备制造业	99.8	100.0	106.1
专用设备制造业	96.8	100.8	102.3
交通运输设备制造业	97.4	98.6	98.1
电气机械和器材制造业		100.4	107.8
通信设备、计算机及其他电子设备制造业	96.2	98.2	97.6
仪器仪表及文化、办公用机械制造业	93.9	92.4	101.9
工艺品及其他制造业	94.8	100.1	99.5
废弃资源和废旧材料回收加工业	98.3		124.4
电力、热力的生产和供应业	100.5	96.2	99.7
燃气生产和供应业	100.0	100.2	100.6
水的生产和供应业	110.0	106.0	106.0

出厂价格指数(2002-2010年)

(上年同期=100)

2005	2006	2007	2008	2009	2010
108.8	**109.7**	**106.2**	**106.4**	**93.0**	**115.3**
129.7	100.3	105.1	112.9	99.1	117.5
105.4	100.3	102.6	125.1	103.8	122.6
179.5	142.7	111.1	100.0	77.6	130.2
107.6	105.7	112.5	101.4	97.8	105.0
101.4	100.1	107.9	109.6	100.5	106.5
100.2	102.7	103.0	107.9	104.0	102.8
100.3	101.2	102.1	103.2	100.4	100.8
100.7	99.0	99.1	100.0	99.4	100.0
99.4	102.0	100.6	101.5	96.8	111.4
100.8	106.8	110.2	103.2	103.9	103.7
102.0	100.0	103.5	105.8	97.6	104.3
103.1	102.4	103.6	104.6	100.2	104.2
101.0	100.2	102.0	102.7	100.8	103.0
102.8	101.2	101.4	105.0	95.6	103.5
99.9	100.1	99.4	100.0	97.8	104.7
99.4	102.5	100.6	101.0	99.3	100.6
121.7	113.6	106.2	128.2	96.5	114.5
111.0	105.6	100.5	116.1	101.7	109.0
99.2	99.9	104.1	103.9	101.8	101.6
97.1	101.2	111.1	96.3	91.7	128.1
105.9	107.1	106.1	110.4	98.8	101.1
110.1	104.2	101.7	105.5	97.4	105.1
93.4	102.7	106.1	111.5	98.7	104.8
104.0	94.5	113.3	128.4	82.2	113.5
128.5	149.4	109.4	91.9	82.4	141.3
103.4	97.7	102.2	123.6	87.5	105.5
102.2	99.7	100.9	107.4	96.7	100.4
101.7	101.0	101.5	105.0	100.4	100.7
98.3	99.6	99.5	99.8	99.0	99.5
105.9	112.1	110.1	100.4	92.5	108.3
98.0	96.0	103.9	100.8	98.1	99.3
100.6	107.8	104.7	99.0	98.9	99.8
100.7	104.4	96.8	94.9	107.8	100.8
115.7	176.1	115.9	100.0	100.0	100.3
104.6	106.2	102.3	102.3	103.4	102.2
102.0	106.8	101.9	101.8	102.5	108.5
106.7	103.0	102.5	103.4	103.8	108.1

2-10-3 按行业大类分工业生产者

类　别	2011	2012	2013
总指数	**111.3**	**96.5**	**98.5**
煤炭开采和洗选业	116.2	99.1	92.8
黑色金属矿采选业	119.6	95.8	98.9
有色金属矿采选业	133.6	96.1	96.3
非金属矿采选业	120.9	103.1	99.6
农副食品加工业	112.1	106.4	102.1
食品制造业	107.6	102.4	101.1
酒、饮料及精制茶制造业	101.5	95.8	98.6
烟草制品业	100.0	100.4	100.1
纺织业	115.9	99.2	100.9
纺织服装、服饰业	104.1	105.6	102.8
皮革、毛皮、羽毛及其制品和制鞋业	106.1	105.0	101.6
木材加工和木、竹、藤、棕、草制品业	105.9	102.5	102.3
家具制造业	104.1	100.2	101.6
造纸和纸制品业	103.9	96.1	97.9
印刷和记录媒介复制业	100.7	100.0	100.2
文教、工美、体育和娱乐用品制造业	102.9	101.2	101.2
石油、煤炭及其他燃料加工业	113.0	101.7	98.0
化学原料和化学制品制造业	112.2	96.1	98.7
医药制造业	102.6	100.9	100.3
化学纤维制造业	117.3	93.3	93.8
橡胶和塑料制品业	105.7	102.7	100.3
非金属矿物制品业	112.0	96.9	100.1
黑色金属冶炼和压延加工业	112.0	90.5	96.4
有色金属冶炼和压延加工业	129.3	90.0	95.6
金属制品业	109.3	97.7	95.7
通用设备制造业	102.9	100.2	99.4
专用设备制造业	104.1	100.7	101.6
汽车制造业	100.3	98.7	99.7
铁路、船舶、航空航天和其他运输设备制造业	101.8	100.2	100.0
电气机械和器材制造业	95.1	84.3	94.6
计算机、通信和其他电子设备制造业	100.7	100.3	100.5
仪器仪表制造业	102.2	98.4	100.1
其他制造业	101.5	101.1	102.7
废弃资源综合利用业	100.0	95.8	97.6
金属制品、机械和设备修理业	106.2	98.7	99.3
电力、热力生产和供应业	101.9	105.6	100.4
燃气生产和供应业	104.7	100.9	100.4
水的生产和供应业	100.6	101.6	101.1

出厂价格指数(2011-2020年)

(上年同期=100)

2014	2015	2016	2017	2018	2019	2020
97.8	**93.7**	**98.6**	**107.9**	**104.2**	**98.9**	**98.3**
95.6	89.9	93.8	124.8	106.1	104.7	101.2
91.3	86.8	94.3	102.8	100.5	100.4	108.1
95.6	87.8	92.8	113.8	109.7	92.2	100.8
99.5	100.5	97.1	104.4	106.3	105.9	101.3
101.2	99.3	99.4	101.4	100.7	102.2	106.5
101.2	101.0	99.5	100.5	101.3	100.7	101.0
100.5	104.0	99.6	101.6	101.6	99.6	98.6
100.0	100.0	100.1	100.0	100.5	102.1	100.9
99.6	96.9	98.5	107.4	104.8	98.2	94.9
103.6	101.5	98.6	96.6	102.6	97.0	92.1
101.3	100.8	100.0	100.6	100.2	101.5	97.4
101.5	100.8	100.8	101.0	102.8	101.2	98.7
100.7	100.0	99.7	101.0	102.2	102.3	100.5
99.0	100.1	99.9	105.5	106.3	94.2	96.3
100.1	100.0	99.5	92.4	100.7	99.4	98.8
101.1	100.1	100.3	102.2	101.3	100.9	98.7
94.8	79.0	102.3	133.1	113.7	94.3	87.7
98.7	95.6	98.0	108.8	102.2	92.4	90.4
100.0	100.4	100.9	102.4	107.6	98.4	100.5
91.0	101.0	96.7	107.5	94.4	90.0	83.4
99.2	98.5	97.9	101.7	100.3	99.6	96.5
100.5	97.7	100.5	105.4	111.0	105.4	98.5
91.7	75.8	108.7	137.6	109.3	97.8	97.7
94.5	87.6	95.2	117.7	106.0	98.0	101.0
95.9	94.6	98.5	112.3	108.4	100.8	99.5
98.9	97.7	96.7	104.0	102.6	99.8	98.8
100.9	100.4	99.3	100.6	101.3	101.4	100.5
99.9	100.0	99.6	99.9	100.2	99.8	99.5
100.1	100.0	100.4	100.2	99.6	112.7	108.0
97.0	95.5	98.6	103.0	94.8	93.2	94.6
99.9	98.0	99.0	100.8	99.8	100.3	99.6
100.2	100.2	99.2	99.7	103.7	100.2	100.2
103.4	107.9	99.1	101.6	98.9	107.5	98.6
95.6	90.2	90.3	142.1	185.1	109.7	98.9
98.7	97.8	91.8	91.4	99.5	100.4	100.0
99.0	96.2	96.4	99.4	100.2	98.8	99.0
100.4	98.1	92.0	96.5	99.3	103.5	95.9
106.4	102.2	101.7	102.6	108.4	104.6	100.0

2-11 分行业工业生产者

类　别	全年	1月	2月	3月
总指数	**98.3**	**99.9**	**99.3**	**97.8**
煤炭开采和洗选业	101.2	104.4	105.0	105.1
烟煤和无烟煤开采洗选	101.2	104.4	105.0	105.1
黑色金属矿采选业	108.1	102.5	102.4	103.5
铁矿采选	108.5	102.5	102.5	103.6
锰矿、铬矿采选	100.3	101.1	100.9	100.8
有色金属矿采选业	100.8	97.2	99.3	98.8
常用有色金属矿采选	100.7	95.6	97.4	93.1
贵金属矿采选	121.1	117.7	118.1	118.5
稀有稀土金属矿采选	97.8	95.3	97.9	100.0
非金属矿采选业	101.3	99.8	103.5	105.0
土砂石开采	102.6	100.0	105.0	107.5
采盐	89.6	86.3	86.3	86.5
石棉及其他非金属矿采选	98.9	101.6	101.6	100.0
农副食品加工业	106.5	107.8	109.0	108.3
谷物磨制	103.5	98.5	98.8	100.6
饲料加工	100.1	93.4	95.2	95.9
植物油加工	106.5	108.6	107.1	107.1
屠宰及肉类加工	133.5	175.6	186.6	170.9
水产品加工	89.1	100.8	93.6	92.4
蔬菜、菌类、水果和坚果加工	100.8	99.0	98.7	99.8
其他农副食品加工	100.5	101.8	101.7	101.3
食品制造业	101.0	100.6	100.3	100.3
焙烤食品制造	104.6	100.8	100.8	101.7
糖果、巧克力及蜜饯制造	99.8	101.9	102.2	101.0
方便食品制造	101.9	100.4	100.2	100.8
乳制品制造	101.0	104.3	104.1	102.0
罐头食品制造	102.7	102.6	103.0	103.4
调味品、发酵制品制造	93.5	87.9	86.4	88.0
其他食品制造	100.0	102.0	101.5	100.7
酒、饮料及精制茶制造业	98.6	99.9	99.8	99.6
酒的制造	98.7	100.6	100.6	101.4
饮料制造	98.0	99.1	98.7	97.3
精制茶加工	100.7	100.6	101.1	101.1
烟草制品业	100.9	102.7	102.7	102.7
卷烟制造	100.9	102.7	102.7	102.7
纺织业	94.9	96.6	96.5	96.1
棉纺织及印染精加工	92.6	93.5	93.3	93.2
毛纺织及染整精加工	98.2	98.1	98.9	98.9
麻纺织及染整精加工	111.5	128.0	124.1	120.5
丝绢纺织及印染精加工	95.4	106.9	108.8	105.9

出厂价格指数(2020年)

(上年同月=100)

4月	5月	6月	7月	8月	9月	10月	11月	12月
95.8	**95.2**	**96.4**	**97.8**	**98.9**	**99.2**	**98.8**	**99.4**	**101.2**
103.4	102.6	101.1	100.4	98.4	95.9	97.0	101.1	100.4
103.4	102.6	101.1	100.4	98.4	95.9	97.0	101.1	100.4
104.8	105.9	107.1	112.4	114.2	111.0	109.7	109.6	114.4
105.0	106.2	107.4	113.0	114.9	111.5	110.2	110.1	115.2
100.2	100.1	100.0	100.0	100.0	100.0	100.0	100.0	100.0
90.4	91.1	95.3	103.7	109.5	111.1	106.4	103.1	106.2
84.6	89.2	93.6	101.9	109.5	112.3	109.3	109.3	115.0
121.1	125.4	125.6	124.9	128.4	120.8	118.3	118.7	116.1
90.3	87.5	92.0	101.8	106.8	109.1	102.4	96.1	98.1
104.5	103.2	100.6	99.8	100.6	100.0	100.0	99.5	99.4
106.6	104.4	101.8	100.6	100.8	100.6	101.8	101.5	101.5
90.2	94.2	91.6	91.2	91.5	89.0	85.7	91.7	92.3
99.9	100.7	98.2	98.8	102.0	100.2	96.5	94.0	93.4
107.4	106.8	107.4	110.1	108.0	106.1	102.8	102.0	103.5
100.3	101.4	102.6	102.9	103.5	107.4	108.2	108.7	109.4
96.9	97.9	96.9	103.0	103.8	104.1	104.9	104.7	105.8
105.3	105.8	106.0	106.9	105.4	105.7	106.8	106.7	106.4
158.6	147.0	155.8	157.3	132.9	118.5	96.3	90.8	96.7
94.9	93.7	89.6	84.8	95.0	82.2	79.9	82.1	80.1
99.9	99.8	99.6	101.5	101.6	101.8	102.2	102.7	103.3
100.6	100.6	100.3	99.9	99.7	99.9	99.9	100.1	100.3
100.8	101.0	100.6	101.5	101.3	100.8	101.7	101.6	101.6
105.3	105.9	105.8	106.3	105.8	105.3	105.8	105.7	106.4
101.1	100.0	100.8	99.2	98.1	98.0	98.8	98.2	98.2
101.7	101.5	101.7	101.5	101.6	101.3	104.0	103.8	104.2
100.3	99.2	99.2	100.1	99.9	99.9	100.8	100.9	101.0
103.6	104.7	104.2	104.0	103.1	101.7	101.8	101.7	99.2
87.6	88.3	87.8	101.3	101.2	99.8	100.0	99.2	99.5
100.1	100.9	99.5	99.2	99.2	98.8	99.2	99.4	99.2
99.1	98.7	98.7	98.3	98.1	98.1	97.5	97.7	98.1
100.8	99.4	99.7	98.8	98.2	97.4	95.6	95.6	96.4
97.1	97.4	97.2	97.3	97.5	98.0	98.5	99.1	99.3
100.9	101.1	100.7	100.7	100.2	101.1	100.8	100.5	100.3
102.7	100.0	100.0	100.0	100.0	100.0	100.0	100.0	100.0
102.7	100.0	100.0	100.0	100.0	100.0	100.0	100.0	100.0
94.5	93.0	93.2	92.8	93.5	94.7	94.5	95.6	98.2
91.1	89.7	90.0	90.4	91.5	92.8	93.3	94.8	98.3
97.7	98.4	97.5	97.5	97.5	98.9	97.8	97.8	99.4
117.4	115.8	113.1	110.4	106.6	106.7	102.8	100.2	100.0
100.8	98.8	96.7	87.3	87.3	89.6	86.1	89.8	89.7

2-11 续表 1

类　　别	全年	1月	2月	3月
化纤织造及印染精加工	99.0	106.0	106.0	100.9
家用纺织制成品制造	102.9	106.0	105.6	107.7
产业用纺织制成品制造	109.5	100.9	101.9	101.8
纺织服装、服饰业	92.1	93.0	92.2	91.6
机织服装制造	89.7	89.5	88.3	87.9
针织或钩针编织服装制造	96.8	99.5	99.4	99.2
服饰制造	98.6	108.0	107.4	102.4
皮革、毛皮、羽毛及其制品和制鞋业	97.4	98.8	99.3	97.9
皮革鞣制加工	98.1	94.5	93.7	96.2
皮革制品制造	99.6	100.2	100.2	100.3
毛皮鞣制及制品加工	100.9	101.5	102.4	102.3
羽毛(绒)加工及制品制造	64.5	82.4	81.8	65.4
制鞋业	102.5	102.0	103.1	103.4
木材加工和木、竹、藤、棕、草制品业	98.7	101.2	101.5	101.0
木材加工	97.5	91.3	97.9	99.4
人造板制造	98.9	102.1	101.3	100.2
木制品制造	97.4	103.3	102.4	102.4
竹、藤、棕、草制品制造	99.3	101.8	102.6	102.2
家具制造业	100.5	101.1	101.1	100.5
木质家具制造	101.0	102.0	102.0	101.1
金属家具制造	94.1	92.4	91.6	93.3
其他家具制造	100.3	100.5	100.5	100.5
造纸和纸制品业	96.3	97.5	98.9	98.2
造纸	94.1	96.7	98.4	97.0
纸制品制造	99.2	98.5	99.5	99.6
印刷和记录媒介复制业	98.8	99.0	99.0	99.0
印刷	98.8	99.0	99.0	99.0
文教、工美、体育和娱乐用品制造业	98.7	99.6	99.3	99.7
文教办公用品制造	100.4	101.1	101.1	99.4
乐器制造	102.7	103.8	103.8	103.8
工艺美术及礼仪用品制造	97.2	97.2	97.4	98.3
体育用品制造	104.9	108.3	107.6	107.1
玩具制造	96.0	96.9	95.1	95.8
游艺器材及娱乐用品制造	99.9	103.6	102.7	102.7
石油、煤炭及其他燃料加工业	87.7	99.1	93.9	87.8
精炼石油产品制造	82.4	109.4	96.5	83.3
煤炭加工	96.5	84.5	90.0	95.4
化学原料和化学制品制造业	90.4	91.2	91.4	91.7
基础化学原料制造	89.1	92.8	92.6	92.7
肥料制造	94.3	92.7	93.7	93.2
农药制造	97.8	99.0	99.5	99.2
涂料、油墨、颜料及类似产品制造	96.3	103.5	103.4	104.0

(上年同月＝100)

4月	5月	6月	7月	8月	9月	10月	11月	12月
99.5	99.1	97.5	93.1	92.8	97.9	98.5	99.0	98.0
106.8	106.4	105.3	103.5	102.9	101.9	97.4	96.5	96.0
114.4	108.5	115.4	112.8	114.7	112.7	111.3	110.6	109.3
91.4	90.4	90.5	90.8	91.6	92.2	92.7	93.8	94.7
87.8	86.2	87.4	88.2	90.0	91.1	92.1	93.7	94.6
98.7	99.6	96.4	95.6	94.3	94.2	94.4	94.7	95.8
102.1	99.4	99.7	99.5	98.2	97.1	91.7	89.8	89.7
95.7	95.2	96.7	97.0	97.6	96.9	98.9	98.3	96.9
93.2	92.6	105.9	105.5	108.1	101.1	103.8	92.5	91.2
100.3	100.3	100.2	100.7	101.5	101.2	97.7	97.7	95.1
102.0	100.8	100.6	100.6	100.6	100.9	100.0	99.7	99.6
48.4	45.2	50.4	52.7	55.0	56.9	76.5	86.2	78.0
103.4	103.3	102.7	102.4	102.3	101.7	102.5	101.5	101.3
99.5	98.4	97.8	97.4	97.4	97.3	96.7	98.0	98.0
98.9	97.8	99.9	100.0	97.6	97.5	95.3	97.0	98.1
99.2	98.0	97.9	96.9	97.4	98.0	97.0	99.5	100.0
99.4	97.4	94.4	95.2	95.0	95.0	94.9	95.0	94.9
100.0	99.8	99.0	98.6	98.9	97.5	97.6	97.8	96.5
100.9	100.2	100.7	100.6	100.7	100.5	100.4	99.7	99.4
101.6	100.6	101.3	101.2	101.2	101.2	101.0	100.2	99.3
93.1	95.7	94.4	94.8	95.3	93.8	93.5	93.3	98.6
100.5	100.0	100.0	100.0	100.0	100.0	100.8	100.4	100.8
95.2	93.2	96.3	95.4	95.6	96.0	95.3	97.8	95.7
92.0	88.6	91.2	93.1	95.4	95.4	93.8	95.2	91.9
99.4	99.4	103.1	98.6	96.1	97.1	97.4	101.3	100.9
98.8	98.3	98.1	98.8	99.4	98.5	98.5	98.3	100.0
98.8	98.3	98.1	98.8	99.4	98.6	98.5	98.3	100.0
100.1	98.7	98.6	97.4	97.7	97.4	98.1	99.3	99.1
99.4	99.6	99.9	100.2	100.1	99.9	99.7	100.0	104.6
104.6	104.6	102.1	102.1	102.1	101.2	101.7	101.0	101.5
97.7	96.2	95.9	95.2	96.4	96.0	97.4	99.7	99.2
110.2	109.2	108.4	103.9	102.5	102.5	101.3	100.0	99.4
97.6	95.6	97.4	96.7	95.3	94.2	96.1	96.1	95.0
102.5	98.3	99.6	99.4	97.9	100.0	98.4	98.2	95.5
83.4	71.2	82.6	85.9	87.9	89.7	88.7	89.5	93.3
76.1	60.5	77.0	81.0	82.3	84.6	79.1	79.2	83.3
96.4	90.2	92.1	93.9	97.2	98.2	105.2	107.5	110.9
89.5	88.4	87.1	87.3	88.6	90.0	91.6	93.0	94.7
89.0	85.7	83.7	87.6	87.9	87.3	87.5	90.4	91.4
94.7	93.9	93.0	92.8	93.1	92.9	94.9	98.2	99.2
98.3	99.7	97.8	97.9	97.3	95.6	95.7	96.2	98.2
104.4	101.9	92.3	91.4	90.6	95.0	90.1	90.7	90.1

2-11 续表 2

类 别	全年	1月	2月	3月
合成材料制造	92.4	87.3	86.9	88.8
专用化学产品制造	86.1	85.0	85.3	85.8
炸药、火工及焰火产品制造	100.1	99.8	100.0	100.1
日用化学产品制造	91.9	90.2	90.4	92.4
医药制造业	100.5	99.2	98.3	100.1
化学药品原料药制造	102.4	94.7	95.2	97.3
化学药品制剂制造	100.8	100.0	98.6	101.8
中药饮片加工	97.6	100.2	99.4	100.1
中成药生产	100.4	100.4	98.9	100.7
兽用药品制造	99.4	97.2	96.8	98.2
生物药品制品制造	100.6	101.4	101.3	101.8
卫生材料及医药用品制造	100.4	99.9	99.9	99.9
药用辅料及包装材料	100.4	99.9	99.9	99.9
化学纤维制造业	83.4	83.7	84.7	83.8
纤维素纤维原料及纤维制造	79.5	76.8	78.2	77.3
合成纤维制造	94.7	106.5	105.5	104.8
生物基材料制造	79.5	76.8	78.2	77.3
橡胶和塑料制品业	96.5	100.1	98.0	97.8
橡胶制品业	96.5	98.9	98.7	97.1
塑料制品业	96.5	100.4	97.8	98.0
非金属矿物制品业	98.5	102.1	103.4	102.4
水泥、石灰和石膏制造	97.8	102.6	109.1	104.6
石膏、水泥制品及类似制品制造	101.0	105.7	106.4	109.2
砖瓦、石材等建筑材料制造	102.8	107.5	106.2	105.6
玻璃制造	100.7	101.0	99.9	98.5
玻璃制品制造	105.3	105.1	105.1	99.6
玻璃纤维和玻璃纤维增强塑料制品制造	96.9	96.6	97.2	97.4
陶瓷制品制造	97.3	100.3	100.2	99.7
耐火材料制品制造	97.6	101.0	100.2	99.2
石墨及其他非金属矿物制品制造	101.0	103.1	104.3	103.5
黑色金属冶炼和压延加工业	97.7	103.4	98.5	94.3
炼钢	98.2	96.9	98.7	96.2
钢压延加工	97.7	104.1	98.5	94.1
铁合金冶炼	98.4	96.6	100.1	99.0
有色金属冶炼和压延加工业	101.0	101.4	99.0	93.6
常用有色金属冶炼	101.3	102.6	98.7	90.4
贵金属冶炼	123.9	130.4	134.3	126.8
稀有稀土金属冶炼	97.1	92.4	92.2	95.7
有色金属合金制造	96.0	95.7	98.7	98.7
有色金属压延加工	101.2	102.3	99.5	93.5
金属制品业	99.5	99.4	99.7	100.0

(上年同月=100)

4月	5月	6月	7月	8月	9月	10月	11月	12月
84.6	88.8	93.2	95.8	93.3	89.2	95.4	98.5	109.6
83.5	83.4	83.3	80.0	83.5	86.9	91.3	91.8	94.8
99.8	99.7	99.7	100.3	100.7	100.2	100.2	100.3	100.0
88.9	89.7	89.4	90.4	90.4	97.0	95.5	94.1	95.6
100.2	99.8	100.6	100.6	100.9	101.8	101.3	101.0	102.7
96.2	97.1	103.0	103.7	105.1	108.8	109.2	108.8	111.2
104.7	102.1	100.8	99.7	100.7	101.2	100.1	99.5	100.2
98.0	98.7	99.6	98.5	96.2	97.9	94.1	92.9	95.0
99.9	99.8	100.1	100.3	100.4	100.4	100.3	100.1	102.9
99.9	98.9	98.4	99.7	99.9	101.3	101.2	101.1	101.0
101.6	101.7	99.9	99.8	100.3	101.0	99.7	99.5	99.5
99.9	100.2	101.1	100.7	100.7	100.7	100.7	100.7	100.7
99.9	100.2	101.1	100.7	100.7	100.7	100.7	100.7	100.7
86.5	80.3	85.3	83.9	81.1	81.5	82.5	82.9	83.8
82.7	74.8	81.1	79.6	76.2	80.1	82.0	82.7	83.9
97.5	97.4	97.6	96.9	96.1	85.2	83.8	83.6	83.8
82.7	74.8	81.1	79.6	76.2	80.1	82.0	82.7	83.9
96.3	96.3	95.9	96.2	95.2	95.6	96.3	94.4	96.3
95.7	96.3	96.8	95.8	96.3	95.6	95.2	95.2	96.7
96.4	96.2	95.6	96.3	94.9	95.6	96.6	94.1	96.1
97.3	95.7	97.1	97.8	98.0	97.9	96.0	97.1	97.1
93.5	95.6	99.4	95.3	96.6	99.1	90.5	94.3	93.0
102.7	102.2	100.1	100.3	98.4	96.2	96.1	98.2	97.0
104.8	103.2	103.2	101.3	101.1	101.3	99.9	100.0	99.8
97.6	96.7	98.0	99.0	100.5	101.8	105.1	103.8	106.1
99.7	103.7	103.8	103.3	110.7	113.3	113.1	104.1	103.0
96.7	96.6	94.6	94.7	94.2	94.7	97.5	99.3	103.5
95.9	92.2	94.9	97.8	98.2	97.3	96.8	96.9	97.5
97.7	97.8	96.9	96.3	95.0	96.5	97.1	96.6	96.5
104.1	103.5	96.9	100.0	99.7	99.7	99.1	99.1	99.1
91.6	88.6	94.7	95.5	98.9	101.7	98.4	103.3	104.3
96.4	96.7	99.5	94.7	100.0	100.4	98.1	100.8	100.4
91.1	87.8	94.3	95.5	98.9	101.9	98.4	103.6	104.7
100.8	99.6	100.8	98.1	98.3	96.8	97.0	96.5	96.6
90.4	92.7	96.9	101.6	105.6	106.1	106.0	106.5	112.5
87.7	90.5	96.4	103.7	107.6	107.2	107.1	109.1	115.3
117.8	121.1	122.9	119.4	132.8	124.9	121.9	119.9	116.8
92.3	91.7	88.2	92.5	99.5	104.8	104.8	103.0	111.1
96.6	94.7	93.8	94.6	93.8	94.2	96.2	96.5	98.7
90.0	93.2	99.1	102.4	105.5	105.9	105.7	105.7	111.8
98.7	98.7	98.3	98.6	99.0	99.9	100.2	100.6	100.6

2-11 续表 3

类　别	全年	1月	2月	3月
结构性金属制品制造	100.3	99.8	99.7	100.9
金属工具制造	99.3	102.4	101.0	100.7
集装箱及金属包装容器制造	103.2	100.3	100.3	103.6
金属丝绳及其制品制造	98.0	96.0	100.5	96.7
建筑、安全用金属制品制造	96.4	98.5	98.6	99.1
金属表面处理及热处理加工	96.7	97.2	97.2	93.1
搪瓷制品制造	98.7	99.5	101.3	103.7
金属制日用品制造	100.9	99.9	100.0	99.6
锻造及其他金属制品制造	102.2	101.1	100.5	100.9
通用设备制造业	98.8	100.4	99.8	99.3
锅炉及原动设备制造	96.8	96.7	96.8	96.5
金属加工机械制造	100.7	100.5	100.2	102.3
物料搬运设备制造	99.9	98.9	98.7	98.8
泵、阀门、压缩机及类似机械制造	98.9	103.3	102.1	100.5
轴承、齿轮和传动部件制造	100.3	100.8	100.5	100.2
烘炉、风机、包装等设备制造	101.4	101.0	101.0	101.0
通用零部件制造	95.6	96.9	96.4	95.6
其他通用设备制造	100.0	100.0	100.0	100.0
专用设备制造业	100.5	100.6	101.5	101.6
采矿、冶金、建筑专用设备制造	99.8	100.5	100.7	100.8
化工、木材、非金属加工专用设备制造	96.1	98.3	98.3	98.3
食品、饮料、烟草及饲料生产专用设备制造	100.3	100.3	100.2	100.3
印刷、制药、日化及日用品生产专用设备制造	100.0	100.0	100.0	100.0
纺织、服装和皮革加工专用设备制造	98.1	103.7	103.7	101.5
农、林、牧、渔专用机械制造	102.3	100.2	100.2	100.2
医疗仪器设备及器械制造	102.9	101.3	103.0	103.4
环保、邮政、社会公共服务及其他专用设备制造	99.9	98.2	100.5	101.3
汽车制造业	99.5	100.2	100.1	99.8
汽车整车制造	98.9	100.8	100.4	100.5
汽车用发动机制造	98.9	100.8	100.4	100.5
改装汽车制造	100.9	102.6	102.6	102.6
汽车车身、挂车制造	102.1	102.1	102.1	102.1
汽车零部件及配件制造	99.9	99.4	99.7	99.0
铁路、船舶、航空航天和其他运输设备制造业	108.0	121.7	121.7	121.6
铁路运输设备制造	100.4	99.6	99.6	98.2
船舶及相关装置制造	110.8	131.0	131.0	131.0
摩托车制造	100.0	100.0	100.0	100.0
助动车制造	100.0	100.0	100.0	100.0
非公路休闲车及零配件制造	98.1	93.6	93.6	93.6
电气机械和器材制造业	94.6	97.4	97.5	96.1
电机制造	100.5	100.9	100.7	101.0

(上年同月＝100)

4月	5月	6月	7月	8月	9月	10月	11月	12月
99.5	99.3	100.0	99.2	100.5	100.6	101.0	101.9	101.8
98.2	98.9	97.9	98.3	98.4	99.4	99.1	99.0	98.6
104.4	104.5	104.6	104.0	104.4	103.9	103.3	103.9	101.8
92.7	93.1	92.9	94.0	99.5	99.2	102.8	103.3	106.1
98.6	97.7	96.5	97.2	94.4	94.5	93.9	93.6	93.7
91.7	91.7	93.1	94.4	94.4	100.0	101.4	102.9	104.3
103.1	103.5	97.1	96.8	97.1	96.6	96.5	95.3	93.5
97.3	100.8	96.7	98.3	101.0	103.6	105.0	104.8	104.4
100.3	100.6	100.3	101.6	101.6	105.3	104.5	105.5	104.1
98.7	98.3	97.6	98.0	98.1	97.9	98.7	99.3	99.6
95.8	95.3	95.8	95.9	96.3	96.8	97.7	98.9	98.8
102.2	102.0	100.5	100.4	100.4	100.4	99.6	99.8	100.3
98.9	100.0	100.5	100.0	100.5	100.7	100.7	100.7	100.8
99.5	98.1	96.1	97.3	97.2	96.6	98.2	98.9	98.8
99.9	100.7	100.0	100.8	100.1	100.8	99.6	100.2	100.3
101.0	101.4	100.8	99.6	100.5	100.5	102.3	103.3	104.9
94.5	94.1	94.9	95.6	95.9	95.0	95.5	96.0	96.5
100.0	100.0	100.0	100.0	100.0	100.0	100.0	100.0	100.0
101.4	100.1	100.2	100.1	100.3	100.9	100.5	99.7	99.4
101.9	98.2	99.0	98.7	99.1	100.8	100.9	98.3	98.8
97.4	97.4	95.5	94.3	94.3	93.9	93.9	95.4	95.7
100.0	100.0	100.0	101.2	101.0	101.0	99.6	99.5	99.9
100.0	100.0	100.0	100.0	100.0	100.0	100.0	100.0	100.0
98.1	96.1	96.6	98.5	98.5	98.9	95.7	96.9	90.0
100.4	102.0	103.7	104.1	104.9	104.9	104.2	101.8	101.5
103.3	103.6	103.3	102.7	102.8	102.9	102.8	103.0	103.0
100.2	100.3	100.1	100.1	100.3	99.9	99.8	99.2	99.5
99.6	99.7	99.9	99.8	98.9	99.1	99.0	99.0	98.8
99.6	99.5	99.7	99.6	97.5	97.4	97.4	97.5	97.4
99.6	99.5	99.7	99.6	97.5	97.4	97.4	97.5	97.4
102.6	101.8	100.6	100.6	100.2	99.3	99.4	99.4	99.4
102.1	102.1	102.1	102.1	102.1	102.1	102.1	102.1	102.1
99.4	99.7	99.9	99.9	100.0	100.6	100.3	100.3	100.1
121.6	121.7	99.9	99.8	99.8	99.9	99.9	100.1	100.1
98.2	98.7	97.7	98.8	99.4	103.5	105.3	103.2	103.5
131.0	131.0	99.7	99.7	99.7	99.7	99.7	100.0	100.0
100.0	100.0	100.0	100.0	100.0	100.0	100.0	100.0	100.0
100.0	100.0	100.0	100.0	100.0	100.0	100.0	100.0	100.0
93.6	94.3	109.6	99.6	99.6	102.4	100.0	100.0	100.0
92.8	91.3	91.3	92.4	93.7	94.8	94.3	95.7	98.0
100.1	99.2	99.2	99.8	101.2	100.0	100.2	101.5	102.0

2-11 续表 4

类　　别	全年	1月	2月	3月
输配电及控制设备制造	86.9	89.8	90.8	89.6
电线、电缆、光缆及电工器材制造	100.3	103.0	102.7	97.4
电池制造	97.5	98.3	98.8	97.8
家用电力器具制造	96.7	96.6	96.9	109.3
非电力家用器具制造	101.4	99.9	102.4	102.4
照明器具制造	100.3	107.1	104.7	104.6
其他电气机械及器材制造	96.1	98.9	95.1	95.1
计算机、通信和其他电子设备制造业	99.6	99.8	100.4	100.0
计算机制造	103.3	105.4	105.7	105.6
通信设备制造	99.4	98.7	100.0	98.6
广播电视设备制造	100.2	101.3	101.1	100.9
视听设备制造	100.7	100.8	100.8	101.0
智能消费设备制造	99.2	99.0	99.6	99.5
电子器件制造	98.9	99.5	99.6	99.7
电子元件及电子专用材料制造	98.7	98.2	99.0	98.3
其他电子设备制造	99.2	99.0	99.6	99.5
仪器仪表制造业	100.2	100.0	100.0	100.0
通用仪器仪表制造	100.8	101.4	101.3	101.5
专用仪器仪表制造	98.4	97.6	97.6	97.6
钟表与计时仪器制造	100.0	100.0	100.0	100.0
光学仪器制造	90.6	88.8	88.8	88.8
衡器制造	101.7	100.5	100.5	100.5
其他制造业	98.6	105.2	98.8	99.5
日用杂品制造	99.1	107.8	99.4	100.2
其他未列明制造业	96.3	94.2	96.5	96.4
废弃资源综合利用业	98.9	124.3	121.5	102.9
金属废料和碎屑加工处理	98.6	126.6	123.8	103.3
非金属废料和碎屑加工处理	101.0	100.7	100.7	97.8
金属制品、机械和设备修理业	100.0	100.5	100.0	100.0
其他机械和设备修理业	100.0	100.5	100.0	100.0
电力、热力生产和供应业	99.0	98.4	98.3	98.2
电力生产	100.1	101.1	100.4	100.0
电力供应	98.6	97.3	97.5	97.5
热力生产和供应	101.9	112.4	112.4	100.0
燃气生产和供应业	95.9	95.4	95.4	94.1
燃气生产和供应业	95.9	95.4	95.4	94.1
生物质燃气生产和供应业	95.9	95.4	95.4	94.1
水的生产和供应业	100.0	100.1	100.2	100.1
自来水生产和供应	99.9	100.0	100.0	100.0
污水处理及其再生利用	101.1	100.9	100.9	100.9

(上年同月=100)

4月	5月	6月	7月	8月	9月	10月	11月	12月
89.3	85.7	83.0	82.8	83.0	85.5	83.9	87.0	92.1
90.3	92.8	94.9	99.0	102.7	103.7	103.6	104.3	109.3
99.5	95.5	96.2	97.0	97.9	96.9	97.2	97.7	96.8
95.6	95.7	98.9	99.0	91.5	96.5	96.4	96.6	88.7
102.4	100.1	104.9	103.8	124.1	94.6	93.8	94.4	94.7
98.4	96.8	98.0	96.9	101.0	100.5	101.4	99.1	96.0
89.7	89.7	93.8	95.4	95.4	100.7	100.1	100.1	100.9
99.9	100.1	99.5	100.1	99.7	98.9	99.0	99.1	99.2
105.8	105.5	102.5	102.7	99.6	99.6	99.9	102.7	105.2
98.6	98.6	98.6	101.4	100.0	98.6	100.0	100.0	100.0
100.7	101.6	101.7	100.3	99.9	99.1	99.5	98.7	98.1
101.3	100.1	100.2	100.4	100.3	100.3	100.3	100.8	101.6
99.7	99.7	99.9	100.1	100.0	99.6	98.7	98.1	97.1
99.5	100.4	99.6	99.8	100.0	98.6	97.2	96.4	96.1
98.0	98.4	98.2	98.2	98.8	98.9	99.6	99.5	99.4
99.7	99.7	99.9	100.1	100.0	99.6	98.7	98.1	97.1
100.7	100.3	100.5	100.8	100.4	100.3	99.9	99.3	99.5
102.7	102.4	101.6	101.7	101.1	101.1	100.1	97.7	97.3
97.8	97.6	99.7	99.6	99.0	98.5	98.4	99.4	98.7
100.0	100.0	100.0	100.0	100.0	100.0	100.0	100.0	100.0
88.8	88.8	88.8	88.8	88.8	88.8	90.0	100.0	100.0
100.5	99.7	101.1	102.6	102.4	102.4	102.4	103.0	105.1
99.9	99.8	98.5	98.6	97.6	97.2	97.3	96.0	95.3
100.7	100.7	99.2	99.1	97.8	97.0	97.4	95.9	95.2
96.6	95.6	95.3	96.4	96.9	98.7	97.1	96.1	95.7
96.1	89.7	94.9	104.4	107.4	96.7	92.4	84.3	86.8
95.2	88.7	94.4	104.7	107.8	96.1	91.6	83.0	85.7
103.7	100.0	100.5	100.4	102.5	103.3	101.6	100.5	100.9
100.0	100.0	100.0	100.0	100.0	100.0	100.0	100.0	100.0
100.0	100.0	100.0	100.0	100.0	100.0	100.0	100.0	100.0
98.2	98.3	98.4	99.4	99.6	99.6	99.9	100.2	100.2
100.0	99.5	99.6	100.0	100.1	100.2	99.6	100.4	100.7
97.6	97.8	98.0	99.1	99.4	99.4	100.0	100.1	100.0
100.0	100.0	100.0	100.0	100.0	100.0	100.0	100.0	100.0
94.5	95.1	96.1	96.2	95.8	96.0	97.1	97.9	97.8
94.5	95.1	96.1	96.2	95.8	96.0	97.1	97.9	97.8
94.5	95.1	96.1	96.2	95.8	96.0	97.1	97.9	97.8
99.9	99.7	99.8	99.9	100.1	100.2	100.1	100.2	100.2
99.7	99.6	99.6	99.6	99.9	100.0	100.0	100.0	100.0
100.9	100.0	101.3	101.3	101.3	101.3	101.3	101.3	101.3

2-12　分月工业生产者出厂价格指数(2020年)

(上年同月＝100)

类　　别	全年	1月	2月	3月	4月	5月	6月	7月	8月	9月	10月	11月	12月
工业生产者出厂价格指数	**98.3**	**99.9**	**99.3**	**97.8**	**95.8**	**95.2**	**96.4**	**97.8**	**98.9**	**99.2**	**98.8**	**99.4**	**101.2**
轻工业	97.7	99.3	99.4	99.0	98.1	96.8	96.7	97.2	97.1	97.3	96.6	97.1	97.9
以农产品为原料	99.2	100.4	100.6	100.0	99.1	98.2	98.6	99.4	99.2	98.9	98.2	98.4	99.2
以非农产品为原料	94.9	97.1	97.0	97.1	96.2	94.1	93.2	92.9	93.2	94.2	93.6	94.6	95.5
重工业	98.6	100.1	99.3	97.3	94.8	94.4	96.2	98.1	99.7	100.1	99.8	100.4	102.7
采掘	103.0	100.6	102.3	102.7	99.2	99.3	100.4	104.7	107.2	106.4	104.1	103.2	105.6
原料	97.8	99.0	97.3	94.4	92.0	91.2	93.9	97.7	100.3	100.7	100.7	101.6	105.1
加工	98.6	100.7	100.0	98.3	95.8	95.7	97.1	97.9	98.9	99.4	99.0	99.6	101.3
生产资料	98.1	99.6	99.0	96.9	94.6	94.0	95.5	97.6	99.1	99.5	99.1	99.9	102.2
采掘	103.0	100.6	102.3	102.7	99.2	99.3	100.4	104.7	107.2	106.4	104.1	103.2	105.6
原料	97.4	98.7	97.0	94.0	91.6	90.6	93.4	97.3	99.9	100.3	100.2	101.1	104.6
加工	98.1	99.9	99.6	97.8	95.6	95.0	96.1	97.3	98.2	98.8	98.3	99.2	101.0
生活资料	99.0	100.6	100.3	100.4	99.4	98.7	98.9	98.6	98.5	98.4	97.9	97.8	98.3
食品	104.5	107.5	107.5	107.1	106.1	105.2	105.8	106.1	104.4	103.1	100.6	100.1	101.3
衣着	94.5	95.2	94.7	94.4	94.2	93.4	93.4	93.6	94.3	94.6	94.9	95.5	96.0
一般日用品	95.7	97.1	96.6	97.0	95.6	95.1	95.0	93.1	94.4	95.2	96.3	96.2	96.6
耐用消费品	99.5	99.5	99.6	101.0	99.1	98.9	99.6	100.4	99.2	99.3	99.6	99.4	98.0
按工业部门分													
冶金工业	100.5	101.8	99.4	95.0	91.8	92.8	96.8	100.9	104.5	105.1	104.2	105.0	109.5
电力工业	99.1	98.5	98.4	98.2	98.3	98.3	98.5	99.4	99.6	99.6	99.9	100.2	100.2
煤炭及炼焦工业	99.0	93.7	97.2	100.4	100.1	96.2	96.5	97.1	97.9	97.1	101.3	104.5	105.9
石油工业	84.8	106.5	96.2	85.2	79.2	66.5	80.4	83.7	84.7	86.6	82.4	82.5	85.9
化学工业	94.1	94.6	94.3	94.9	93.5	92.7	92.2	92.3	93.0	94.0	94.9	95.3	97.0
机械工业	97.9	99.7	99.9	99.2	97.7	97.1	96.3	96.8	97.1	97.5	97.3	97.9	98.8
建筑材料工业	98.6	102.0	103.5	102.6	97.5	95.9	97.4	97.8	98.1	98.0	96.2	97.2	97.2
森林工业	99.4	101.4	101.7	101.1	100.1	99.0	98.8	98.5	98.5	98.4	97.9	98.6	98.4
食品工业	104.4	105.4	106.1	105.6	105.1	104.5	104.8	106.6	105.2	104.0	101.9	101.4	102.4
纺织工业	94.9	96.6	96.5	96.1	94.5	93.0	93.2	92.8	93.5	94.7	94.5	95.6	98.2
缝纫工业	92.4	93.3	92.5	92.0	91.9	90.9	90.9	91.1	91.9	92.5	93.0	94.0	94.9
皮革工业	101.0	101.0	101.0	101.5	100.9	101.0	102.2	102.2	102.7	101.4	101.3	99.1	98.1
造纸工业	96.3	97.5	98.9	98.2	95.2	93.2	96.3	95.4	95.6	96.0	95.3	97.8	95.7
文教艺术用品工业	99.7	100.6	100.2	100.1	100.7	99.9	99.9	99.6	99.4	98.9	98.8	98.5	99.5
其他工业	95.8	98.3	97.9	96.8	95.2	94.0	93.0	93.7	94.3	94.3	96.5	98.2	97.4

2-13 工业生产者购进价格指数(1992-2020年)

(上年同期=100)

分　组	1992	1993	1994	1995	1996	1997	1998	1999
总指数	**107.9**	**129.7**	**123.6**	**114.7**	**105.8**	**100.4**	**95.4**	**96.9**
燃料、动力类	107.4	134.7	117.5	111.6	109.9	109.0	101.0	101.3
黑色金属材料类	110.5	154.7	105.3	96.4	98.8	98.2	93.6	93.7
钢材	112.7	155.6	101.4	97.7	98.6	96.6	94.4	93.4
其他	106.3	153.4	112.6	93.7	99.7	100.1	92.8	94.0
有色金属材料和电线类	105.0	112.1	107.9	124.2	90.7	97.3	92.6	94.2
化工原料类	102.9	113.1	114.1	123.0	97.5	92.0	88.8	98.4
木材及纸浆类	101.1	111.7	118.9	115.8	103.8	96.5	100.5	91.7
建筑材料及非金属矿类	109.4	136.8	118.3	113.5	105.2	101.4	100.7	100.3
其他工业原材料及半成品类						103.3	95.2	97.1
农副产品类	115.7	117.8	158.8	136.7	126.8	94.0	93.4	88.1
纺织原料类	104.8	102.5	177.8	116.2	81.6	95.4	99.6	105.5

2-13　续表 1

(上年同期=100)

分　组	2000	2001	2002	2003	2004	2005	2006
总指数	**101.2**	**99.3**	**98.6**	**106.5**	**114.5**	**110.0**	**108.6**
燃料、动力类	105.4	100.3	100.3	104.9	106.5	112.8	108.7
黑色金属材料类	100.5	102.5	100.0	112.9	126.4	105.3	95.0
钢材	103.5	99.7	97.7	110.0	122.3	106.9	94.6
其他	97.4	105.7	102.4	115.3	130.3	103.7	95.5
有色金属材料和电线类	101.1	92.4	95.3	109.7	134.2	125.7	144.0
化工原料类	103.7	98.3	99.2	106.6	114.3	109.0	101.7
木材及纸浆类	98.8	101.3	100.9	106.2	102.5	107.7	106.6
建筑材料及非金属矿类	99.9	97.4	97.7	102.2	107.9	113.1	108.4
其他工业原材料及半成品类	96.2	100.8	96.4	102.3	111.3	103.6	106.5
农副产品类	95.7	104.0	97.8	109.7	118.1	100.6	105.3
纺织原料类	105.2	102.9	95.2	102.0	104.8	102.4	102.9

2-13 续表 2 (上年同期=100)

分 组	2007	2008	2009	2010	2011	2012	2013
总指数	**107.9**	**114.2**	**90.7**	**111.8**	**112.4**	**98.3**	**98.4**
燃料、动力类	103.8	113.3	96.3	106.6	108.5	102.8	97.6
黑色金属材料类	110.7	131.1	85.5	108.0	111.3	92.2	96.3
钢材	106.6	122.3	84.8	105.3	107.4	94.0	96.3
其他	116.3	142.9	86.5	111.4	121.0	88.0	96.0
有色金属材料和电线类	118.9	102.1	74.9	135.0	125.1	92.4	95.5
化工原料类	106.7	117.9	85.3	111.9	109.2	93.8	95.7
木材及纸浆类	106.2	107.3	97.9	106.6	107.5	98.4	99.1
建筑材料及非金属矿类	106.0	114.4	103.1	104.5	126.7	94.4	98.0
其他工业原材料及半成品类	108.4	108.6	95.6	108.3	107.5	102.6	101.7
农副产品类	105.8	107.3	98.8	119.8	120.2	103.1	101.2
纺织原料类	102.3	103.6	97.2	112.7	114.0	98.4	101.0

2-13 续表 3 (上年同期=100)

分 组	2014	2015	2016	2017	2018	2019	2020
总指数	**98.4**	**93.6**	**97.7**	**107.2**	**103.2**	**98.2**	**97.0**
燃料、动力类	97.8	89.6	97.3	110.2	105.6	97.4	94.4
黑色金属材料类	95.0	87.8	95.9	112.1	104.3	104.2	101.5
钢材	97.0	91.6	96.2	111.0	106.9	99.5	99.0
其他	90.1	77.9	95.2	114.5	98.7	114.6	106.7
有色金属材料和电线类	94.8	88.4	96.7	110.4	104.3	95.7	99.0
化工原料类	99.4	94.9	97.2	105.8	98.8	89.3	88.8
木材及纸浆类	100.5	99.0	101.0	106.9	103.8	99.0	100.5
建筑材料及非金属矿类	99.3	95.1	98.0	108.4	107.6	100.5	101.5
其他工业原材料及半成品类	100.3	97.7	98.1	102.9	101.9	100.2	97.2
农副产品类	100.4	99.1	99.4	101.3	99.8	100.6	100.3
纺织原料类	99.7	97.8	99.7	103.4	102.8	102.0	98.1

2-14 分月工业生产者购进价格指数(2020年)

(上年同月=100)

分　组	全年	1月	2月	3月	4月	5月	6月	7月	8月	9月	10月	11月	12月
总指数	**97.0**	**97.9**	**97.8**	**96.9**	**95.2**	**95.0**	**95.2**	**96.0**	**96.9**	**97.4**	**97.7**	**98.7**	**99.7**
燃料、动力类	94.4	97.7	98.5	96.6	93.0	90.7	91.1	92.9	94.2	94.0	94.1	94.6	95.2
黑色金属材料类	101.5	103.8	102.9	101.8	101.0	100.0	98.1	96.8	98.5	101.6	102.7	104.7	106.3
钢材	99.0	99.1	98.9	98.5	97.6	97.0	97.5	98.1	98.6	99.6	100.2	101.0	101.8
其他	106.7	113.8	111.4	108.8	108.1	106.3	99.4	94.9	98.9	106.2	108.2	112.8	116.0
有色金属材料和电线类	99.0	97.4	96.6	93.7	92.2	95.1	97.7	101.2	102.3	102.2	102.6	102.6	105.4
化工原料类	88.8	88.2	87.6	87.8	85.9	85.6	86.6	86.2	88.8	90.0	90.3	94.1	96.0
木材及纸浆类	100.5	99.8	99.8	100.1	100.6	100.5	100.9	100.5	100.5	100.8	100.8	100.8	100.7
建筑材料及非金属矿类	101.5	99.2	100.2	103.9	102.3	102.1	102.6	101.6	100.3	100.1	100.6	101.8	102.8
其他工业原材料及半成品类	97.2	98.9	99.0	97.9	96.2	96.3	95.8	96.5	96.9	97.0	97.0	97.4	97.6
农副产品类	100.3	99.7	99.8	99.9	100.1	100.3	99.9	99.7	99.6	99.7	100.2	102.1	103.0
纺织原料类	98.1	99.7	99.6	99.3	98.3	97.4	96.1	97.1	97.7	97.0	97.8	98.5	98.4

2-15-1　主要年份全省农产品生产者价格指数(2006-2010年)

指　　标	2006	2007	2008	2009	2010
合　计	**101.40**	**114.98**	**114.21**	**96.81**	**107.47**
一、农业产品	**103.92**	**109.50**	**108.19**	**99.70**	**112.21**
(一)谷物	102.53	111.73	109.19	99.22	108.87
1.稻谷	102.53	111.73	109.19	99.22	108.87
(二)薯类	106.39	98.64	105.97	108.90	117.49
(三)油料	106.94	117.28	117.86	90.57	114.21
(四)豆类	104.76	111.68	115.52	100.46	115.15
(五)棉花	101.93	105.32	95.28	107.40	141.52
(六)未加工烟草	100.55	103.78	111.47	114.96	100.33
(七)蔬菜	106.39	103.75	109.62	104.06	113.66
(八)食用菌	—	—	108.31	115.46	107.07
(九)水果(园林水果)	106.56	107.63	70.22	84.77	140.45
(十)茶及饮料原料	104.44	107.40	114.00	105.18	110.06
二、林业产品	**106.01**	**108.90**	**114.73**	**99.10**	**109.85**
三、饲养动物及其产品	**96.52**	**129.43**	**124.38**	**90.56**	**100.58**
(一)猪	95.10	131.79	126.42	88.18	99.27
(二)牛	107.41	107.09	125.21	96.60	103.93
(三)活家禽	103.89	112.74	108.20	101.78	106.63
1.活鸡	103.34	114.17	111.38	101.19	106.30
2.活鸭	106.20	113.02	104.82	103.72	106.66
(七)禽蛋	105.21	119.65	113.72	101.10	106.18
1.鸡蛋	109.07	114.53	118.13	104.17	105.84
2.鸭蛋	103.79	121.53	111.01	99.21	106.39
四、渔业产品	**101.45**	**102.02**	**110.82**	**100.12**	**105.43**

2-15-2 主要年份全省农产品生产者价格指数(2011-2020年)

指 标	2011	2012	2013	2014	2015	2016	2017	2018	2019	2020
合 计	**114.32**	**103.51**	**102.25**	**100.27**	**103.65**	**104.09**	**97.34**	**97.40**	**113.22**	**110.95**
一、农业产品	**110.68**	**105.86**	**100.91**	**102.61**	**99.05**	**99.10**	**101.12**	**98.93**	**100.65**	**102.52**
(一)谷物	114.67	106.31	99.20	102.46	98.44	95.39	101.83	97.32	96.62	104.52
1.稻谷	114.67	106.31	99.20	102.47	98.44	95.39	101.83	97.32	96.62	104.52
(二)薯类	115.63	110.62	108.98	108.05	99.40	104.39	102.35	103.25	105.15	96.75
(三)油料	114.58	106.67	98.05	102.62	99.32	107.02	100.92	97.75	103.53	104.15
(四)豆类	108.52	102.85	106.60	100.90	94.89	95.71	102.97	103.13	102.30	104.34
(五)棉花	90.77	95.84	100.81	98.80	92.28	104.86	103.09	103.93	102.41	89.12
(六)生麻	103.00	91.76	99.23	111.07	106.90	108.71	104.80	110.45	133.92	90.86
(七)未加工烟草	110.19	119.78	112.74	100.48	102.36	102.74	99.33	101.49	105.00	102.78
(八)蔬菜及食用菌	106.96	106.89	104.67	101.38	102.48	107.92	97.22	99.74	107.61	100.04
1.蔬菜	106.63	107.75	104.77	101.14	102.86	108.67	97.37	99.39	108.76	99.54
①叶菜类蔬菜	109.20	110.47	103.57	104.90	102.06	108.92	96.15	101.12	107.62	99.47
②白菜类蔬菜	108.08	107.68	106.10	99.25	103.42	107.91	92.93	100.06	108.13	99.50
②芥菜类蔬菜	111.72	104.61	99.63	98.51	104.56	100.51	75.16	104.00	96.28	94.06
②甘蓝类蔬菜	105.10	110.16	100.72	91.48	103.25	120.67	102.56	101.47	109.20	95.41
③根茎类蔬菜	102.19	108.33	107.78	106.12	98.69	108.67	90.50	98.65	96.60	104.37
④瓜菜类蔬菜	105.74	110.38	105.56	96.11	102.11	99.74	97.30	100.11	108.52	99.42
⑤豆类蔬菜	105.03	104.27	107.86	99.86	101.30	106.97	102.97	100.73	104.05	98.95
⑥茄果类蔬菜	101.80	109.08	102.60	99.49	104.19	116.10	101.99	99.28	116.45	97.99
⑥莴苣及菊苣类蔬菜	102.85	117.69	101.09	101.69	103.78	107.53	98.79	106.62	110.74	97.40
⑦葱蒜类蔬菜	108.12	104.51	106.67	104.22	102.37	110.86	97.34	97.48	108.47	102.84
⑦水生蔬菜	124.87	98.30	101.61	105.93	109.11	99.96	97.26	94.00	106.28	93.63
2.食用菌	110.72	97.13	103.48	104.10	98.24	99.46	95.48	103.69	94.65	105.60
(九)水果及坚果	86.64	105.68	106.78	108.67	98.82	99.37	105.89	105.03	113.17	96.50
1.水果(园林水果)	85.88	106.06	106.35	108.25	98.82	99.37	105.89	105.03	113.17	96.50
2.食用坚果	100.11	98.88	114.42	115.99	—	—	—	—	—	—
(十)茶及饮料原料	112.71	108.37	99.24	105.83	94.10	97.13	99.21	99.79	102.92	101.43
二、林业产品	**108.70**	**105.08**	**103.77**	**101.80**	**96.63**	**97.92**	**98.41**	**101.40**	**100.99**	**90.95**
(一)育种和育苗	111.18	95.02	110.79	99.08	—	—	—	—	—	—
(二)木材采伐产品	108.81	105.91	103.90	101.83	96.60	98.27	98.67	101.27	100.88	89.71
(三)竹材采伐产品	110.63	99.66	102.33	100.30	95.68	95.00	96.46	102.21	101.61	97.89
(四)林产品	91.44	102.58	104.18	110.27	105.46	101.29	99.09	102.18	102.29	105.75
三、饲养动物及其产品	**125.32**	**96.05**	**101.65**	**94.98**	**112.32**	**113.56**	**87.86**	**91.72**	**140.99**	**135.50**
(一)活牲畜	128.68	94.32	100.80	92.68	114.99	117.10	86.60	88.31	148.66	148.54
1.猪	129.67	93.43	100.51	92.11	115.84	117.78	86.02	87.58	150.11	152.00
2.牛	102.95	117.57	108.47	107.65	93.67	100.44	101.07	102.23	112.87	101.80
(二)活家禽	109.71	105.52	104.48	106.87	101.52	99.50	93.95	103.02	104.15	97.86
1.活鸡	107.62	104.02	105.23	106.62	100.63	98.22	88.54	105.38	104.31	92.84
2.活鸭	111.57	106.88	104.22	107.96	102.40	100.77	99.34	100.67	104.00	102.85
(三)畜禽产品	108.60	103.20	106.84	105.20	97.51	93.52	93.99	113.07	103.61	90.04
1.禽蛋	108.53	103.25	106.79	105.29	97.51	93.52	93.99	113.07	103.61	90.04
①鸡蛋	109.40	105.63	105.92	106.54	96.53	100.94	94.17	108.54	105.96	87.79
②鸭蛋	108.00	101.79	107.32	104.52	98.13	88.80	93.88	115.95	102.12	91.47
四、渔业产品	**104.25**	**112.30**	**107.77**	**103.72**	**102.88**	**103.20**	**106.12**	**103.19**	**99.05**	**99.31**
淡水养殖产品	104.25	112.30	107.77	103.72	102.88	103.20	106.12	103.19	99.05	99.31
1.养殖淡水鱼	104.19	112.38	107.80	102.63	102.81	102.95	106.06	103.05	99.23	99.37
2.淡水养殖虾	103.81	111.75	105.77	141.83	112.14	120.85	113.52	——	82.00	88.85
3.淡水养殖蟹	114.74	103.59	114.56	117.41	103.39	110.39	105.29	115.31	98.32	103.00

2-16 农产品集贸市场价格(2020年)

单位：元/公斤

指 标	1月	2月	3月	4月	5月	6月	7月	8月	9月	10月	11月	12月
粮食类												
籼稻	2.44	2.46	2.47	2.47	2.49	2.49	2.46	2.47	2.47	2.50	2.71	2.68
粳稻												
小麦												
玉米												
大豆	6.91	7.12	7.16	7.24	7.20	7.27	7.54	7.63	7.60	7.59	8.27	8.25
籼米	4.85	4.86	4.88	4.89	4.86	4.89	4.92	4.92	4.94	4.91	5.04	5.06
粳米												
经济作物类												
棉花(籽棉)	6.12	6.14	6.40	6.40	—	—	—	—	5.80	5.80	5.80	5.74
花生仁	14.28	14.06	13.93	15.32	15.55	15.77	15.39	15.61	15.49	14.65	14.37	14.20
油菜籽	—	—	—	—	5.54	5.17	4.93	4.93	4.93	4.67	—	—
畜产品类												
活猪	38.84	40.45	37.87	35.06	32.01	35.75	39.00	39.70	37.22	33.26	31.31	35.58
仔猪	89.79	100.40	100.81	99.20	103.64	103.50	106.22	109.61	106.91	100.17	94.42	93.84
猪肉	57.06	59.22	55.67	49.39	44.45	49.78	54.72	55.33	53.22	47.33	44.39	50.45
活牛	38.13	39.00	38.50	36.75	36.50	36.15	37.50	37.38	37.38	37.33	37.22	37.13
牛肉	105.56	109.00	105.67	105.06	104.11	104.00	104.33	104.39	106.22	104.89	102.78	102.22
活羊	27.00	27.00	26.00	26.00	26.00	26.00	26.00	26.00	26.00	26.00	26.00	26.00
羊肉	76.00	76.00	75.00	75.00	75.00	75.00	75.00	75.00	75.00	75.00	75.00	75.00
活鸡	25.22	26.00	23.56	23.17	22.72	22.72	23.11	23.42	23.17	22.61	22.82	22.91
鸡蛋	12.27	11.67	11.11	10.73	9.72	9.39	10.62	10.98	10.99	10.85	10.61	11.35
水产品类												
草鱼	13.78	14.22	13.95	13.83	13.72	14.00	14.39	14.11	13.72	13.45	13.33	13.36
鲤鱼	9.67	9.50	9.33	9.67	9.83	10.33	9.89	9.67	9.67	9.78	9.56	9.50
鲢鱼	9.17	9.21	9.13	8.76	8.54	8.96	9.13	8.96	9.29	9.13	9.21	9.21
带鱼	26.33	26.89	26.22	26.61	26.78	27.11	27.00	27.11	26.95	27.11	27.11	27.25
蔬菜类												
大白菜	4.11	4.78	4.78	4.98	4.28	5.06	5.61	5.17	5.55	5.60	4.31	4.06
黄瓜	7.28	7.95	7.14	6.20	5.22	5.28	6.00	6.00	6.17	6.17	6.32	6.60
西红柿	9.00	9.83	8.81	9.49	7.50	6.67	7.67	7.56	7.69	8.20	7.00	7.78
菜椒	6.50	7.28	7.20	8.70	6.90	6.11	7.61	7.82	8.33	8.78	8.83	10.44
四季豆	14.28	15.33	13.76	13.61	11.10	12.78	13.06	12.75	13.43	12.56	11.81	12.45
水果类												
红富士苹果	10.48	10.60	10.71	10.88	11.06	11.08	10.95	10.99	11.11	11.39	11.90	11.70
香蕉	5.61	6.27	6.24	6.05	6.07	5.53	5.50	5.57	5.88	5.67	5.56	5.76
橙子	9.97	9.50	9.17	9.25	12.00	—	—	—	—	14.00	10.00	8.83

2-17-1 南昌市住宅销售价格指数(2020年)

指标		1月	2月	3月	4月	5月	6月	7月	8月	9月	10月	11月	12月
定基价格指数	新建商品住宅价格指数	140.7	140.7	140.4	141.1	141.6	141.9	142.2	141.8	142.0	141.4	140.8	141.4
	一、90m²以下	143.4	143.4	142.8	143.1	143.4	144.2	144.2	144.8	144.2	143.6	143.1	143.1
	二、90～144m²	139.3	139.3	138.7	139.7	140.4	141.0	141.5	140.9	140.8	140.0	139.3	139.9
	三、144m²以上	144.0	144.0	144.4	144.8	144.6	143.9	143.3	143.2	144.7	144.9	144.5	145.5
	二手住宅价格指数	132.6	132.6	131.9	131.5	132.1	131.9	131.3	131.1	131.0	130.8	131.3	132.0
	一、90m²以下	136.2	136.2	135.3	134.5	134.6	134.6	133.4	133.8	133.9	134.1	134.4	134.9
	二、90～144m²	129.9	129.9	129.4	129.7	130.7	130.4	130.2	129.5	129.0	128.6	128.9	129.8
	三、144m²以上	128.4	128.4	128.1	127.0	127.3	127.3	127.4	126.4	127.2	125.9	127.8	128.4
同比价格指数	新建商品住宅价格指数	103.3	103.3	102.3	102.1	101.9	102.0	101.7	101.0	100.5	100.2	100.4	100.8
	一、90m²以下	102.8	100.3	102.4	102.5	102.6	103.3	102.2	102.5	101.3	100.6	100.6	100.4
	二、90～144m²	102.7	101.7	101.3	101.4	101.2	101.7	101.7	100.9	100.5	100.2	100.5	100.9
	三、144m²以上	106.0	102.2	105.6	104.2	103.6	102.4	101.3	100.6	100.2	100.1	99.7	100.5
	二手住宅价格指数	101.5	101.1	100.0	99.3	99.4	99.6	99.4	99.1	98.9	99.0	99.7	99.6
	一、90m²以下	100.9	103.3	99.5	98.1	98.0	98.9	98.4	98.2	98.5	98.9	99.3	99.4
	二、90～144m²	102.2	102.5	100.4	100.5	100.8	100.5	100.3	100.1	99.3	99.4	100.2	99.5
	三、144m²以上	101.6	105.6	100.9	99.4	99.8	99.2	100.4	99.0	99.3	98.4	99.8	100.5
环比价格指数	新建商品住宅价格指数	100.3	100.0	99.7	100.6	100.3	100.2	100.2	99.7	100.1	99.6	99.6	100.5
	一、90m²以下	100.6	100.0	99.6	100.2	100.2	100.5	100.0	100.5	99.6	99.6	99.7	100.0
	二、90～144m²	100.4	100.0	99.6	100.7	100.5	100.4	100.4	99.5	100.0	99.4	99.5	100.5
	三、144m²以上	99.5	100.0	100.3	100.3	99.9	99.5	99.5	99.9	101.1	100.2	99.7	100.7
	二手住宅价格指数	100.1	100.0	99.5	99.7	100.4	99.9	99.5	99.8	100.0	99.8	100.4	100.5
	一、90m²以下	100.3	100.0	99.4	99.4	100.1	100.0	99.1	100.3	100.1	100.2	100.2	100.4
	二、90～144m²	99.7	100.0	99.6	100.2	100.8	99.8	99.9	99.4	99.7	99.6	100.3	100.6
	三、144m²以上	100.5	100.0	99.7	99.1	100.2	100.0	100.1	99.2	100.6	99.0	101.5	100.4

2-17-2　九江市住宅销售价格指数(2020年)

指　标		1月	2月	3月	4月	5月	6月	7月	8月	9月	10月	11月	12月
定基价格指数	新建商品住宅价格指数	144.1	144.7	144.5	145.4	146.1	147.4	147.9	147.7	148.5	148.5	148.2	148.4
	一、90㎡以下	147.5	147.8	148.5	150.0	151.0	151.6	152.5	152.0	152.2	151.9	151.9	151.9
	二、90～144㎡	142.7	143.6	143.1	144.2	144.9	146.3	146.7	146.6	147.4	147.5	147.3	147.5
	三、144㎡以上	147.7	147.9	147.8	147.6	148.1	149.5	150.0	149.8	150.7	150.7	149.5	150.0
	二手住宅价格指数	130.8	131.1	130.9	130.9	131.7	132.4	132.3	132.0	132.2	132.0	132.6	133.0
	一、90㎡以下	132.8	132.9	132.9	133.1	134.1	134.9	134.8	134.4	135.4	135.4	135.8	136.4
	二、90～144㎡	129.5	129.8	129.7	129.3	129.7	130.4	130.4	130.1	129.7	129.4	130.3	130.5
	三、144㎡以上	127.7	128.3	127.7	128.4	129.2	129.7	129.7	129.8	129.6	128.4	128.4	128.8
同比价格指数	新建商品住宅价格指数	108.6	108.6	107.7	107.6	107.5	107.5	107.3	106.3	106.1	105.2	104.7	104.1
	一、90㎡以下	108.1	107.2	107.6	108.3	108.6	108.3	107.7	107.1	106.6	105.4	105.0	104.2
	二、90～144㎡	108.6	108.8	107.6	107.5	107.2	107.2	106.8	105.8	105.7	105.1	104.9	104.4
	三、144㎡以上	108.7	108.3	107.8	107.7	108.0	108.6	109.0	108.1	107.1	105.5	103.7	102.6
	二手住宅价格指数	107.1	107.0	106.5	105.9	105.9	106.0	105.2	104.6	103.7	102.5	102.5	101.8
	一、90㎡以下	106.4	106.3	105.8	105.6	105.9	105.7	104.9	104.1	104.4	103.3	103.0	102.5
	二、90～144㎡	107.8	107.8	107.2	106.1	105.9	106.3	105.5	104.8	103.0	101.8	102.2	101.3
	三、144㎡以上	107.0	107.2	106.5	106.3	105.8	105.3	105.7	105.6	104.4	101.9	101.0	100.5
环比价格指数	新建商品住宅价格指数	101.1	100.4	99.8	100.7	100.5	100.9	100.3	99.9	100.5	100.0	99.8	100.1
	一、90㎡以下	101.2	100.2	100.4	101.0	100.7	100.3	100.7	99.7	100.1	99.8	100.0	100.0
	二、90～144㎡	101.1	100.6	99.7	100.8	100.5	101.0	100.2	99.9	100.6	100.1	99.9	100.1
	三、144㎡以上	101.0	100.1	99.9	99.9	100.3	100.9	100.3	99.9	100.6	100.0	99.2	100.3
	二手住宅价格指数	100.2	100.2	99.9	100.0	100.6	100.5	100.0	99.8	100.2	99.8	100.5	100.3
	一、90㎡以下	99.9	100.0	100.0	100.2	100.8	100.5	99.9	99.7	100.8	100.0	100.3	100.4
	二、90～144㎡	100.6	100.2	99.9	99.7	100.4	100.5	100.0	99.8	99.7	99.8	100.7	100.1
	三、144㎡以上	99.6	100.5	99.5	100.5	100.7	100.4	100.0	100.0	99.8	99.1	100.1	100.3

2-17-3 赣州市住宅销售价格指数(2020年)

指 标		1月	2月	3月	4月	5月	6月	7月	8月	9月	10月	11月	12月
定基价格指数	新建商品住宅价格指数	128.8	129.2	129.1	129.8	130.2	130.9	131.9	132.5	132.7	133.1	133.7	134.1
	一、90㎡以下	129.5	129.5	128.2	128.5	128.7	129.0	130.1	130.6	130.6	131.1	132.2	133.1
	二、90~144㎡	127.5	128.3	128.3	129.1	129.7	130.4	131.1	131.6	131.8	132.3	132.8	132.9
	三、144㎡以上	133.7	132.9	133.7	134.3	134.3	135.1	137.2	138.3	138.8	139.1	139.4	140.2
	二手住宅价格指数	130.1	130.2	129.8	130.1	130.6	131.1	131.5	132.0	132.7	132.8	133.3	133.1
	一、90㎡以下	130.7	131.1	131.1	131.0	131.3	131.7	132.6	132.7	133.2	134.0	134.9	134.6
	二、90~144㎡	131.5	131.5	131.1	131.6	132.4	132.6	132.7	133.6	134.7	134.1	134.2	134.4
	三、144㎡以上	127.0	126.9	126.3	126.4	126.4	127.6	128.3	128.4	128.6	129.5	130.1	129.5
同比价格指数	新建商品住宅价格指数	102.7	103.0	103.2	104.0	104.0	104.7	104.5	105.0	104.3	104.2	104.4	104.2
	一、90㎡以下	105.0	104.3	103.2	103.7	103.7	104.7	105.0	104.8	102.6	101.8	102.9	103.5
	二、90~144㎡	102.0	102.9	103.3	104.2	104.3	104.8	104.5	104.8	104.6	104.7	104.6	104.2
	三、144㎡以上	103.4	102.1	103.2	103.3	103.6	104.0	104.4	105.6	104.8	104.5	105.1	104.7
	二手住宅价格指数	105.4	105.0	104.3	104.1	104.1	104.4	104.3	104.4	104.3	104.1	103.6	102.8
	一、90㎡以下	105.3	104.7	104.8	104.4	104.1	104.4	104.4	104.0	104.4	104.2	104.0	103.1
	二、90~144㎡	105.7	105.5	104.5	104.4	104.7	104.4	104.4	104.9	104.8	104.2	103.2	102.9
	三、144㎡以上	105.0	104.5	103.3	103.2	103.0	104.2	104.1	103.6	103.4	103.6	104.2	102.2
环比价格指数	新建商品住宅价格指数	100.1	100.3	99.9	100.5	100.3	100.5	100.7	100.5	100.2	100.3	100.4	100.3
	一、90㎡以下	100.7	100.0	99.0	100.3	100.1	100.3	100.8	100.4	100.0	100.4	100.9	100.7
	二、90~144㎡	100.0	100.7	100.0	100.6	100.5	100.6	100.5	100.4	100.2	100.3	100.4	100.1
	三、144㎡以上	99.8	99.4	100.6	100.4	100.0	100.6	101.6	100.8	100.4	100.2	100.2	100.6
	二手住宅价格指数	100.4	100.1	99.7	100.2	100.4	100.4	100.3	100.4	100.5	100.1	100.4	99.9
	一、90㎡以下	100.1	100.3	100.0	100.0	100.2	100.3	100.7	100.0	100.4	100.6	100.7	99.8
	二、90~144㎡	100.7	100.0	99.7	100.4	100.6	100.1	100.1	100.7	100.8	99.6	100.1	100.1
	三、144㎡以上	100.2	99.9	99.5	100.1	100.0	101.0	100.5	100.1	100.2	100.7	100.5	99.5

2-18-1 主要年份固定资产投资价格指数

(上年=100)

指标	1991	1992	1993	1994	1995	1996	1997	1998	1999	2000	2001	2002	2003	2004
固定资产投资	**110.4**	**110.1**	**129.8**	**114.6**	**107.2**	**105.8**	**101.4**	**102.1**	**98.6**	**101.4**	**98.9**	**100.0**	**105.1**	**107.4**
建筑安装工程	**111.2**	**111.8**	**131.9**	**117.7**	**105.7**	**109.2**	**102.4**	**104.0**	**99.5**	**103.7**	**99.7**	**100.4**	**107.5**	**109.6**
人工费	106.4	112.9	135.1	134.2	109.0	115.8	113.3	112.9	106.5	107.6	102.0	103.5	105.8	106.9
材料费	104.6	112.1	134.0	117.8	112.1	105.6	99.2	100.9	97.5	102.7	99.0	99.8	108.8	111.2
钢材	106.9	115.5	143.0	102.7	100.0	102.3	95.9	96.3	95.3	109.7	97.0	99.9	116.1	122.5
木材	95.3	103.6	112.6	116.2	112.5	106.9	102.0	98.7	98.7	103.9	96.9	98.7	100.4	101.1
水泥	101.6	111.6	138.1	116.5	111.8	105.8	98.0	99.8	97.9	95.2	100.5	98.6	105.7	104.4
地方建筑材料	104.6	112.8	120.4	136.8	129.7	112.6	99.3	112.4	98.8	100.1	95.5	101.6	108.3	101.3
化工材料							100.4	103.0	102.5	100.7	100.2	95.6	102.4	105.2
电料							101.6	104.1	95.8	104.1	100.5	97.0	100.6	99.6
其他材料	107.0	112.2	135.3	125.2	114.7	104.1	102.4	102.8	99.3	99.7	103.8	101.2	100.7	100.6
机械使用费	106.5	113.0	119.4	127.7	93.1	110.1	109.4	114.3	101.5	100.9	100.3	99.2	101.2	101.2
设备、工器具购置	**112.9**	**111.4**	**126.6**	**111.3**	**107.0**	**99.5**	**97.1**	**98.0**	**96.6**	**96.2**	**96.0**	**97.6**	**99.8**	**100.4**
其他费用	**96.4**	**93.1**	**128.1**	**105.9**	**120.2**	**104.5**	**106.5**	**100.9**	**98.2**	**101.2**	**102.8**	**103.3**	**102.9**	**107.4**

注：2019年固定资产投资价格统计报表制度改革，部分统计指标调整。2020年起，根据国家统计局《2019年统计年报和2020年定期统计报表制度主要修订内容的通知》(国统字〔2019〕101号)，取消《固定资产投资价格统计报表制度》。

2-18-2 主要年份固定资产投资价格指数

(上年=100)

指标	2005	2006	2007	2008	2009	2010	2011	2012	2013	2014	2015	2016	2017	2018	2019
固定资产投资	**100.5**	**103.2**	**105.4**	**108.1**	**96.1**	**104.8**	**108.4**	**101.0**	**100.4**	**100.1**	**96.8**	**100.0**	**106.1**	**106.4**	**102.4**
建筑安装工程	**99.2**	**103.1**	**106.9**	**110.9**	**93.9**	**105.6**	**112.1**	**101.2**	**100.4**	**100.0**	**95.4**	**100.3**	**108.6**	**109.2**	**102.6**
人工费	107.6	113.2	109.4	110.7	105.0	106.7	112.8	110.8	109.4	104.7	104.8	103.6	105.1	105.4	103.6
材料费	97.1	100.3	106.7	111.5	89.9	105.6	112.5	98.2	97.6	98.3	90.7	98.5	111.6	111.7	102.4
钢材	96.5	96.2	107.8	116.4	83.5	105.1	111.2	90.7	94.7	93.9	80.0	98.1	123.1	114.5	
木材	98.2	101.0	104.3	102.8	101.6	104.3	105.7	102.4	106.9	104.1	103.4	102.5	99.9	104.1	
水泥	92.1	100.0	106.9	107.9	97.1	106.5	122.5	93.1	99.1	99.0	95.8	96.5	106.5	113.5	
地方建筑材料	102.2	111.2	104.9	105.7	101.6	106.0	111.7	107.2	104.0	102.3	99.8	100.7	105.0	111.1	
化工材料	105.9	105.0	107.2	103.3	88.1	113.7	106.5	102.0	100.0	101.4	97.8	98.2	105.7	106.0	
电料	102.4	120.7	101.2	101.6	106.4	107.7	107.4	99.8	98.2	99.9	98.1	100.2	102.4	104.7	
其他材料	102.2	100.5	105.6	101.9	105.2	102.3	102.8	102.7	102.5	100.5	100.1	100.5	106.4	103.0	
机械使用费	100.7	105.1	103.7	104.4	103.1	103.2	107.4	105.4	103.6	103.0	102.5	101.2	101.6	102.8	101.9
设备、工器具购置	**100.3**	**100.9**	**100.5**	**100.5**	**97.4**	**102.0**	**101.6**	**98.8**	**99.0**	**99.6**	**99.2**	**98.7**	**100.8**	**100.1**	**99.5**
其他费用	**107.2**	**107.7**	**106.2**	**107.5**	**104.7**	**105.4**	**106.4**	**104.4**	**103.2**	**102.1**	**101.1**	**100.5**	**100.7**	**101.0**	**104.4**

注：2019年固定资产投资价格统计报表制度改革，部分统计指标调整。2020年起，根据国家统计局《2019年统计年报和2020年定期统计报表制度主要修订内容的通知》(国统字〔2019〕101号)，取消《固定资产投资价格统计报表制度》。

主要统计指标解释

居民消费价格指数（CPI） 居民消费价格指数是度量一组代表性消费商品及服务项目价格水平随着时间而变动的相对数，反映居民家庭购买的消费品及服务价格水平的变动情况。它是宏观经济分析和决策、价格总水平监测和调控以及国民经济核算的重要指标。其按年度计算的变动率通常被用来作为反映通货膨胀（或紧缩）程度的指标。

商品零售价格指数 商品零售价格是商品在流通过程中最后一个环节的价格，是工业、商业、餐饮业和其他零售企业向城乡居民、机关团体出售生活消费品和办公用品的价格。商品零售价格调查的任务是系统地调查、搜集和整理市场商品零售价格资料，编制商品零售价格指数，以此反映市场商品零售价格的变动趋势和变动程度。其目的在于掌握商品价格的变动趋势，为国家宏观调控和国民经济核算提供参考依据。同时，还可以在此基础上编制其他派生价格指数。

农产品生产者价格指数 反映一定时期内，农产品生产者出售的农产品价格水平变动趋势及幅度的相对数。农产品生产者价格是指农产品生产者第一手（直接）出售其产品时实际获得的单位产品价格。

工业生产者价格指数 反映工业产品价格变化趋势和变动幅度的统计指标，是工业企业的产品价格在不同时间和空间条件下平均变动的相对数，包括工业品第一次出售时的出厂价格和企业作为中间投入的原材料、燃料、动力购进价格。该指数是进行国民经济核算和经济管理的重要依据。

房地产价格调查指数 70个大中城市新建住宅销售价格调查为全面调查，价格、面积、金额等基础数据直接采用当地房地产管理部门的网签备案数据。二手住宅价格调查为非全面调查，采用重点调查和典型调查结合的方法，按照房地产经纪机构上报、房地产管理部门提供与调查员实地采价相结合的方式收集基础数据。

固定资产投资价格指数 反映一定时期内固定资产投资品及项目的价格变动趋势和程度的相对数。固定资产投资额是由建筑安装工程投资完成额、设备工器具购置投资完成额和其他费用投资完成额三部分组成的。编制固定资产投资价格指数应首先分别编制上述三部分投资的价格指数，然后采用加权算术平均法求出固定资产投资价格总指数。

该指数可以准确地反映固定资产投资中涉及的各类投资品和取费项目价格变动趋势和变动幅度，消除按现价计算的固定资产投资指标中的价格变动因素，真实地反映固定资产投资的规模、速度、结构和效益，为国家科学地制定、检查固定资产投资计划并提高宏观调控水平，为完善国民经济核算体系提供科学的、可靠的依据。

三　农业调查

简要说明

粮食及畜牧业生产调查数据包括粮食播种面积、粮食产量，猪、牛、羊、家禽存出栏数及产品产量等。

其中省级及产粮大县粮食播种面积、粮食产量是根据抽样方法抽取的分布在全省56个县（市、区）范围内的785个调查村样本资料推算取得，其余县（市、区）是根据粮食产量全面统计调查方法采集数据推算取得。

猪、牛、羊、家禽存出栏数及产品产量调查点分布在全省95个县（市、区），调查对象为全省范围内的所有大型养殖场（户）和抽中的1204个村内的1.5万多户中小型养殖场（户），省级数据是根据调查样本分级推算加总取得。

生猪产能持续恢复　牛羊禽加快发展

——2020年全省主要畜禽生产形势概述

2020 年是脱贫攻坚决战决胜之年，是全面建成小康社会和“十三五”规划的收官之年，也是畜牧业归口管理的第一年。调查结果显示，2020 年省委、省政府在严控疫情的同时，千方百计抓生猪复产增养，及时采取有效措施，全力保障畜禽产品有效供给，为维护全省经济平稳发展、农村脱贫攻坚和社会和谐稳定大局提供有力支撑，全省生猪产能持续恢复，牛羊禽发展势头良好，但是资金紧张和防疫困难仍然是制约发展的主要因素，生猪高价位涨跌起伏局面预计仍将持续较长时期。

一、主要畜禽生产基本情况

（一）生猪生产持续恢复

1. 养殖信心提升提振，生猪产能基本全面恢复。去年受非洲猪瘟疫情影响，生猪生产下降明显，产销趋紧，12 月末全省生猪存栏 1006.3 万头，为近十年来最低位，同比下降 29.6%，降幅高于全国 2.1 个百分点，养殖场（户）养殖信心受挫。为提升提振养殖信心，省委、省政府多措并举，加快生猪复产增养，据 129 家生猪养殖场（户）调查问卷结果显示，90.7%的养殖场（户）认为本地鼓励生猪生产。养殖场（户）信心有效提振，生产积极性明显提高。一方面，通过新建、改扩建的方式扩大规模，全省新建、改扩建生猪养殖项目 1487 家，其中亿元以上项目 54 个，已建成 1069 家，新增产能 471 万头；另一方面，规模养殖场（户）尤其是龙头企业通过“公司+农户”等模式做大做强，盘活中小养殖场（户）现有土地、栏舍、劳动力等资源，实现快速补栏。根据归口管理后统计调查数据显示，12 月末，全省生猪存栏 1569.6 万头，同比增长 56.0%，增幅较上季度增加 24 个百分点，已恢复到 2016-2018 三年年末平均水平的 97.3%（见图 1）。其中，能繁母猪存栏 144.4 万头，同比增长 51.0%，较上季度增加 11.4 个百分点。

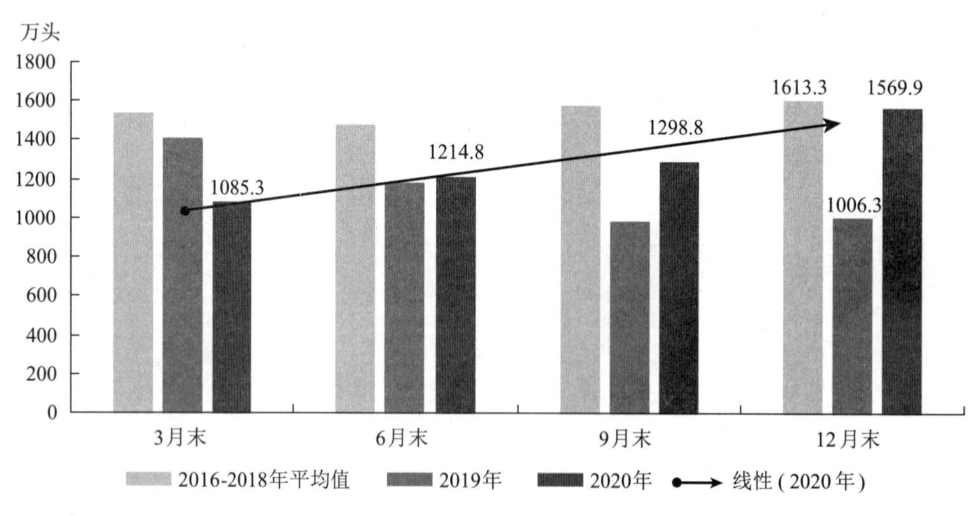

图 1　2018-2020 年各季末生猪存栏对比图

2. 政策措施落实落细，稳产保供能力得到提高。省委、省政府坚持生猪恢复生产和非洲猪瘟防控“两手抓”，落细复养增产政策和防控措施。一方面，通过打好养殖用地、财政激励、金融支持等政策组合拳，实现生猪复产增养。全省新增生猪养殖用地 6.3 万亩，累计安排引种补贴、贷款贴息等省级财政 6.8 亿元，生猪养殖贷款余额 196.3 亿元。另一方面，通过持续发力落实落细关键防控措施，防范非洲猪瘟等区域性重大动物疫情。强化生物安全改造，开展“大清洗、大消毒”行动；强化监测排查，落实疫情排查网格化管理制度；强化生猪调运监管，组织开展生猪调运专项整治“百日行动”。2020 全省生猪出栏 2218.3 万头，同比下降 12.9%，降幅收窄 5.6 个百分点；猪肉产量 180.7 万吨，同比下降 12.6%，降幅收窄 3.5 个百分点（见图 2），生猪生产供应水平持续提高。

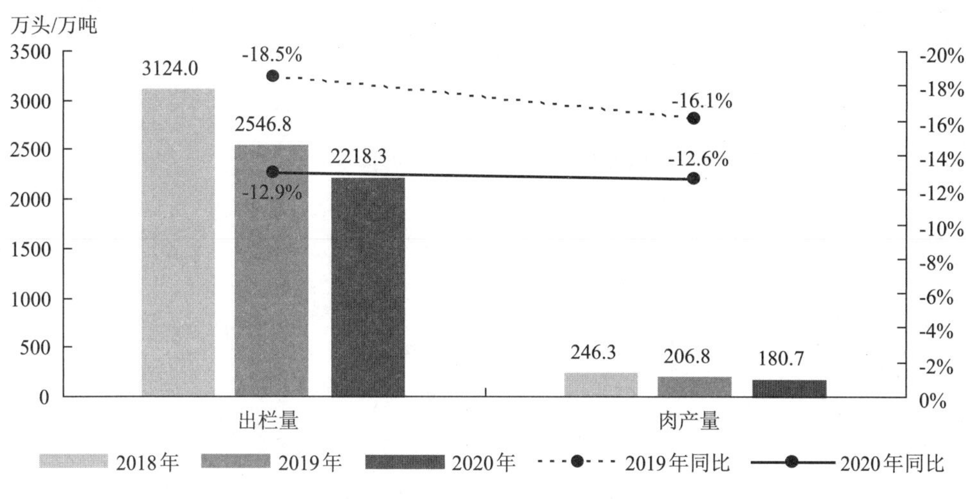

图 2 2018-2020 年生猪出栏及肉产量对比图

3. 疫情影响深刻深远，生猪出栏均价高位波动。受非洲猪瘟疫情影响，2019 年生猪存栏量出现下跌，导致 2020 年初生猪供给处于紧平衡状态，出栏均价随市场供应量的减少而上涨。自 2019 年四季度起，在省委、省政府大力扶持生猪生产情况下，养殖场（户）补栏积极性增高，2020 年生猪生产得到较快恢复，出栏均价有所下降，从 1 月末 38.4 元/公斤降至 12 月末 34.7 元/公斤，降幅为 9.6%。在生猪生长周期和新冠疫情多因素影响下，2020 年生猪出栏均价随着出栏量增减和消费量的变化涨跌起伏（见图 3），四个季度的均价为 39.3 元/公斤、33.1 元/公斤、38.4 元/公斤和 32.3 元/公斤。目前总体还处于高位阶段，预计明年生猪出栏均价会有明显回落。

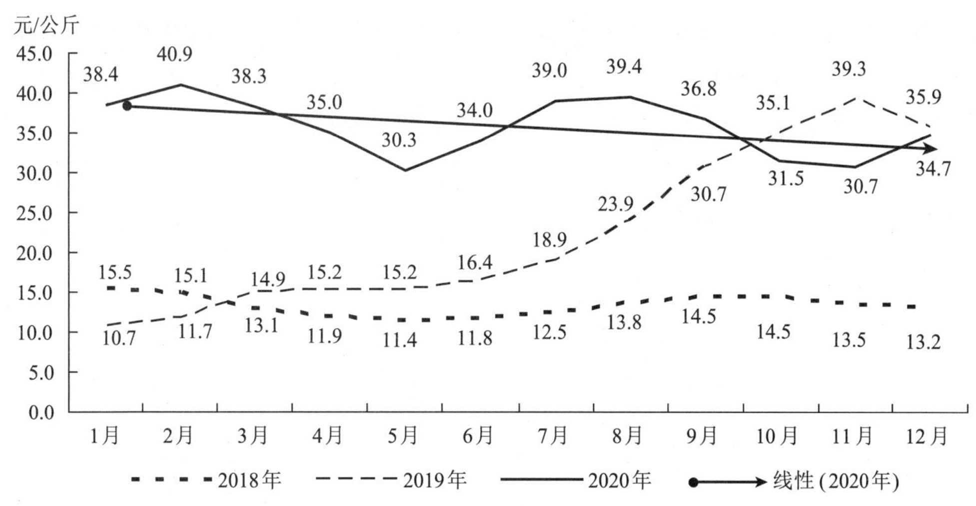

图 3 2018-2020 年生猪出栏均价走势图

（二）牛羊生产向好发展

1. 存出栏同比增加，牛羊发展向好。由于近年来全省因势利导加大畜牧业产业结构调整，持续实施草地畜牧业发展工程，牛羊生产得到持续稳定发展。省政府办公厅在 2020 年 11 月下发了《关于推进牛羊产业高质量发展的实施意见》，旨在补齐牛羊产业基础比较薄弱、生产方式相对落后、规模总量不大、资源利用不充分等短板，推动牛羊生产向高质量方向发展。数据显示，2020 年 12 月末全省牛存栏 275.5 万头，同比增长 7.1%；羊存栏 123.5 万头，同比增长 12.0%。全年牛出栏 135.1 万头，同比增长 8.0%，牛肉产量 15.2 万吨，同比增长 15.7%；羊出栏 158.4 万只，同比增长 9.9%，羊肉产量 2.6 万吨，同比增长 11.7%。

2. 供应量逐年增多，牛羊肉价格高位运行。近三年来，全省牛羊产业发展向好，牛羊肉供应明显增加，供应量分别为 14.6 万吨、15.5 万吨和 17.8 万吨。根据农业农村厅价格监测数据显示，随着猪肉价格上涨的同时，牛羊价格随之抬高，全年牛羊肉均价分别为 103.0 元/公斤、84.5 元/公斤，同比增长 15.3%、16.9%，相比 2018 年增长 33.5%、32.9%，目前牛羊肉价格高出全国平均价格 20 元/公斤，总体处于高位（见图 4）。

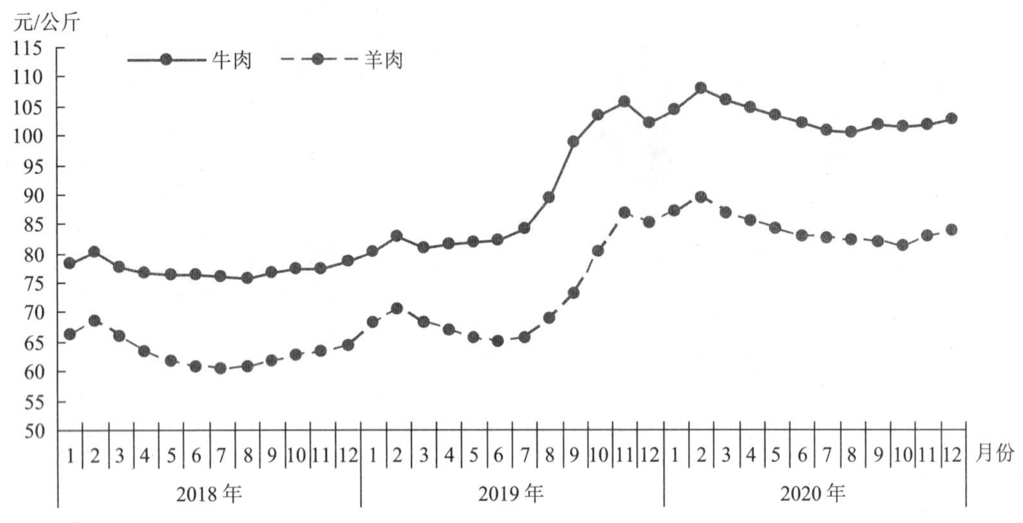

图 4　2018-2020 年牛羊肉均价走势图

（三）家禽生产较快发展

1. 替代作用明显，家禽得到较快发展。在生猪供应趋紧，牛羊生长周期较长的情况下，家禽发挥了很好的替代作用。2020 年 12 月末全省家禽存笼 2.5 亿只，同比增长 9.3%；全年家禽出笼、禽肉产量和禽蛋产量分别为 5.7 亿只、54.5 万吨、61.2 万吨，同比分别增长 5.3%、11.3%、7.1%。

2. 产品供应充足，价格总体保持稳定。受猪肉价格起伏的影响，禽产品价格在去年下半年迅速上涨，养殖场（户）的生产积极性得到提升，2019 年 12 月末家禽存笼 2.2 亿只，同比增长 21%，为 2020 年的供给量提供了保障。同时，年初面对突如其来的新冠疫情，部分工厂、学校复工复学较晚，消费量减少，价格下滑。在 3 月过后疫情影响逐渐消退的情况下，禽产品价格基本稳定（见图 5），2020 年四个季度活鸡均价分别为 25.6 元/公斤、22.8 元/公斤、22.4 元/公斤、23.2 元/公斤，鸡蛋均价分别为 12.6 元/公斤、10.6 元/公斤、10.6 元/公斤、11.0 元/公斤。

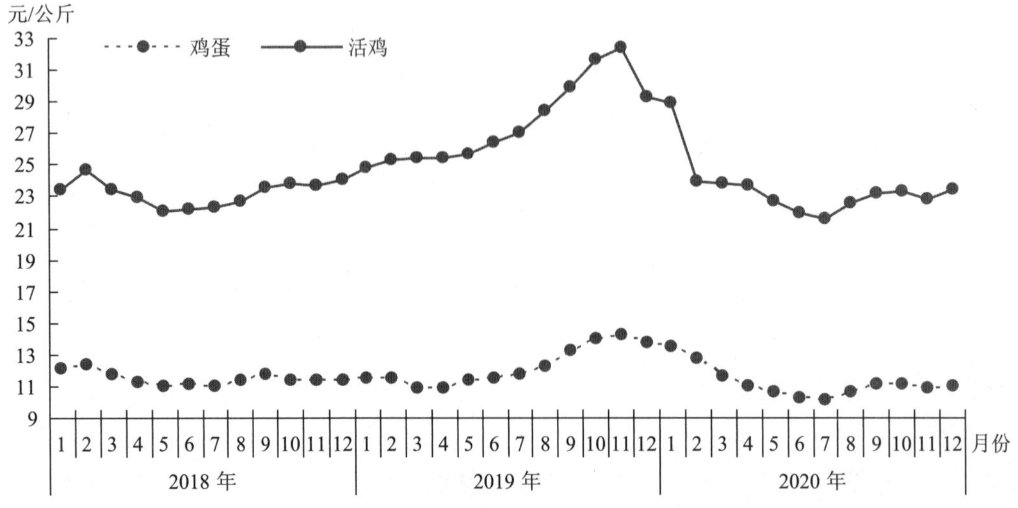

图 5　2018-2020 年鸡蛋活鸡均价走势图（单位：元/公斤、月）

二、主要畜禽生产面临的形势

（一）资金顽疾，畜禽发展“加速器”作用未凸显

为切实稳定生猪生产保障市场供应，全省坚持高位推动，优化政策环境，相关部门引导金融机构与生猪养殖场（户）对接贷款事宜，创新抵质押物，丰富系列信贷产品，出台农机购进补贴政策，建立生猪规模化养殖场建设补助项目，支持新建、改扩建养殖场（户）的基础设施建设，成为畜禽发展的“加速器”。但是，据 214 家养殖场（户）问卷调查结果显示，有 42%被调查的养殖场（户）存在资金短缺，有 59%期盼能够加强贷款支持，养殖场（户）普遍反映养殖成本高，但融资艰、贷款难，巨额资金建设的厂房无法作为抵押物。资金问题是制约 2020 年畜禽发展的一大顽疾，一般大型养殖场（户）生产标准化水平受限，中小型养殖场（户）扩大规模意愿受阻，“加速器”作用未凸显。

（二）风险持续，畜禽养殖“减压阀”功能受影响

为减轻养殖压力，解决“不敢养”问题，全省开展“大清洗、大消毒”行动和生猪调运专项整治“百日行动”，同时落实生猪保险保费提高政策，创新开展政策性保险叠加商业保险，进一步提高风险保障能力，成为畜禽养殖的“减压阀”。目前，疫情虽然得到了有效控制，但潜在的风险仍然存在，当前养殖场（户）的生物安全防护水平仍然较低，畜禽及产品调运还很频繁，病毒传播风险较高，全产业链监管也存在不少薄弱环节，基层防疫体系支撑不足，防控形势依然复杂严峻，“减压阀”功能受影响，养殖场（户）的压力无法消除。根据问卷调查结果显示，有 22% 被调查的养殖场（户）表示疫情防疫困难，是畜禽养殖的主要困难之一，仅次于资金短缺和养殖成本高这两个问题。同时，国外新冠疫情形势越来越严峻，国内也呈现多点散发局面，加之春节即将来临，防控压力也随之增加，饲料供给、交通运输和消费市场的变数加大了各养殖场（户）的养殖压力。

（三）成本抬高，畜禽价格“平稳仪”功效被拖缓

2019 年下半年猪牛羊禽产品价格迅速上涨，为缓解供需矛盾，保障市场供应，稳定畜禽产品价格，全省先后出台了《关于加快非洲猪瘟防控长效机制 切实稳定生猪生产 保障市场供应的实施意见》和《关于推进牛羊产业高质量发展的实施意见》，积极鼓励生猪复产增养，推动牛羊高质量发展，成为畜禽价格的“平稳仪”。2020 年猪牛羊出栏均价呈现下降趋势，但仍处于高位，尤其是生猪养殖成本抬高，价格难以恢复到非洲猪瘟疫情发生以前的水平，畜禽价格“平稳仪”功效被拖缓。根据问卷调查结果显示，有 67%被调查的养殖场（户）认为养殖成本高。一是母猪仔猪购进价格高，2020 年仔猪均价 99.5 元/公斤，同比上涨 77%，较 2018 年上涨了 238.6%。二是防疫投入加大，为做好生物安全，养殖场（户）不得不对栏舍进行改造升级，有些规模较大的养殖场（户）还建立洗消中心，并且后期人工、卫生、防护、检疫费用也大幅度增加。三是饲料价格上涨，今年全省玉米均价达到 2.4 元/公斤，同比上涨 8.4%，与 2018 年相比上涨 13.2%。

三、促进主要畜禽健康发展的三点建议

（一）政府积极介入，补足“资金化”支持

根据问卷调查结果显示，被调查的养殖场（户）中有 73%希望加强防疫扶持和补贴，有 59%希望加强贷款支持，有 57%希望加强保险兜底。建议各地相关职能部门不断加强财政、保险等扶持力度，加快推动各项补贴落实，降低准贷门槛，提高放贷额度，丰富保险种类，优化保险服务，解决“不敢养”“没钱养”的问题，推进畜禽产业高质量发展。

（二）协会相互扶持，避免“孤狼式”发展

要引导各地成立生猪养殖协会，通过协会的纽带作用，政府和养殖场（户）之间政策更透彻、信息更畅通，养殖场（户）之间更团结，在疫情防控方面实现联防联控，在生猪复产增养方面实现共赢。如高安市 2019 年成立了养殖协会，协会成员之间互相担保、互相监督，达到银行信贷条件，缓解了资金压力，减少了养殖场（户）生猪调运不规范的行为，降低了病毒传播的风险。建议政府加大对协会的支持力度，并鼓励外来企业主动加入，避免养殖场（户）“孤狼式”发展，谋求畜禽产业平稳发展。

（三）产业健康发展，防范“垄断性”生产

在猪肉价格短期难以回归的情况下，应加快推进畜禽结构调整，逐步改变“一猪独大”的传统畜禽生产格局，丰富“菜篮子”，增强人民群众获得感和幸福感。一方面大力发展人工种草养畜，发展培育壮大一批肉牛、肉羊及草产品加工企业和专业合作组织，提升草食动物肉类生产和消费水平；另一方面加快家禽产业发展，探索建立家禽生产保护机制，做好禽产品收购存储、金融保险扶持、市场宣传引导等工作，降低家禽养殖场（户）的养殖风险，实现家禽产业健康发展。

（黎　晶）

克服疫情洪灾双重影响 2020年江西省粮食生产再获丰收

根据国家统计局江西调查总队对全省粮食作物的抽样调查推算结果，并经国家统计局核定反馈，2020年全省粮食总产量为432.8亿斤，比上年增加1.3亿斤，增长0.3%。粮食生产再获丰收，产量连续8年稳定在430亿斤以上。

一、粮食播种面积增加160.9万亩，增长2.9%

今年以来，全省不断加大对粮食生产的支持力度，层层压实粮食生产责任，积极落实各项补贴政策，提高农民种粮积极性，粮食播种面积止跌回升。全省粮食播种面积5658.6万亩，比上年增加160.9万亩，增长2.9%。

双季稻播种面积增加。2020年，全省稻谷播种面积5162.7万亩，比上年增加143.4万亩，增长2.9%。其中，早稻播种面积1826.3万亩，比上年增加182.5万亩，增长11.1%；中稻及一季晚稻播种面积1418.7万亩，比上年减少142.6万亩，下降9.1%；双季晚稻播种面积1917.7万亩，比上年增加103.5万亩，增长5.7%。面对突如其来的新冠肺炎疫情，为确保粮食安全稳定生产，省委、省政府加大对水稻生产的扶持力度，落实各项支农惠农、种粮补贴、粮食最低收购价等政策，稻谷种植“单改双”趋势明显，全年双季稻播种面积比上年增加286万亩，增长8.3%，成为粮食播种面积扩大的主要原因。

二、粮食单产减少10.0公斤，下降2.6%

2020年，面对疫情及汛情双重考验，全省上下凝心聚力、攻坚克难，防控疫情保春耕，不误农时抓生产，加强田间管理，打好扩面、抗灾减损、单产提升、寒露风防御四大攻坚战，全力减轻农业灾情对粮食生产影响。粮食产量实割实测抽样调查显示，2020年，全省粮食作物单产382.4公斤/亩，每亩产量比上年减少10.0公斤，下降2.6%。

（一）早稻受灾影响较大，单产下降明显

今年全省赣北地区遭受连续暴雨，受洪涝灾害较重的鄱阳湖区周围减产较多，而吉安、赣州等赣南地区气候适宜有所增产，南方地区的增产在一定程度上弥补北部受灾损失，但总体单产水平仍为下降趋势。2020年，全省早稻单产354.1公斤/亩，每亩产量比上年减少26.8公斤，下降7.0%。

（二）中稻及一季晚稻气候适宜，单产增加

2020年，全省中稻及一季晚稻单产444.2公斤/亩，每亩产量比上年增加4.2公斤，增长1.0%。

（三）双季晚稻受寒露风影响，单产略有下降

2020年，全省双季晚稻单产403.7公斤/亩，每亩产量比上年减少1.5公斤，下降0.4%。

三、粮食产量增加1.3亿斤，增长0.3%

2020年，夏粮产量为4.8亿斤，比上年减少0.5亿斤，早稻产量为129.3亿斤，比上年增加4.1亿斤；秋粮产量298.6亿斤，比上年减少2.4亿斤。全年粮食总产量达到432.8亿斤，增加1.3亿斤，增长0.3%。

（一）稻谷产量增加

2020年，全省稻谷产量410.2亿斤，比上年增加0.6亿斤，增长0.1%；其中早稻产量129.3亿斤，较上年增产4.1亿斤；中稻及一季晚稻总产为126.0亿斤，较上年减少11.4亿斤；双季晚稻总产154.9亿斤，较上年增加7.8亿斤。

（二）秋杂粮产量增加

秋旱粮总产 17.7 亿斤，较上年增加 1.2 亿斤，增长 7%。

2020 年，全省粮食再获丰收，粮食产量连续 8 年稳定在 430 亿斤以上，为全省经济发挥了“压舱石”作用。为扎实做好“六稳”工作、全面落实“六保”任务，为应对复杂多变的国内外环境、克服各种风险挑战，为全面建成小康社会、打赢脱贫攻坚战提供了坚实的基础。

（刘　敏）

3-1　全省主要畜禽年末存栏数(2018-2020年)

单位：万头(万只)

指　　标	2018	2019	2020
猪	1587.25	1006.32	1569.85
其中：能繁殖母猪	140.83	95.63	144.40
牛	246.45	257.32	275.46
肉牛	219.15	231.00	263.71
奶牛	3.65	3.47	2.51
役用牛	23.65	22.85	9.24
羊	100.26	110.24	123.46
活家禽	18550.34	22468.72	24554.32

3-2　全省历年主要畜禽年末存栏数

单位：万头(万只)

年　份	猪	牛	羊	禽
2006	1344.13	224.70	57.09	14778.13
2007	1421.34	289.36	58.84	15465.36
2008	1511.34	221.43	65.80	17196.77
2009	1573.21	239.56	64.04	17519.18
2010	1546.09	237.07	64.71	18038.16
2011	1577.37	231.53	64.87	18497.13
2012	1654.53	233.04	68.19	18722.79
2013	1718.49	229.80	72.88	18514.10
2014	1750.73	223.32	77.12	19324.93
2015	1706.70	220.57	81.24	19957.92
2016	1631.33	204.28	88.65	20904.61
2017	1621.34	241.40	95.28	17977.97
2018	1587.25	246.45	100.26	18550.34
2019	1006.32	257.32	110.24	22468.72
2020	1569.85	275.46	123.46	24554.32

注：1.2006年数据为第二次全国农业普查结果。
2.2007-2017年数据根据第三次全国农业普查结果进行了修订。
3.2018-2020年数据为核定数。

3-3 全省主要

指　　标	2006	2007	2008	2009	2010	2011
当年出栏肉猪头数(万头)	2271.57	2383.58	2541.33	2721.32	2857.16	2897.42
当年出售和自宰的肉用牛(万头)	69.66	110.04	114.76	113.54	113.32	112.61
当年出售和自宰的肉用羊(万只)	71.36	74.65	81.20	82.03	84.78	84.85
当年出售和自宰的肉用家禽(万只)	33989.69	34389.51	35410.06	36424.13	38295.81	39203.23
#猪肉产量(万吨)	181.73	187.84	198.45	211.35	221.87	225.08
牛肉产量(万吨)	7.11	8.80	8.51	10.19	10.24	10.46
羊肉产量(万吨)	1.07	1.20	1.29	1.23	1.28	1.32
禽肉产量(万吨)	46.62	46.97	48.23	50.12	52.73	54.05
禽蛋产量(万吨)	35.55	39.34	39.13	40.06	40.19	42.12

注：1.2006年数据为第二次全国农业普查结果。
2.2007-2017年数据根据第三次全国农业普查结果进行了修订。
3.2018-2020年数据为核定数据。

3-4 各设区市主要

地　区	年出售和自宰肉猪(万头)	年出售和自宰肉牛(万头)	年出售和自宰肉羊(万只)	年出售和自宰肉禽(万只)	年猪肉产　量(万吨)	年牛肉产　量(万吨)
南昌市	145.52	7.47	4.52	6085.81	11.78	1.39
景德镇市	42.96	1.90	4.83	714.06	3.33	0.31
萍乡市	111.24	1.74	43.84	1240.74	9.46	0.19
九江市	135.60	5.85	26.62	1830.61	11.14	0.67
新余市	59.41	1.78	1.13	245.30	5.03	0.23
鹰潭市	84.36	2.73	2.78	1270.88	6.68	0.26
赣州市	609.11	30.37	13.60	15583.62	48.71	2.83
吉安市	295.88	36.75	7.34	9735.98	24.59	3.89
宜春市	335.52	30.84	34.63	6812.93	28.67	3.73
抚州市	192.60	7.76	4.01	9980.88	15.26	0.86
上饶市	206.58	7.91	15.11	3330.26	16.03	0.84

畜禽产品产量

2012	2013	2014	2015	2016	2017	2018	2019	2020
3066.62	3169.58	3348.98	3268.11	3130.31	3180.46	3124.00	2546.82	2218.28
113.27	113.99	113.62	113.81	114.63	115.86	119.43	125.17	135.12
88.49	93.47	98.46	104.75	115.07	123.46	131.51	144.13	158.41
40281.54	40235.88	41996.20	43169.63	45385.84	43888.17	45423.54	53954.62	56832.11
238.55	246.62	261.59	255.53	245.01	249.49	246.32	206.75	180.70
10.58	10.85	10.98	11.14	11.53	12.05	12.45	13.14	15.20
1.37	1.45	1.53	1.62	1.82	1.97	2.10	2.31	2.58
55.14	54.95	58.63	60.09	63.09	60.81	63.17	75.91	84.51
42.87	42.71	43.79	44.64	46.30	45.66	46.96	57.17	61.21

畜禽生产情况(2020年)

年羊肉产量(万吨)	年禽肉产量(万吨)	年家禽产蛋量(万吨)	年末牛存栏(万头)	年期末生猪存栏(万头)	其中：能繁殖母猪(万头)	年末羊存栏(万只)	年家禽期末数(万只)
0.07	11.21	13.84	15.43	134.33	14.50	3.24	4396.29
0.06	1.08	1.39	2.15	27.30	1.35	2.87	414.10
0.70	2.07	1.04	11.92	60.41	2.52	29.65	746.81
0.47	2.82	6.66	5.17	91.12	6.68	24.62	1804.14
0.02	0.40	1.59	5.55	44.10	5.38	1.50	357.76
0.04	1.97	2.02	6.69	63.33	5.76	1.44	707.14
0.20	22.79	6.46	65.49	328.84	30.49	10.07	5650.06
0.15	14.50	8.64	65.98	226.64	21.45	6.96	2822.41
0.62	8.82	8.20	65.07	302.26	33.35	25.72	2830.40
0.07	13.95	7.03	17.83	130.99	12.45	4.20	3066.97
0.22	4.90	4.34	14.23	160.59	10.47	13.24	1757.91

3-5 生猪大县生产情况

单位：万头、万吨

地 区	年末生猪存栏			年末能繁母猪			年生猪出栏			年猪肉产量		
	2018	2019	2020	2018	2019	2020	2018	2019	2020	2018	2019	2020
新建区	43.21	6.15	40.11	4.73	0.65	4.35	75.80	42.31	38.49	6.06	4.60	3.31
南昌县	39.05	4.45	37.32	3.61	0.64	3.82	88.70	34.47	38.11	7.36	3.80	3.23
进贤县	57.12	2.91	49.34	5.30	0.34	5.41	88.71	15.82	49.30	7.17	1.57	4.18
修水县	—	4.29	37.77	—	0.63	3.06	—	10.54	37.40	—	0.94	3.28
渝水区	40.71	8.50	40.31	4.09	1.36	4.12	81.35	61.24	40.34	6.40	5.89	3.55
余江县	42.30	15.27	49.81	4.30	1.44	4.72	81.00	32.13	57.49	6.64	2.58	4.59
南康区	43.10	42.87	49.67	4.48	3.61	4.82	76.30	82.93	68.21	5.99	7.56	5.81
信丰县	38.40	39.70	56.66	3.99	3.45	5.61	72.90	87.18	74.26	5.41	7.41	6.19
定南县	37.12	25.16	42.78	3.52	3.08	3.97	64.13	58.61	58.47	5.39	4.62	4.86
兴国县	29.10	27.76	38.24	3.13	2.78	3.95	54.11	110.88	68.49	4.55	10.87	5.74
吉安县	38.10	26.52	40.37	3.70	2.67	4.21	62.95	61.23	59.66	4.98	4.97	4.91
新干县	47.70	20.71	46.82	4.33	2.06	4.62	83.80	62.69	52.92	6.60	5.58	4.64
泰和县	32.18	10.04	36.53	3.53	0.82	5.29	67.91	44.30	44.35	5.73	3.68	3.72
安福县	20.66	15.74	36.55	1.96	1.72	3.51	37.19	25.74	32.20	2.97	2.25	2.68
袁州区	44.30	28.03	53.67	4.50	3.17	5.61	82.05	48.73	57.38	6.64	4.57	4.88
万载县	36.04	12.18	40.53	3.85	0.74	4.12	68.32	45.32	38.66	5.38	4.41	3.47
上高县	47.74	18.49	49.51	5.60	1.75	5.52	83.58	80.85	50.10	7.17	7.81	4.23
丰城市	55.39	10.04	48.61	5.34	0.82	5.12	80.23	46.97	45.90	6.35	3.75	4.06
樟树市	32.76	9.38	44.61	3.42	1.01	5.31	72.44	48.93	44.62	5.80	4.56	3.84
高安市	45.90	14.58	57.85	5.10	2.09	5.98	86.70	48.57	51.29	7.54	4.10	4.37
东乡区	55.33	7.38	53.12	7.03	0.66	6.91	103.43	80.76	40.93	8.68	7.09	3.67
万年县	29.34	9.03	45.18	2.93	0.74	4.95	60.20	41.37	49.53	4.74	3.40	4.38

注：1. 数据为核定数据；2. 2018年修水县未纳入大县监测。

3-6 粮食生产情况(2020年)

单位：千公顷、公斤/公顷、万吨

指 标	播种面积	单位面积产量	总产量
粮食	**3772.4**	**5736**	**2163.9**
谷物	**3510.0**	**5915**	**2076.3**
稻谷	3441.8	5960	2051.2
早稻	1217.5	5312	646.7
中稻及一季晚稻	945.8	6663	630.2
二季晚稻	1278.5	6056	774.3
小麦	14.4	2292	3.3
玉米	47.6	4340	20.7
豆类合计	**142.7**	**2243**	**32.0**
大豆	113.5	2445	27.8
杂豆	29.2	1458	4.3
薯类合计(鲜薯)	**119.7**	**23231**	**278.1**
马铃薯(鲜薯)	30.3	27964	84.7
甘薯(鲜薯)	89.4	21628	193.4

说明：1.表中数据均为法定数；2.鲜薯产量按照5：1折算粮食产量。3.粮食生产相关数据根据第三次全国农业普查结果进行了修订(下同)。

3-7 粮食作物播种面积(2019-2020年)

单位：千公顷

指 标	2020	2019	增长(%)
粮食	**3772.4**	**3665.1**	**2.9**
谷物	**3510.0**	**3413.2**	**2.8**
稻谷	3441.8	3346.2	2.9
早稻	1217.5	1095.9	11.1
中稻及一季晚稻	945.8	1040.9	-9.1
二季晚稻	1278.5	1209.5	5.7
小麦	14.4	14.4	0
玉米	47.6	46.5	2.4
豆类合计	**142.7**	**130.4**	**9.4**
大豆	113.5	108.8	4.3
杂豆	29.2	21.6	34.8
薯类合计(鲜薯)	**119.7**	**121.5**	**-1.5**
马铃薯(鲜薯)	30.3	37.6	-19.4
甘薯(鲜薯)	89.4	83.9	6.5

3-8 粮食作物单位面积产量(2019-2020年)

单位：公斤/公顷

指　　标	2020	2019	增长(%)
粮食	**5736**	**5886**	**-2.6**
谷物	**5915**	**6071**	**-2.6**
稻谷	5960	6121	-2.6
早稻	5312	5714	-7.0
中稻及一季晚稻	6663	6599	1.0
二季晚稻	6056	6079	-0.4
小麦	2292	2111	8.6
玉米	4340	4258	1.9
豆类合计	**2243**	**2249**	**-0.2**
大豆	2445	2428	0.7
杂豆	1458	1345	8.4
薯类合计(鲜薯)	**23231**	**23019**	**0.9**
马铃薯(鲜薯)	27964	27673	1.1
甘薯(鲜薯)	21628	20934	3.3

3-9 粮食作物产量(2019-2020年)

单位：万吨

指　　标	2020	2019	增长(%)
粮食	**2163.9**	**2157.5**	**0.3**
谷物	**2076.3**	**2072.2**	**0.2**
稻谷	2051.2	2048.3	0.1
早稻	646.7	626.2	3.3
中稻及一季晚稻	630.2	686.9	-8.3
二季晚稻	774.3	735.2	5.3
小麦	3.3	3.0	8.6
玉米	20.7	19.8	4.3
豆类合计	**32.0**	**29.3**	**9.1**
大豆	27.8	26.4	5.0
杂豆	4.3	2.9	46.0
薯类合计(鲜薯)	**278.1**	**279.8**	**-0.6**
马铃薯(鲜薯)	84.7	104.1	-18.6
甘薯(鲜薯)	193.4	175.7	10.0

3-10-1 粮食生产情况(1949-2020年)

单位：千公顷、公斤/公顷、万吨

年份	全年粮食			谷物			稻谷		
	播种面积	单位面积产量	总产量	播种面积	单位面积产量	总产量	播种面积	单位面积产量	总产量
1949	2634.0	1471.5	387.6				2253.9	1604.8	361.7
1950	2718.7	1651.9	449.1				2282.8	1836.8	419.3
1951	2772.7	1545.8	428.6				2248.1	1749.9	393.4
1952	3340.7	1721.5	575.1				2641.2	1990.8	525.8
1953	3474.0	1658.3	576.1				2683.1	1943.7	521.5
1954	3570.0	1610.9	575.1				2684.6	1941.4	521.2
1955	3716.0	1686.0	626.5				2760.6	2066.9	570.6
1956	4004.7	1652.1	661.6				3004.0	1978.7	594.4
1957	3960.0	1767.7	700.0				2942.4	2119.7	623.7
1958	4099.3	1689.6	692.6				3085.9	1993.6	615.2
1959	3778.7	1760.1	665.1				2825.7	2065.0	583.5
1960	4077.3	1541.7	628.6				3213.8	1794.5	576.7
1961	3874.7	1529.2	592.5				2886.5	1810.8	522.7
1962	3780.0	1596.8	603.6				2911.4	1853.8	539.7
1963	3787.3	1683.5	637.6				2931.4	1947.9	571.0
1964	3886.7	1802.6	700.6				3109.9	2067.6	643.0
1965	3893.3	2061.2	802.5				3140.0	2321.7	729.0
1966	3863.3	2085.3	805.6				3241.3	2357.1	764.0
1967	3682.7	2186.2	805.1				3132.7	2419.6	758.0
1968	3636.7	2406.0	875.0				3102.7	2659.0	825.0
1969	3808.7	2494.3	950.0				3282.7	2714.2	891.0
1970	3888.7	2534.3	985.5				3326.9	3285.3	1093.0
1971	4023.3	2471.9	994.5				3364.7	2767.0	931.0
1972	3904.7	2548.2	995.0				3297.0	2811.7	927.0
1973	3895.3	2418.3	942.0				3357.7	2637.2	885.5
1974	3879.3	2543.0	986.5				3373.7	2764.0	932.5
1975	3871.3	2730.4	1057.0				3392.5	2953.6	1002.0
1976	3823.3	2680.9	1025.0				3374.1	2892.6	976.0
1977	3882.7	2804.8	1089.0				3439.9	3023.3	1040.0
1978	3820.7	2748.2	1050.0				3380.3	3193.5	1079.5
1979	3844.0	3372.8	1296.5				3386.8	3646.5	1235.0
1980	3775.3	3284.5	1240.0				3383.7	3510.9	1188.0
1981	3758.3	3375.2	1268.5				3362.7	3617.6	1216.5
1982	3743.9	3762.1	1408.5				3339.5	4032.1	1346.5
1983	3714.1	3932.3	1460.5				3323.7	4236.2	1408.0
1984	3714.1	4170.6	1549.0				3326.9	4487.6	1493.0

注：1.2007-2017年粮食生产相关数据根据第三次农业普查结果进行修订(下同)。
2.因统计口径不同，1979年前无中稻及一季晚稻和双季晚稻相关数据，1990年前无谷物及豆类相关数据。

3-10-1 续表 单位：千公顷、公斤/公顷、万吨

年份	全年粮食			谷物			稻谷		
	播种面积	单位面积产量	总产量	播种面积	单位面积产量	总产量	播种面积	单位面积产量	总产量
1985	3650.9	4200.3	1533.5				3264.9	4520.2	1475.8
1986	3629.8	4005.2	1453.8				3250.7	4328.0	1406.9
1987	3647.9	4284.1	1562.8				3268.7	4616.5	1509.0
1988	3588.7	4224.1	1515.9				3210.5	4535.2	1456.0
1989	3693.9	4231.1	1562.9				3297.7	4532.6	1494.7
1990	3699.3	4482.5	1658.2				3292.6	4822.0	1587.7
1991	3600.7	4515.0	1625.7	3277.2	4790.3	1569.9	3154.0	4921.7	1552.3
1992	3446.2	4544.1	1566.0	3098.5	4821.0	1493.8	2981.5	4942.5	1473.6
1993	3360.1	4515.0	1517.1	2974.7	4805.2	1429.4	2865.1	4923.4	1410.6
1994	3430.6	4674.1	1603.5	3041.7	4965.6	1510.4	2938.7	5083.2	1493.8
1995	3509.3	4580.4	1607.4	3131.2	4816.7	1508.2	3014.9	4930.5	1486.5
1996	3570.6	4946.8	1766.3	3179.9	5233.2	1664.1	3052.6	5378.4	1641.8
1997	3586.5	4928.8	1767.7	3183.8	5209.8	1658.7	3063.5	5340.3	1636.0
1998	3414.5	4555.6	1555.5	3016.2	4796.1	1446.6	2900.8	4914.5	1425.6
1999	3548.2	4883.3	1732.7	3150.5	5201.7	1638.8	3050.0	5309.2	1619.3
2000	3322.0	4860.3	1614.6	2920.8	5171.9	1510.6	2832.0	5268.0	1491.9
2001	3265.2	4900.2	1600.0	2876.4	5233.3	1505.3	2808.3	5310.7	1491.4
2002	3187.9	4860.5	1549.5	2839.2	5152.5	1462.9	2786.6	5209.2	1451.6
2003	3051.1	4753.3	1450.3	2729.0	5023.9	1371.1	2685.3	5066.7	1360.5
2004	3350.1	4964.1	1663.0	3067.8	5177.4	1588.3	3029.7	5213.0	1579.4
2005	3441.5	5105.4	1757.0	3166.0	5298.6	1677.6	3129.0	5328.2	1667.2
2006	3547.1	5346.6	1896.5	3269.4	5560.4	1817.9	3239.3	5583.9	1808.8
2007	3536.7	5407.3	1912.4	3274.8	5646.5	1849.1	3245.6	5673.0	1841.2
2008	3601.3	5485.3	1975.4	3342.0	5723.5	1912.8	3313.1	5748.4	1904.5
2009	3639.7	5575.3	2029.2	3377.7	5827.3	1968.3	3344.2	5853.3	1957.4
2010	3686.4	5396.7	1989.5	3448.1	5603.8	1932.2	3410.4	5632.1	1920.8
2011	3709.7	5656.9	2098.5	3481.5	5856.5	2038.9	3441.3	5887.5	2026.1
2012	3747.8	5711.7	2140.6	3518.5	5897.3	2075.0	3476.5	5929.7	2061.5
2013	3775.3	5780.7	2182.4	3545.7	5979.6	2120.2	3501.9	6013.8	2106.0
2014	3794.1	5852.2	2220.4	3567.9	6050.8	2158.9	3522.6	6087.0	2144.2
2015	3814.9	5860.2	2235.6	3590.4	6052.5	2173.1	3541.3	6091.4	2157.2
2016	3807.2	5868.8	2234.4	3583.4	6028.1	2160.1	3527.1	6068.8	2140.5
2017	3786.3	5867.8	2221.7	3561.1	6026.1	2145.9	3504.7	6066.6	2126.2
2018	3721.3	5886.9	2190.7	3491.7	6049.2	2112.2	3436.2	6088.7	2092.2
2019	3665.1	5886.4	2157.5	3413.2	6071.1	2072.2	3346.2	6121.3	2048.3
2020	3772.4	5736.1	2163.9	3510.0	5915.2	2076.3	3441.8	5959.6	2051.2

3-10-2

单位：千公顷、公斤/公顷、万吨

年份	早稻			中稻及一季晚稻			双季晚稻		
	播种面积	单位面积产量	总产量	播种面积	单位面积产量	总产量	播种面积	单位面积产量	总产量
1949									
1950									
1951									
1952									
1953	1728.7	2060.5	356.2						
1954	1675.3	2043.8	342.4						
1955	1701.3	2233.6	380.0						
1956	1726.7	2251.1	388.7						
1957	1161.9	2538.9	295.0						
1958	1816.7	2363.6	429.4						
1959	1628.0	2307.1	375.6						
1960	1797.3	2005.8	360.5						
1961	1459.6	1995.8	291.3						
1962	1350.8	2041.0	275.7						
1963	1405.9	2370.0	333.2						
1964	1508.4	2420.5	365.1						
1965	1581.2	2887.1	456.5						
1966	1766.0	2941.7	519.5						
1967	1652.0	2553.3	421.8						
1968	1735.3	2779.9	482.4						
1969	1731.3	3321.2	575.0						
1970	1787.3	3776.7	675.0						
1971	1806.8	3489.6	630.5						
1972	1746.3	3467.3	605.5						
1973	1728.7	2953.1	510.5						
1974	1738.8	3594.4	625.0						
1975	1727.1	3419.0	590.5						
1976	1713.9	3468.7	594.5						
1977	1720.8	3184.6	548.0						
1978	1683.9	3661.1	616.5						
1979	1658.6	4099.8	680.0						
1980	1640.0	3954.3	648.5	299.7	3853.9	115.5	1444.0	2936.3	424.0
1981	1631.0	4117.1	671.5	300.0	4067.1	122.0	1431.7	2954.5	423.0
1982	1618.5	4380.7	709.0	296.5	4249.1	126.0	1424.5	3590.8	511.5
1983	1629.5	4351.1	709.0	272.7	4399.9	120.0	1421.5	4073.3	579.0
1984	1616.6	4784.7	773.5	265.8	4532.9	120.5	1444.5	4146.9	599.0

3-10-2 续表

单位：千公顷、公斤/公顷、万吨

年份	早稻			中稻及一季晚稻			双季晚稻		
	播种面积	单位面积产量	总产量	播种面积	单位面积产量	总产量	播种面积	单位面积产量	总产量
1985	1570.9	4595.6	721.9	259.2	4660.5	120.8	1434.8	4412.5	633.1
1986	1558.6	4849.9	755.9	256.7	4554.0	116.9	1435.4	3720.9	534.1
1987	1558.9	4828.3	752.7	251.2	4836.8	121.5	1458.6	4352.1	634.8
1988	1552.9	4650.1	722.1	254.3	4292.0	109.2	1403.3	4452.0	624.7
1989	1563.7	4325.7	676.4	246.0	4654.5	114.5	1488.0	4729.8	703.8
1990	1564.2	4775.0	746.9	239.9	4713.8	113.1	1488.5	4888.9	727.7
1991	1506.7	4790.0	721.7	236.3	5150.2	121.7	1411.0	5024.1	708.9
1992	1362.2	4565.4	621.9	225.5	6243.9	140.8	1393.8	5100.4	710.9
1993	1245.6	4267.8	531.6	233.6	6562.5	153.3	1385.9	5236.3	725.7
1994	1291.9	4609.5	595.5	243.1	6195.0	150.6	1403.7	5326.6	747.7
1995	1336.1	4079.8	545.1	233.1	6652.7	155.1	1445.7	5439.0	786.3
1996	1363.4	4909.8	669.4	237.3	6902.7	163.8	1451.9	5569.3	808.6
1997	1350.2	4912.6	663.3	241.6	6883.3	166.3	1471.7	5479.4	806.4
1998	1327.7	3972.3	527.4	248.2	6921.8	171.8	1324.9	5482.7	726.4
1999	1308.3	4848.2	634.3	290.0	6572.2	190.6	1451.7	5472.3	794.4
2000	1173.0	5035.8	590.7	312.7	6415.1	200.6	1346.3	5203.9	700.6
2001	1127.3	5041.3	568.3	379.9	6177.9	234.7	1301.1	5290.9	688.4
2002	1110.5	4817.8	535.0	410.5	6397.5	262.6	1265.7	5167.2	654.0
2003	1083.8	4924.3	533.7	479.7	5798.4	278.2	1121.7	4891.3	548.7
2004	1229.0	5192.8	638.2	437.5	6066.7	265.4	1363.3	4957.2	675.8
2005	1284.3	5185.6	666.0	414.6	6426.9	266.5	1430.1	5137.8	734.7
2006	1369.8	5321.9	729.0	407.7	6708.9	273.5	1461.9	5515.5	806.3
2007	1372.6	5450.4	748.1	435.3	6210.9	270.4	1437.7	5722.6	822.7
2008	1394.5	5531.7	771.4	450.2	6236.0	280.8	1468.4	5804.6	852.3
2009	1396.5	5634.5	786.9	474.4	6388.2	303.1	1473.3	5888.5	867.5
2010	1388.6	5078.9	705.3	525.2	5707.7	299.8	1496.7	6118.9	915.8
2011	1402.4	5571.4	781.3	530.7	6529.1	346.5	1508.2	5955.6	898.2
2012	1401.1	5601.7	784.9	577.9	6610.6	382.1	1497.5	5973.8	894.6
2013	1391.1	5719.6	795.7	629.8	6628.6	417.5	1480.9	6028.7	892.8
2014	1369.9	5736.9	785.9	680.0	6831.8	464.6	1472.6	6068.8	893.7
2015	1353.6	5749.3	778.2	738.3	6666.2	492.2	1449.4	6118.2	886.8
2016	1296.1	5757.2	746.2	845.2	6529.4	551.9	1385.8	6079.2	842.4
2017	1279.2	5605.5	717.1	858.7	6573.0	564.4	1366.8	6179.9	844.7
2018	1207.6	5746.1	693.9	909.8	6533.3	594.4	1318.8	6095.7	803.9
2019	1095.87	5714.2	626.2	1040.9	6599.3	686.9	1209.5	6078.7	735.2
2020	1217.5	5311.6	646.7	945.8	6663.1	630.2	1278.5	6056.5	774.3

3-10-3

单位：千公顷、公斤/公顷、万吨

年 份	豆 类			薯类(鲜薯)		
	播种面积	单位面积产 量	总产量	播种面积	单位面积产 量	总产量
1949				87.7	1276.6	11.2
1950				87.3	1511.5	13.2
1951				110.7	1205.6	13.4
1952				140.6	1522.0	21.4
1953				146.4	1530.1	22.4
1954				166.1	1372.9	22.8
1955				205.8	1161.3	23.9
1956				204.7	1297.2	26.6
1957				197.3	1847.1	36.5
1958				297.4	1533.3	45.6
1959				239.6	2017.9	48.4
1960				227.9	1160.8	26.5
1961				187.9	1271.7	23.9
1962				216.0	1601.9	34.6
1963				241.8	1468.2	35.5
1964				192.5	1324.4	25.5
1965				160.7	1493.8	24.0
1966				151.3	1189.4	18.0
1967				133.3	1650.0	22.0
1968				115.3	1604.0	18.5
1969				124.0	2217.7	27.5
1970				120.2	1747.1	21.0
1971				131.9	1857.9	24.5
1972				142.4	2352.5	33.5
1973				146.4	2254.1	33.0
1974				129.9	2078.0	27.0
1975				129.9	2501.3	32.5
1976				122.4	2001.6	24.5
1977				118.6	2403.0	28.5
1978				115.0	1782.6	20.5
1979				120.7	2443.4	29.5
1980				107.9	2549.4	27.5
1981				108.5	2487.7	27.0
1982				108.6	2716.4	29.5
1983				103.8	2601.2	27.0
1984				105.3	2659.9	28.0

3-10-3 续表

单位：千公顷、公斤/公顷、万吨

年份	豆类			薯类(鲜薯)		
	播种面积	单位面积产量	总产量	播种面积	单位面积产量	总产量
1985				105.7	2612.0	27.6
1986				104.7	1966.9	20.6
1987				107.3	2506.2	26.9
1988				113.4	2769.0	31.4
1989				119.8	2838.1	34.0
1990				127.7	2976.5	38.0
1991	183.3	1080.0	19.8	140.1	2570.2	36.0
1992	205.8	1331.4	27.4	141.9	3157.2	44.8
1993	240.5	1372.1	33.0	144.9	3775.0	54.7
1994	238.2	1435.8	34.2	150.7	3908.4	58.9
1995	234.6	1572.9	36.9	143.5	4341.8	62.3
1996	231.3	1664.5	38.5	159.4	3996.2	63.7
1997	235.7	1654.7	39.0	167.0	4191.6	70.0
1998	237.7	1602.9	38.1	160.6	4408.5	70.8
1999	240.4	1385.0	33.3	157.3	3853.7	60.6
2000	239.1	1484.7	35.5	162.1	4225.8	68.5
2001	226.1	1446.3	32.7	162.7	3810.7	62.0
2002	203.3	1472.0	29.9	145.4	3898.2	56.7
2003	184.4	1453.1	26.8	137.7	3810.1	52.5
2004	158.8	1496.8	23.8	123.5	4123.6	50.9
2005	154.2	1612.5	24.9	121.2	4502.9	54.6
2006	165.8	1560.8	25.9	111.9	4712.4	52.8
2007	143.9	1699.2	24.4	118.1	3292.3	38.9
2008	139.9	1741.9	24.4	119.4	3205.9	38.3
2009	133.2	1798.7	24.0	128.9	2872.3	37.0
2010	128.8	1749.4	22.5	109.6	3166.0	34.7
2011	126.2	1931.0	24.4	102.0	3452.6	35.2
2012	126.1	2188.5	27.6	103.2	3689.8	38.1
2013	124.8	2063.0	25.7	104.8	3478.9	36.4
2014	126.5	2072.7	26.2	99.8	3539.6	35.3
2015	126.6	2112.6	26.8	97.9	3652.2	35.8
2016	122.4	2218.9	27.2	101.5	4645.9	47.2
2017	123.3	2294.1	28.3	101.9	4660.8	47.5
2018	127.6	2305.7	29.4	102.0	4812.8	49.1
2019	130.4	2248.7	29.3	121.5	4603.7	56.0

3-11 县级粮食播种面积和产量(2020年)

单位：千公顷、公斤/公顷、万吨

地　区	是　否 抽样调查 用*表示	全年粮食 播种面积	全年粮食 单位面积产量	全年粮食 总产量	稻谷 播种面积	稻谷 单位面积产量	稻谷 总产量
东湖区		0.3	517	0.2	0.3	517	0.2
西湖区							
青云谱区							
青山湖区		1.5	517	0.8	1.5	517	0.8
新建区	*	91.9	590	54.2	87.5	602	52.7
红谷滩区							
南昌县	*	137.4	630	86.6	135.7	632	85.9
安义县		26.9	776	20.9	24.3	791	19.2
进贤县	*	86.8	567	49.2	77.0	588	45.3
昌江区		5.1	574	2.9	5.0	564	2.8
珠山区		0.0	267	0.0	0.0	267	0.0
浮梁县	*	28.4	538	15.3	21.5	618	13.3
乐平市	*	62.0	595	36.9	56.6	610	34.5
安源区		3.0	600	1.8	2.2	695	1.6
湘东区		15.2	691	10.5	13.2	758	10.0
莲花县	*	21.2	651	13.8	17.0	739	12.5
上栗县		18.4	658	12.1	15.0	749	11.2
芦溪县		17.0	653	11.1	13.3	748	9.9
濂溪区		4.3	462	2.0	2.7	539	1.4
浔阳区							
柴桑区		16.4	509	8.3	6.7	659	4.4
武宁县		29.1	531	15.5	20.5	582	12.0
修水县	*	47.1	550	25.8	39.5	587	23.2
永修县	*	37.8	547	20.7	36.2	552	20.0
德安县		13.3	533	7.1	11.2	563	6.3
都昌县	*	52.3	494	25.9	47.4	510	24.2
湖口县		15.7	491	7.7	12.3	523	6.4
彭泽县		22.7	484	11.0	16.2	559	9.0
瑞昌市		17.5	550	9.6	11.3	597	6.8
共青市		7.5	521	3.9	6.2	522	3.2
庐山市		10.4	537	5.6	8.7	537	4.6
渝水区	*	72.3	549	39.7	67.0	581	38.9
分宜县		28.8	549	15.8	25.2	605	15.2
月湖区		4.5	649	3.0	4.3	681	2.9
余江区	*	48.5	552	26.8	46.0	561	25.8
贵溪市	*	71.9	504	36.2	66.1	525	34.6
章贡区		6.9	606	4.2	6.4	616	4.0
南康区	*	37.7	553	20.8	35.1	575	20.2
赣县区		35.8	498	17.8	32.9	514	16.9
信丰县	*	45.5	495	22.5	41.0	518	21.2
大余县		15.7	573	9.0	14.6	593	8.7
上犹县		16.9	622	10.5	14.6	674	9.9
崇义县		5.9	631	3.7	5.3	674	3.6
安远县		23.4	405	9.5	22.8	407	9.3
龙南县		11.7	504	5.9	10.2	525	5.3
定南县		10.7	522	5.6	9.6	546	5.2
全南县		10.7	599	6.4	7.7	608	4.7
宁都县	*	67.2	547	36.8	63.4	566	35.9
于都县	*	47.0	458	21.5	42.0	490	20.6
兴国县	*	54.3	474	25.7	49.3	501	24.7

注：2020年数据归口管理后，数据由江西调查总队发布。

3-11 续表　　单位：千公顷、公斤/公顷、万吨

地　区	是否抽样调查	全年粮食			稻　谷		
	用*表示	播种面积	单位面积产量	总产量	播种面积	单位面积产量	总产量
会昌县		28.9	551	15.9	27.1	571	15.5
寻乌县		25.2	464	11.7	20.9	518	10.8
石城县		25.5	479	12.2	23.5	492	11.6
瑞金市	*	33.9	547	18.5	28.6	575	16.4
吉州区		19.5	517	10.1	18.4	535	9.9
青原区		21.0	604	12.7	19.9	627	12.5
吉安县	*	69.2	587	40.6	64.8	614	39.8
吉水县	*	86.1	589	50.7	75.7	621	47.1
峡江县	*	36.1	571	20.6	34.9	579	20.2
新干县	*	52.2	598	31.2	48.3	616	29.8
永丰县	*	59.8	534	31.9	55.2	560	30.9
泰和县	*	86.6	568	49.2	78.6	597	46.9
遂川县	*	45.2	574	25.9	40.6	608	24.7
万安县	*	40.0	558	22.3	38.6	573	22.1
安福县	*	58.5	573	33.5	53.7	599	32.2
永新县	*	48.2	595	28.7	46.0	612	28.2
井冈山市		17.6	538	9.5	11.1	664	7.3
袁州区	*	62.8	562	35.3	51.5	633	32.6
奉新县	*	45.2	610	27.6	41.7	624	26.0
万载县	*	44.2	595	26.3	39.7	619	24.6
上高县	*	43.6	602	26.3	38.6	632	24.4
宜丰县	*	38.3	639	24.5	36.7	637	23.4
靖安县		14.8	579	8.6	12.6	604	7.6
铜鼓县		7.7	603	4.6	6.7	642	4.3
丰城市	*	165.2	610	100.7	150.0	637	95.6
樟树市	*	83.7	617	51.6	77.8	624	48.6
高安市	*	109.4	626	68.5	101.6	652	66.2
临川区	*	102.0	581	59.3	98.3	590	58.0
东乡区	*	55.3	633	35.0	53.3	649	34.5
南城县	*	38.0	695	26.4	35.2	711	25.0
黎川县		24.3	625	15.2	21.9	651	14.3
南丰县	*	12.7	533	6.8	12.2	537	6.5
崇仁县	*	42.3	633	26.7	39.8	639	25.4
乐安县	*	47.8	609	29.1	47.1	598	28.2
宜黄县		23.8	650	15.5	20.1	675	13.6
金溪县	*	49.3	651	32.1	47.1	664	31.3
资溪县		5.7	643	3.7	5.2	672	3.5
广昌县		16.9	669	11.3	14.8	693	10.3
信州区		5.7	711	4.1	4.5	784	3.5
广丰区	*	35.3	515	18.2	19.6	664	13.0
广信区	*	22.7	732	16.6	19.0	781	14.8
玉山县	*	34.8	601	20.9	23.9	705	16.9
铅山县		27.5	599	16.4	19.4	729	14.1
横峰县		11.8	680	8.0	10.4	705	7.3
弋阳县	*	37.3	540	20.1	35.9	554	19.9
余干县	*	135.8	537	72.9	131.4	537	70.5
鄱阳县	*	185.4	540	100.1	165.9	566	93.9
万年县	*	45.5	555	25.2	42.8	573	24.5
婺源县		19.4	568	11.0	17.6	574	10.1
德兴市		19.8	563	11.2	18.0	580	10.4

3-12-1 产粮大县调查粮食播种面积(2012-2020年)

单位：千公顷

地 区	2012	2013	2014	2015	2016	2017	2018	2019	2020
新建区	96.2	97.4	97.2	97.4	93.9	92.1	90.6	86.9	91.9
南昌县	127.2	127.7	128.2	127.6	140.0	138.3	131.0	126.9	137.4
进贤县	85.5	85.8	86.7	86.5	86.9	86.2	85.6	86.9	86.8
浮梁县	27.9	28.2	28.2	28.5	27.5	27.8	28.0	27.3	28.4
乐平市	61.8	62.3	63.0	63.4	63.7	63.2	61.7	60.3	62.0
莲花县	21.7	22.0	22.0	22.2	21.6	21.3	20.2	19.6	21.2
修水县	44.9	45.9	47.1	48.7	48.3	48.1	46.1	45.1	47.1
永修县	35.8	37.0	37.7	36.7	38.9	40.7	37.7	36.9	37.8
都昌县	53.6	52.9	51.6	50.5	52.2	51.9	51.8	51.7	52.3
渝水区	70.4	70.6	70.8	70.8	69.4	69.3	69.8	67.5	72.3
余江区	47.2	47.8	48.0	48.1	49.1	49.0	47.9	46.7	48.5
贵溪市	69.2	69.8	69.9	71.6	70.6	70.3	68.8	67.2	71.9
南康区	36.1	36.2	36.4	37.2	38.3	38.1	37.5	36.8	37.7
信丰县	45.9	46.3	46.3	46.8	45.8	45.7	45.2	43.3	45.5
宁都县	66.8	67.2	67.7	68.4	69.0	68.4	66.9	63.2	67.2
于都县	48.7	48.5	48.2	47.9	46.9	46.5	46.7	45.7	47.0
兴国县	54.7	54.8	55.0	55.3	54.7	54.4	54.1	52.5	54.3
瑞金市	32.1	33.5	34.2	34.2	33.7	33.0	33.7	33.1	33.8
吉安县	70.9	70.2	69.2	69.5	68.6	68.4	68.5	67.9	69.2
吉水县	87.1	87.4	87.5	84.7	88.9	88.6	85.5	85.7	86.1
峡江县	36.2	36.5	35.4	35.4	35.2	35.3	36.0	35.1	36.1
新干县	53.8	53.0	52.1	52.7	51.7	51.5	51.8	51.0	52.2
永丰县	60.1	60.3	60.5	60.7	59.1	59.1	59.6	58.7	59.8
泰和县	87.5	87.7	88.7	90.3	89.5	89.2	87.2	87.7	86.6
遂川县	52.6	49.5	47.8	46.6	44.8	44.8	44.8	44.3	45.2
万安县	40.9	40.7	40.3	40.5	40.2	39.8	39.9	39.1	40.0
安福县	56.7	57.1	57.7	59.1	60.5	60.6	58.2	57.1	58.4
永新县	46.9	47.7	48.4	49.6	49.1	48.9	47.2	48.0	48.2
袁州区	65.1	64.8	65.4	65.6	64.5	63.8	62.7	60.5	62.8
奉新县	45.8	45.9	46.1	46.3	45.6	45.1	44.8	43.8	45.2
万载县	40.8	46.8	46.6	45.9	44.2	43.7	43.8	42.6	44.2
上高县	44.3	44.4	44.3	44.4	43.6	43.4	43.4	42.1	43.6
宜丰县	39.2	39.3	39.4	39.5	38.9	38.5	38.2	37.5	38.3
丰城市	168.6	169.8	170.8	172.1	169.0	167.8	163.9	163.7	165.2
樟树市	83.2	83.9	84.7	85.8	85.4	85.2	83.5	81.7	83.7
高安市	110.9	110.2	110.6	113.0	111.2	110.6	109.1	107.6	109.4
临川区	90.7	90.5	89.8	89.2	95.4	94.9	92.9	91.4	102.0
东乡区	50.7	51.5	52.9	54.2	53.9	54.0	51.8	50.2	55.3
南城县	37.8	37.8	37.9	38.1	38.2	38.3	37.6	36.1	38.0
南丰县	23.4	23.0	22.6	22.4	22.0	21.9	22.9	19.4	12.7
崇仁县	39.8	40.3	40.5	40.9	40.4	40.0	39.8	38.6	42.3
乐安县	43.2	44.8	45.9	47.0	47.4	47.2	44.5	43.2	47.8
金溪县	46.9	47.6	48.1	48.6	48.1	47.4	47.2	46.1	49.3
广丰区	38.6	39.8	37.9	38.0	38.2	36.5	36.1	37.3	35.3
广信区	31.5	31.9	31.4	31.6	31.3	30.8	30.5	29.3	22.7
玉山县	40.6	40.6	40.2	40.3	36.1	36.2	39.1	38.2	34.8
弋阳县	37.1	37.3	37.5	37.5	37.9	37.7	36.9	36.9	37.3
余干县	124.7	132.0	134.0	136.2	134.0	133.2	128.1	125.5	135.8
鄱阳县	177.4	177.9	183.3	176.3	173.2	173.2	170.7	172.3	185.4
万年县	42.6	44.3	46.7	48.2	48.6	47.9	45.5	44.7	45.5

注：产粮大县粮食生产数据自2012年起开展调查。

3-12-2　产粮大县调查粮食产量(2012-2020年)

单位：万吨

地　区	2012	2013	2014	2015	2016	2017	2018	2019	2020
新建区	58.7	60.2	60.3	61.2	57.9	55.3	54.6	53.2	54.2
南昌县	82.6	83.4	85.4	84.8	93.2	91.1	88.0	86.3	86.6
进贤县	48.8	49.6	50.8	51.2	51.0	50.8	49.3	49.1	49.2
浮梁县	15.2	15.5	15.6	13.5	17.2	17.4	17.7	17.2	15.3
乐平市	36.2	36.8	37.4	38.1	39.1	38.5	37.4	36.2	36.9
莲花县	14.3	14.5	14.5	14.8	14.6	14.6	14.1	13.6	13.8
修水县	21.4	22.2	21.5	24.7	27.0	27.2	25.6	24.4	25.8
永修县	21.0	21.0	21.9	23.1	24.9	25.8	24.2	23.1	20.7
都昌县	28.3	28.0	27.7	27.5	27.0	26.7	28.4	29.1	25.9
渝水区	41.9	42.8	43.5	44.6	41.0	41.1	41.1	40.5	39.7
余江区	27.0	29.9	29.0	27.3	27.6	27.2	27.1	26.8	26.8
贵溪市	36.7	37.7	38.2	39.2	39.6	39.1	37.4	36.2	36.2
南康区	19.4	19.4	19.5	19.8	19.9	19.9	21.0	20.8	20.8
信丰县	23.6	23.8	23.7	24.1	23.6	23.5	23.5	22.5	22.5
宁都县	37.4	38.4	39.8	40.6	40.8	40.2	38.7	36.7	36.8
于都县	23.4	24.1	23.1	23.0	22.7	22.5	22.6	21.5	21.5
兴国县	27.0	27.4	27.7	27.8	27.4	27.3	27.1	25.7	25.7
瑞金市	17.4	18.3	19.0	19.0	18.9	18.8	18.6	18.5	18.5
吉安县	37.4	39.8	40.8	41.3	41.2	41.2	40.5	40.6	40.6
吉水县	49.2	50.9	51.2	51.5	53.5	53.5	51.7	50.7	50.7
峡江县	21.5	22.0	21.8	21.6	21.7	21.6	21.2	20.6	20.6
新干县	29.9	31.0	28.7	32.0	31.5	31.3	31.7	31.2	31.2
永丰县	31.4	33.0	33.8	33.9	33.5	33.3	32.8	31.9	31.9
泰和县	44.8	48.8	49.4	50.9	50.9	50.9	50.1	50.5	49.2
遂川县	29.4	29.1	27.4	26.9	26.6	26.6	26.4	25.9	25.9
万安县	24.1	24.1	24.0	24.1	23.9	23.9	23.1	22.3	22.3
安福县	30.9	33.0	34.4	35.1	36.5	36.3	34.6	33.5	33.5
永新县	26.1	28.4	28.9	29.4	29.3	29.2	28.4	28.7	28.7
袁州区	40.1	37.2	37.8	38.3	37.9	37.6	36.2	35.3	35.3
奉新县	28.3	28.6	28.8	29.3	28.6	28.1	28.0	27.6	27.6
万载县	23.5	27.8	27.6	27.7	27.1	26.7	27.0	26.4	26.3
上高县	26.4	27.5	27.7	28.1	27.5	27.3	26.9	26.3	26.3
宜丰县	26.0	26.0	25.3	25.8	25.0	24.7	24.7	24.5	24.5
丰城市	103.4	104.9	106.1	107.4	106.0	105.4	102.0	100.7	100.7
樟树市	52.1	54.0	54.9	55.8	55.2	54.8	53.8	51.8	51.6
高安市	68.1	68.7	69.2	71.2	70.5	70.1	68.6	68.6	68.5
临川区	59.7	59.9	59.5	59.7	59.9	59.2	59.2	57.6	59.3
东乡区	29.5	30.4	32.5	33.5	33.6	34.1	32.5	31.0	35.0
南城县	26.8	26.5	26.5	26.7	26.6	27.1	26.4	25.9	26.4
南丰县	17.9	17.5	17.1	16.9	16.6	16.6	17.4	14.6	6.8
崇仁县	26.0	26.4	26.8	27.5	27.1	26.9	26.4	25.8	26.7
乐安县	26.7	27.9	28.8	29.9	30.0	30.0	29.1	28.4	29.1
金溪县	29.5	30.6	32.3	33.2	33.1	33.0	32.1	31.0	32.1
广丰区	16.3	16.1	16.0	16.4	16.6	16.1	17.2	18.2	18.2
广信区	16.0	16.0	16.4	16.5	16.6	16.8	17.0	16.6	16.6
玉山县	20.9	21.3	21.0	20.8	18.6	18.5	21.3	20.9	20.9
弋阳县	19.9	20.2	20.4	20.8	21.0	20.6	20.2	20.1	20.1
余干县	69.2	73.1	74.5	76.9	74.6	75.2	73.5	73.5	72.9
鄱阳县	95.7	96.4	99.6	97.6	95.1	94.7	97.0	101.2	100.1
万年县	22.7	23.7	25.3	26.3	26.6	26.3	26.1	25.2	25.2

主要指标解释

粮食作物 指一般用作人类主食，种植在耕地或非耕地上的农作物。根据我国产品目录分类标准，粮食包括谷物、豆类、薯类。

粮食作物播种面积 指本年度内收获的粮食作物在全部土地（耕地或非耕地）上的播种或移植面积。凡是本年内收获的作物，无论是本年还是上年播种，都算为当年播种面积，但不包括本年播种，下年收获的作物面积。移植的作物面积按移植后的面积计算，不计算移植前的秧田面积。如果因灾害等原因，应该收获却未能收获，也要按原播种面积计算，新补或改种，并在本年收获的，也要按复种作物计算面积。间种、混种的作物面积按比例折算各个作物的面积，如果完全混合、同步生长、收获的作物，按混合面积平均分配。复种、套种的作物，按次数计算面积，每种一次计算一次。再生稻、再生高粱等，因其没有经过播种或移植，不计入播种面积。

粮食作物产量 指本年度内生产的全部粮食作物数量。其中，谷物产量按脱粒后的原粮计算，豆类按去豆荚后的干豆计算，薯类按鲜薯重量统计上报，统一按 5∶1 折算粮食产量。

谷物 指禾本科和蓼科作物，具体统计品种包括稻谷、小麦、玉米、和其他谷物；其他谷物包括谷子、高粱、大麦、燕麦、荞麦等。

稻谷 根据其播种期、生长期和成熟期的不同，按早稻、中稻和一季晚稻、双季晚稻三类分别做统计。其中，早稻指栽培时间较早且成熟早的南方籼稻，收获时间在三季度中旬之前；中稻及一季晚稻，指一年只种一季的一熟单季稻，包括籼稻、粳稻、糯稻等。双季晚稻指，在同一块稻田里，早稻收割后，通过连作、间作和混作等方式种植和收获的其他季稻谷。

小麦 根据其品种、播种时间、收获时间不同，分为春小麦和冬小麦。春小麦指春节过后播种，7、8 月份收获的小麦；冬小麦，一般在 9 月中下旬至 10 月上旬播种，幼苗过冬，春季返青，翌年 5 月底至 6 月中下旬成熟。

玉米 包括秋玉米、春玉米，但不包括青贮饲料玉米、鲜食玉米。

豆类 是以食用种籽及其制成品为主的一类豆科植物，包括大豆、绿豆、红小豆和其他杂豆，不含豇豆、四季豆等菜用豆类。

薯类 包括甘薯、马铃薯等。甘薯又名番薯、红薯、地瓜等；马铃薯，又名土豆、洋芋等。薯类产量目前只统计甘薯和马铃薯。

肉类总产量 指调查期内猪牛羊禽四个品种肉产量由主要畜禽监测抽样调查获得。

当年出栏的畜禽数 指当年（报告期内）各市、县、乡（镇、街道办事处）、行政村所属的各种经济组织类型，各个系统的全部畜牧业生产单位，已屠宰或以消费为目的出售的畜禽数。

期初(末)畜禽存栏头(只)数 指报告期初(末)各市、县、乡（镇、街道办事处）、行政村所属的各种经济组织类型，各个系统的全部畜牧业生产单位饲养的大牲畜、猪、羊、家禽等畜禽的存栏数。不分大小、公母、品种和用途，一律包括在内。

四 农村贫困调查

简要说明

江西省贫困监测调查在 24 个贫困县开展，包含 21 个国家扶贫重点县和 17 个罗霄山脉连片特困地区贫困县，其中 14 个县互相重合。主要监测居民现金和实物收支情况、住户成员及劳动力从业情况、居民家庭住房和耐用消费品拥有情况、家庭经营和生产投资情况、社区基本情况、县（市）社会经济基本情况和到县扶贫项目实施情况以及村和户的扶贫参与情况等。本书提供的江西贫困县相关数据资料均为贫困监测调查 218 个调查点数据加权汇总所得。

铸就脱贫攻坚决胜局　描绘赣鄱小康新篇章

——江西省脱贫攻坚统计监测报告

江西作为著名的革命老区，是全国脱贫攻坚主战场之一。党的十八大以来，全省深入学习贯彻习近平总书记关于扶贫工作的重要论述，坚持把打赢脱贫攻坚战作为重大政治任务和第一民生工程，精准施策推进精准扶贫精准脱贫各项工作，推动贫困地区经济社会显著发展，基本生产生活条件明显改善，贫困群众收入水平显著提高，奋力推动脱贫攻坚战取得重大胜利。截至 2020 年，全省 24 个国家贫困县[1]全部摘帽，3058 个贫困村（含 269 个深度贫困村）全部退出，现行标准下农村贫困人口全部脱贫，区域性整体贫困得到彻底解决，全面建成小康社会取得决定性成就。

一、坚决打赢脱贫攻坚战，农村人口全面脱贫

全省上下牢记总书记视察江西时提出的“作示范、勇争先”目标定位和“要在脱贫攻坚上领跑”的厚望重托，持续做好农村贫困人口就业、教育、住房、医疗等民生实事，不等不拖，尽锐出战，确保脱贫攻坚目标任务全面完成。

（一）分批分阶退出，贫困县率先摘帽

2017-2019 年，江西 24 个贫困县分批次每年分别摘帽退出 2 个、6 个、10 个和 6 个。2016 年 2 月，习近平总书记在井冈山视察时提出“井冈山要在脱贫攻坚中作示范、带好头”,2017 年 2 月 26 日，井冈山在全国率先宣布脱贫，成为我国贫困退出机制建立后首个脱贫“摘帽”的贫困县。2017-2019 年，江西剩余 23 个贫困县分批次退出，摆脱区域性整体贫困。其中，井冈山市、石城县、于都县、兴国县被确定为中国扶贫交流基地。

（二）贫困发生率持续下降，贫困地区减贫贡献率较高

“十二五”期间，全省农村累计脱贫 330 万贫困人口，对全国贡献率为 3.0%，贫困发生率从 12.6%下降到 5.8%。“十三五”期间，全省上下贯彻落实《中共中央 国务院关于打赢脱贫攻坚战的决定》决策部署，因地因类施策开展脱贫攻坚，全省农村累计脱贫 208 万人，对全国贡献率为 3.7%；其中贫困地区农村实现脱贫 141 万人，年均脱贫 28.2 万人，对全省贡献率为 67.8%。

（三）统筹战“疫”战“贫”，实现脱贫圆满收官

2020 年初，江西脱贫攻坚目标任务接近完成，但突如其来的新冠肺炎疫情和鄱阳湖流域超历史大洪水对全省脱贫攻坚工作带来新的挑战。省委、省政府聚焦最后 9.6 万尚未脱贫的建档立卡贫困人口，坚持一鼓作气，补齐短板弱项，攻克最后堡垒的难中之难，有效防止因疫因灾致贫，持续巩固脱贫成果，切实提升贫困群众收入水平，确保江西与全国同步打赢脱贫攻坚战。2013-2020 年，江西省年均脱贫 48.1 万人，实现了现行标准下农村贫困人口全部脱贫，其中贫困地区实现脱贫 255 万人，年均脱贫 31.9 万人，完成了消除绝对贫困的艰巨任务（见图 1）。

[1]贫困县包含 21 个国家扶贫重点县和 17 个罗霄山脉连片特困地区贫困县，其中 14 个县互相重合，共计 24 个贫困县，下同。

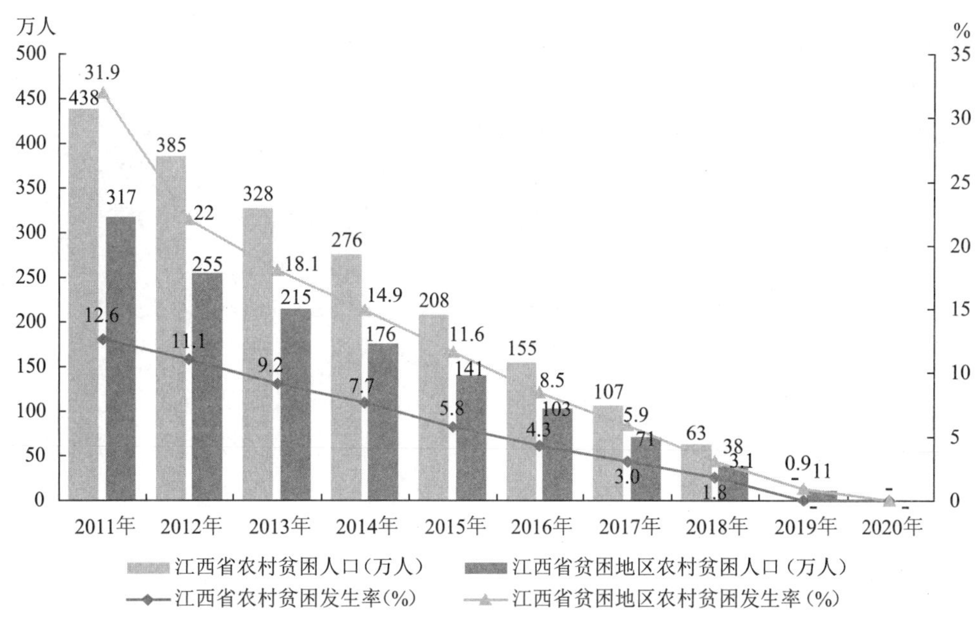

图1 2011-2020年江西省农村及贫困地区脱贫状况

注：①2019年末，江西省农村贫困发生率统计上不显著。

②2020年末，现行标准下农村贫困人口全部脱贫。

二、贫困地区农村居民收入持续增长，脱贫基础更加稳固

（一）农村居民收入增长较快，快马加鞭助力脱贫

江西始终坚持“以人为本、执政为民”的理念，把改善民生、凝聚人心作为经济社会发展的出发点和落脚点，紧密结合就业扶贫工作实际，采用信息技术手段，打通就业扶贫工作渠道，促进贫困地区有效就业，推动全省农村居民收入较快增长。2020年，全省农村居民人均可支配收入达到16981元，是2012年的2.1倍，2013-2020年年均增长9.7%。2020年全省贫困地区农村居民人均可支配收入达到12877元，是2012年的2.5倍，2013-2020年年均增长12.3%，分别超过全国农村居民和全省农村居民收入年均增长速度的3.0和2.6个百分点（见图2）。

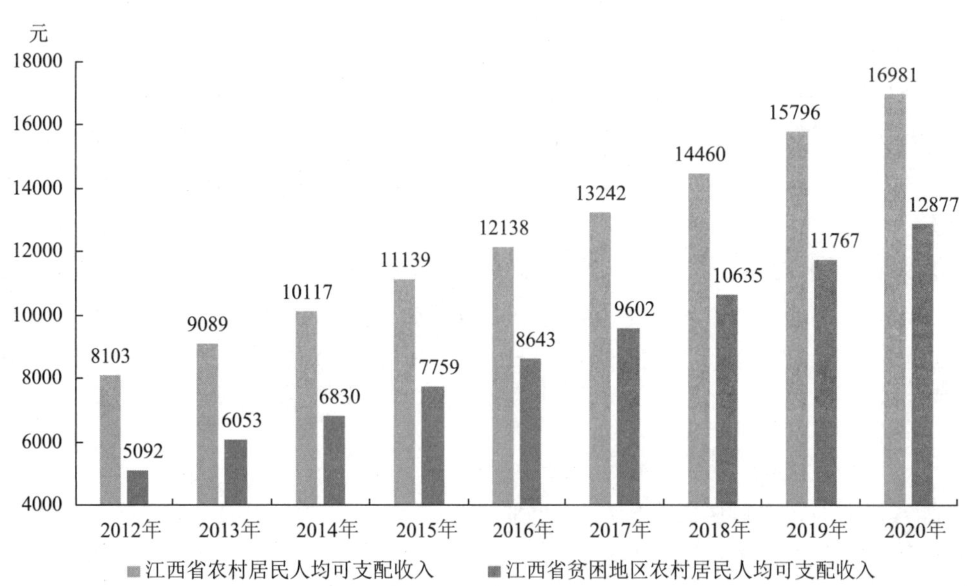

图2 2012-2020年江西省农村及贫困地区农村居民人均可支配收入

数据来源：全国住户收支与生活状况调查、国家农村贫困监测调查。

（二）低收入群体快速增收，势如破竹开新局

江西省坚持因地制宜，以强化带贫益贫功能为导向，以促进扶贫产品销售为目标，做好做大产业扶贫，持续加强对“无法外出、无业可扶”的低收入贫困劳动力就业帮扶力度，积极开发公益性岗位，推动贫困户就业创收。到 2020 年，贫困地区五等份分组低收入群体人均可支配收入达到 6539 元，是 2012 年的 3.1 倍，2013-2020 年年均增长 15.2%，高于全省贫困地区农村居民增长速度 2.9 个百分点。

（三）贫困地区农村居民增收来源渠道多元化，摆脱靠天吃饭困局

全省贫困地区农村居民工资性收入和转移净收入均快速增长，2020 年分别达到人均 6081 元和 4022 元，2014-2020 年年均增长速度分别为 14.8%和 20.0%，占可支配收入的比重为 47.2%和 31.2%，分别比 2013 年提高 9.0 和 12.6 个百分点。人均经营净收入和财产净收入保持稳定增长，2020 年分别达到 2711 元和 64 元，2014-2020 年年均增速分别为 0.8%和 1.7%。与 2013 年相比，贫困地区农村居民收入对传统农业依赖下降，收入来源日益多元化（见图 3）。

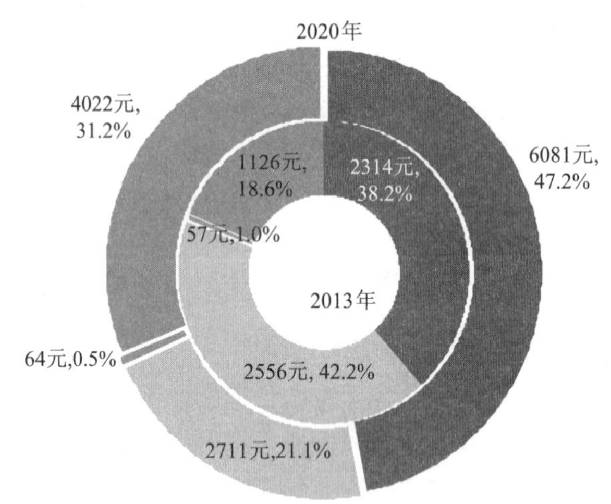

图3 2013 年、2020 年江西省贫困地区农村居民收入

三、贫困地区农村居民生活条件改善，幸福感获得感增强

（一）消费水平总体提高，消费支出较快增长

2020 年贫困地区人均食品烟酒消费支出为 3866 元，比 2003 年增加 3166 元，年均增长 10.6%；人均衣着消费支出为 457 元，增加 392 元，年均增长 12.2%；人均居住消费支出为 3123 元，增加 2959 元，年均增长 18.9%；人均生活用品及服务消费支出为 571 元，增加 456 元，年均增长 15.0%；人均交通通信消费支出为 1010 元，增加 921 元，年均增长 15.4%；人均教育文化娱乐支出为 1223 元，增加 1056 元，年均增长 12.4%；人均医疗保健支出为 932 元，增加 860 元，年均增长 16.3%；人均其他用品和服务支出为 117 元，增加 92 元，年均增长 9.5%；而恩格尔系数则从 2003 年的 52.4%下降为 2020 年的 34.2%，减少了 18.2 个百分点（见表 1）。

（二）贫困人口吃穿不愁，生活质量显著提升

2020 年江西省贫困地区农村居民人均食品烟酒支出为 3866 元，是 2013 年的 1.8 倍，年均增长 9.1%，其中肉、禽、水产品、蛋、奶支出占比达到 41.9%，比 2013 年提高 7.9 个百分点。贫困地区五等份分组低收入农村居民人均食品烟酒支出为 3321 元，年均增长 12.5%，肉、禽、水产品、蛋、奶支出占比达到 42.3%，提高 6.5 个百分点。贫困地区农村居民恩格尔系数从 2013 年的 38.5%下降到 2020 年的 34.2%，降低 4.3 个百分点；衣物穿着有保障，2020 年人均衣着支出为 457 元，年均增长 9.6%。

表 1 贫困地区农村居民生活消费构成

单位：元

指 标	2003 年	2007 年	2012 年	2015 年	2017 年	2020 年
人均消费支出	1335	1938	4372	6763	8074	11299
食品烟酒	700	1019	1239	2580	2809	3866
衣着	65	81	177	324	374	457
居住	164	242	515	1686	2010	3123
生活用品及服务	53	78	195	447	509	571
交通通信	89	153	292	550	817	1010
教育文化娱乐	167	207	204	585	797	1223
医疗保健	72	116	250	441	607	932
其他用品和服务	25	42	66	148	150	117

（三）贫困地区兜底保障，脱贫攻坚底色靓丽

1. 居住环境持续改善。江西省坚持困难群众危房改造“应改尽改”，确保贫困户住房鉴定全覆盖、有保障，2016 年以来，全省共实施建档立卡贫困户危房改造 16.7 万户，贫困地区农村居民安全住房得到了保障，在此基础上住房质量不断提高。调查显示[2]，2020 年，江西贫困地区农村居民，户均住房面积为 211.6 平方米，是 2012 年的 1.24 倍，居住钢筋混凝土和砖混材料结构住房的比重达到 91.7%，比 2013 年提高 19.3 个百分点；居住砖木结构住房的比例为 7.9%，比 2013 年下降 14.9 个百分点；居住竹草土坯结构的占调查户比例为 0.1%，比 2013 年下降 4.2 个百分点（见图 4）。

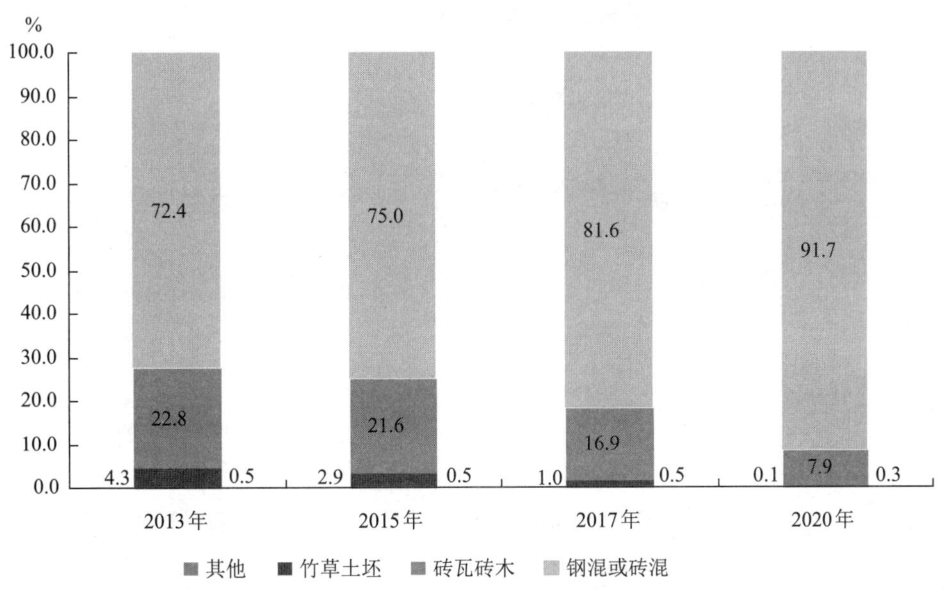

图 4 江西省贫困地区住房结构变化示意图

2. 卫生情况得到极大加强。2020 年，贫困地区农村居民使用水冲式厕所的农户比重为 98.8%，比 2013 年提高 41.9 个百分点；使用卫生旱厕的和普通旱厕的比例都为 10.2%，分别比 2013 年降低 10.1 个百分点和 30.9 个百分点；没有厕所的农户比重为 0.4%，比 2013 年下降 0.9 个百分点。贫困地区统一供热水洗澡的农户比重为 1.2%，比 2013 年下降 0.2 个百分点；家庭自装热水器的住户占调查户比例上升到 77.6%，比 2013 年上升 43.2 个百分点；没有良好洗澡设施的占 21.2%，比 2013 年下降 43.0 个百分点。

[2]调查显示表示此数据来源于国家农村贫困监测调查，下同。

表 2　江西省贫困地区农村居民家庭卫生情况表

单位：%

卫生情况	分　类	2013 年	2015 年	2017 年	2020 年
住户厕所类型	1.水冲式厕所	56.9	57.6	63.1	98.8
	2.卫生旱厕	10.5	10.1	10.2	0.4
	3.普通旱厕	31.3	31.2	24.4	0.4
	4.无厕所	1.3	1.1	2.3	0.4
农户洗澡设施情况	1.统一供热水	1.4	1.6	1.8	1.2
	2.家庭自装热水器	34.4	41.9	57.8	77.6
	3.无良好洗澡设施	64.2	56.4	40.4	21.2

3.用水、能源使用状况得到改善。2020 年，贫困地区农村居民饮水来源为使用自来水的农户比重达到 52.4%，比 2013 年增加 31.4 个百分点；使用受保护井水、泉水等安全饮用水住户的比例达到 38.9%，比 2013 年减少 24.8 个百分点；仍然使用不受保护的井水和泉水取水的住户占调查户比例下降到 7.2%，比 2013 年下降 5.1 个百分点；取用江河湖泊水的住户只占调查户 0.4%，比 2013 年下降 0.3 个百分点；使用其他不便分类的饮水来源的占 1.1%，比 2013 年减少 1.2 个百分点。据贫困监测调查显示，到 2016 年年底为止，已经没有依靠雨水做饮用水的调查户存在，贫困地区的饮用水安全得到进一步加强（见图 5）。

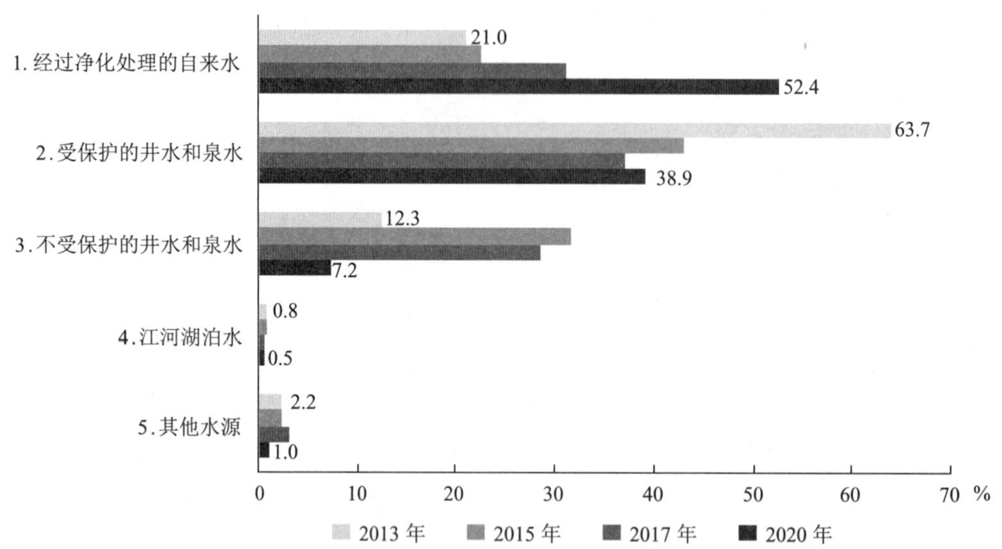

图 5　江西省贫困地区饮用水来源结构变化示意图（单位：%）

（四）耐用品拥有量不断增加，生活品质得到提高

随着贫困地区农村居民收入的不断增加，江西贫困地区农村居民生活品质不断提高，家庭中高档耐用品拥有数量稳定提升。调查显示，2020 年，贫困地区交通需求不断提升，每百户汽车以及助力车拥有量分别为 23.8 辆和 59.1 辆，分别比 2013 年增加 17.7 辆、30.7 辆；高档家电拥有量大幅提升，每百户拥有空调、洗衣机、电冰箱以及彩色电视机分别为 58.7 台、68.2 台、94.4 台和 120.8 台，分别比 2013 年增加 46.4 台、44.3 台、30.0 台和 7.3 台。贫困地区农村居民对智能设备需求量逐渐加大，移动电话拥有量增长迅猛，每百户拥有量为 282.5 部，增加 116.6 部，计算机每百户拥有量为 23.5 台，增加 17.8 台。

表3 贫困地区每百户农民家庭拥有耐用消费品情况

家庭耐用品指标名称	单位	2013年	2015年	2017年	2019年	2020年
家用汽车	辆	6.1	7.3	11.4	18.7	23.8
助力车	辆	28.4	36.4	52.6	56.9	59.1
空调	台	12.3	18.6	31.8	53.2	58.7
洗衣机	台	23.9	34.6	48.8	64.5	68.2
电冰箱（柜）	台	64.4	71.6	81.0	92.8	94.4
彩色电视机	台	113.5	117.2	122.3	120.6	120.8
移动电话	部	203.3	217.5	230.5	277.3	282.5
计算机	台	9.0	14.1	17.2	20.8	23.5

四、贫困地区农村基础设施更为完善，公共服务水平提高

（一）乡村公路建设水平显著提升

江西省深入贯彻落实习近平总书记“建好、管好、护好、运营好”农村公路的重要指示精神，不断推进农村公路改造升级，在2013年完成通建制村水泥路建设的基础上，在全国率先启动实施通25户以上自然村水泥路建设，并比计划提前两年全面完成25户以上自然村公路改造，累计建成贫困地区农村公路4万公里，惠及4.6万个自然村。调查显示，到2020年，自然村通公路以及主干道路经过硬化处理基本达到全覆盖，所在自然村能便利乘坐公共汽车的农户比重为73.5%，比2012年提高39.1个百分点。

（二）卫生健康状况进一步改善

江西省先后实施三轮卫生服务能力建设工程，截至2019年，全省新（改）建村卫生室7456个，产权公有标准化村卫生室达到12591个，进一步推行“乡聘村用”模式，加强基层卫生人员培训，有效推进基层诊疗能力。

（三）贫困地区农村基础设施条件不断完善

截至2020年，贫困地区通电接近全覆盖，比2013年提高0.5个百分点。交通状况明显改善，主干道路面经过硬化处理的自然村比重为100%，比2013年提高28.4个百分点；所在自然村能便利乘坐公共汽车的农户比重为73.5%，比2013年提高33.0个百分点。江西在做好计划内贫困地区网络覆盖提升的基础上，积极组织开展网络扶贫建设，持续加大脱贫攻坚投入，2020年，贫困地区通讯状况明显改善，所在自然村通电话的农户比重达到100%，比2013年提高3.1个百分点；所在自然村通宽带的农户比重为100%，比2013年提高43.5个百分点；所在自然村被通信信号覆盖的农户比重为96.1%，比2013年提4.3个百分点。

另外，2020年贫困地区所在自然村有健身器材的农户比重达到28.0%，比2013年提高20.2个百分点；所在自然村饮用水经过集中净化处理的农户比重达到71.6%，较2012年提高52.1个百分点；所在自然村垃圾能集中处理的农户比重达到99.8%，较2013年提高77.1个百分点，村居环境得到显著改善。

表4 江西省贫困地区基础设施情况表

单位：%

指标名称	2013年	2015年	2017年	2019年	2020年
所在自然村通电的农户比重	99.5	99.7	100	100	100
所在自然村主干道路面经过硬化处理的农户比重	71.6	79.1	99.4	100	100
所在自然村能便利乘坐公共汽车的农户比重	40.5	49.2	55.5	67.3	73.5
所在自然村通电话的农户比重	96.9	97.9	100	100	100
所在自然村通宽带的农户比重	56.5	70.5	95.4	98.8	100
所在自然村被通信信号覆盖的农户比重	91.8	91.1	94.5	95.5	96.1
所在自然村有健身器材的农户比重	7.8	13.5	17.4	24.1	28.0
所在自然村饮用水经过集中净化处理的农户比重	21.8	26.3	33.5	61.4	71.6

党的十八大以来，江西省贫困地区精准脱贫取得显著成效，现行标准下农村贫困人口全面脱贫，取得了全面建成小康社会的决定性成就。但是我们应该看到，农村地区仍存在劳动力素质偏低、人口结构老龄化等问题，部分基础设施仍需要加强提高，全面推进乡村振兴任重道远。我们将牢记习近平总书记强调的“脱贫摘帽不是终点，而是新生活、新奋斗的起点”殷殷嘱托，不断巩固拓展脱贫攻坚成果与乡村振兴衔接，做好脱贫群体的稳收入、防返贫工作，进一步加强乡村产业振兴、人才振兴、文化振兴、生态振兴、组织振兴工作，为开启全面建设社会主义现代化新征程作出贡献、夯实基础。

（肖　曦）

4-1 全国农村、江西省农村及贫困地区农村贫困人口规模及发生率(2010-2020年)

年 份	全国农村贫困人口(万人)	全国农村贫困发生率(%)	江西省农村贫困人口(万人)	江西省农村贫困发生率(%)	江西省贫困地区农村贫困人口(万人)	江西省贫困地区农村贫困发生率(%)
2010	16567	17.2	538	15.8	*	*
2011	12238	12.7	438	12.6	317	31.9
2012	9899	10.2	385	11.1	255	22.0
2013	8249	8.5	328	9.2	215	18.1
2014	7017	7.2	276	7.7	176	14.9
2015	5575	5.7	208	5.8	141	11.6
2016	4335	4.5	155	4.3	103	8.5
2017	3046	3.1	107	3.0	71	5.9
2018	1660	1.7	63	1.8	38	3.1
2019	551	0.6	-	-	44	0.9
2020	-	-	-	-	-	-

注：1.现行贫困标准为2010年不变价2300元。
2.2019年末，江西省农村贫困发生率统计上不显著。
3.2010年江西省贫困地区农村缺乏贫困人口数据。

4-2-1 贫困分地区农村居民人均可支配收入(2013-2020年)

单位：元/人

地 区	2013	2014	2015	2016	2017	2018	2019	2020
江西省	6053	6830	7759	8643	9602	10635	11767	12877
莲花县	6095	6848	7644	8518	9591	10671	11786	12843
修水县	5815	6689	7599	8465	9415	10436	11568	12684
南康区	6334	7278	8237	9166	10165	11309	12452	13471
赣县区	6142	6888	7747	8588	9542	10546	11754	12790
上犹县	6124	6835	7634	8494	9407	10406	11477	12434
安远县	5953	6740	7537	8371	9227	10349	11382	12302
宁都县	6009	6780	7695	8609	9559	10515	11618	12706
于都县	6176	6878	7862	8799	9793	10775	11929	13037
兴国县	6113	6842	7849	8794	9729	10711	11908	13049
会昌县	5779	6792	7764	8715	9612	10751	11829	13098
寻乌县	6092	6702	7597	8444	9424	10599	11872	13077
石城县	5185	5818	6662	7398	8435	9573	10739	12042
瑞金市	6163	7156	8251	9211	10301	11355	12509	13655
吉安县	6255	7234	8283	9317	10325	11411	12565	13761
遂川县	6071	6752	7677	8570	9506	10648	11804	12928
万安县	5928	6751	7649	8490	9530	10584	11710	13049
永新县	5809	6667	7587	8432	9453	10457	11613	12708
井冈山市	5857	6799	7687	8577	9556	10582	11642	12872
乐安县	5559	6219	7083	7898	8794	9800	10804	11834
广昌县	5668	6553	7430	8304	9364	10399	11481	12553
广信区	6119	6857	7726	8535	9520	10498	11592	12686
横峰县	5924	6791	7627	8423	9469	10470	11542	12610
余干县	5899	6827	7736	8576	9472	10546	11661	12870
鄱阳县	6358	6866	7731	8574	9483	10467	11599	12702

4-2-2 贫困地区农村居民人均可支配收入及消费(2013-2020年)

年份	人均可支配收入(元)	名义增速(%)	实际增速(%)	人均消费支出(元)	名义增速(%)	实际增速(%)
2013	6053	17.1	13.8	5443	24.5	21.0
2014	6830	12.8	10.4	6035	10.9	8.5
2015	7759	13.6	11.9	6763	12.1	10.4
2016	8643	11.4	9.3	7330	8.4	6.4
2017	9602	11.1	9.0	8074	10.2	8.1
2018	10635	10.8	8.4	8984	11.3	8.9
2019	11767	10.6	7.6	10254	14.1	11.0
2020	12877	9.4	6.3	11299	10.2	7.0

4-2-3 贫困地区农村居民人均可支配收入及构成(2013-2020年)

单位：元/人

指标	2013	2014	2015	2016	2017	2018	2019	2020
人均可支配收入	6053	6830	7760	8643	9602	10635	11767	12877
#工资性收入	2314	2758	3164	3638	4215	4993	5588	6081
经营净收入	2556	2817	3109	3342	3474	2936	2626	2710
第一产业经营净收入	1823	2141	2292	2399	2336	1730	1666	1655
第二产业经营净收入	249	180	194	234	321	243	96	134
第三产业经营净收入	483	497	623	708	817	963	864	921
财产净收入	57	96	114	100	120	74	52	64
转移净收入	1126	1158	1372	1563	1793	2632	3501	4022

4-3-1 贫困地区农村居民人均消费支出及构成(2013-2020年)

单位：元/人

指　　标	2013	2014	2015	2016	2017	2018	2019	2020
消费支出	5443	6035	6763	7330	8074	8984	10254	11299
#食品烟酒	2098	2325	2580	2712	2809	2975	3338	3866
1.食品	1756	1894	2040	2130	2141	2320	2562	3147
(1)谷物	399	386	393	357	336	328	345	421
(2)薯类	40	61	44	40	45	58	54	51
(3)豆类	30	33	39	43	48	47	56	70
(4)食用油	128	129	148	148	147	148	147	167
(5)蔬菜和食用菌	271	267	287	324	290	285	380	419
(6)肉类	417	437	435	500	528	606	603	917
(7)禽类	104	130	140	158	157	154	213	273
(8)水产品	88	102	116	128	137	167	205	219
(9)蛋类	40	60	63	60	47	47	55	70
(10)奶类	65	70	84	90	100	150	141	142
(11)干鲜瓜果类	84	109	134	148	160	178	211	228
(12)糖果糕点类	36	42	44	51	54	66	63	71
(13)其他食品	55	67	111	83	92	85	89	97
2.烟酒	245	283	323	343	397	382	394	415
3.饮料	54	54	54	62	76	62	63	73
4.饮食服务	43	94	163	177	194	211	318	232
衣着	241	290	324	354	374	371	413	457
居住	1546	1536	1686	1932	2010	2536	2848	3123
生活用品及服务	295	384	447	473	509	557	547	571
交通通信	466	478	550	613	817	854	945	1010
1.交通	275	255	298	335	495	521	616	613
2.通信	192	223	253	278	322	333	328	397
教育文化娱乐	391	490	585	637	797	842	1041	1223
1.教育	302	361	436	486	602	665	866	1037
2.文化娱乐	89	129	149	151	195	177	176	186
医疗保健	304	400	441	467	607	731	1008	932
其他用品和服务	101	132	148	143	150	119	114	117

4-3-2 贫困地区农村居民主要食品消费量(2013-2020年)

单位：公斤/人

指　　标	2013	2014	2015	2016	2017	2018	2019	2020
粮食(原粮)	182.0	154.3	160.5	144.3	130.6	120.5	133.6	159.4
#谷物	175.6	148.2	153.9	137.0	123.0	112.3	123.5	147.6
薯类	1.1	1.6	1.5	1.8	1.3	1.4	1.5	1.7
豆类	5.3	4.5	5.1	5.6	6.3	6.8	8.5	10.1
食用油	2.9	11.0	13.5	10.9	11.2	12.2	12.1	4.6
食用植物油	0.8	10.5	13.0	10.5	10.8	11.8	11.7	1.1
蔬菜及菜制品	84.5	73.1	71.4	77.3	70.2	68.2	73.4	83.4
肉类	5.0	18.8	17.3	17.3	19.6	25.0	23.3	12.9
猪肉	2.2	17.0	15.1	15.0	16.9	21.8	20.0	5.5
牛肉	1.9	0.5	0.6	0.7	0.9	1.1	1.4	5.8
羊肉	0.1	0.1	0.1	0.1	0.1	0.1	0.1	0.2
禽类	0.7	5.5	5.8	6.6	7.2	7.7	10.0	1.4
水产品	3.5	6.3	7.1	7.3	7.7	9.4	12.3	6.6
蛋类及蛋制品	3.6	4.4	4.9	4.0	4.3	4.9	5.8	7.5
奶和奶制品	3.6	3.8	4.8	4.8	4.3	4.8	5.8	7.3
干鲜瓜果类	23.5	17.6	19.2	21.1	23.2	26.2	31.1	30.4
糖果糕点类	0.4	3.1	3.2	3.4	3.9	4.3	4.4	0.3

4-4-1 贫困地区农村居民家庭基本情况(2013-2020年)

指　　标	单位	2013	2014	2015	2016	2017	2018	2019	2020
基本情况									
户均全部人口	人/户	4.4	4.4	4.3	4.3	4.3	4.6	4.7	4.8
户均常住人口	人/户	3.9	3.8	3.3	3.6	3.6	3.6	3.5	3.4
户均常住从业人口	人/户	2.4	2.3	2.3	2.2	2.1	1.8	1.6	1.5
平均每户家庭从业人口比重	%	62.9	60.7	69.4	60.1	59.3	49.6	46.5	44.5
平均每一从业人口负担人数(包括从业者本人)	人	1.6	1.6	1.4	1.7	1.7	2.0	2.2	2.2
常住从业人员文化程度									
不识字或识字不多	%	6.9	6.0	6.2	7.3	7.4	4.8	5.7	6.6
小学	%	39.5	33.9	32.0	31.9	32.3	43.8	45.7	46.2
初中	%	40.6	48.2	46.9	46.8	47.2	41.0	39.3	37.9
高中	%	8.5	8.4	11.2	10.7	10.9	7.6	6.8	7.1
大学专科	%	3.2	2.8	2.9	2.6	1.7	2.4	1.9	1.7
本科及以上	%	1.3	0.8	0.8	0.7	0.4	0.5	0.6	0.5
常住从业人员就业类型									
雇主	%	1.7	1.7	2.6	1.6	1.9	2.8	2.2	0.9
公职人员	%	0.4	0.4	0.4	0.3	0.5	0.6	1.1	0.3
事业单位人员	%	0.9	0.9	0.9	0.5	0.5	1.1	1.3	1.0
国有企业雇员	%	0.3	0.4	0.4	0.2			0.1	0.1
其他雇员	%	29.6	33.9	34.2	34.2	34.1	35.8	40.8	44.1
农业自营	%	56.2	51.9	55.3	55.9	55.6	50.8	46.5	46.1
非农自营	%	10.8	10.7	6.1	7.3	7.5	8.9	8.1	7.6
常住从业人员从事主要行业									
第一产业	%	63.2	57.5	59.5	59.7	59.3	54.4	49.1	50.1
第二产业	%	24.5	27.0	27.3	26.6	26.6	25.0	26.7	27.0
第三产业	%	12.3	15.5	13.2	13.6	14.0	20.6	24.2	22.9

4-4-2 江西省贫困地区住房及设施状况(2013-2020年)

单位：%

指标名称	2013	2014	2015	2016	2017	2018	2019	2020
居住钢混及砖混的农户比重	72.6	73.5	77.4	83.6	84.8	89.9	91.1	91.7
居住砖瓦砖木的农户比重	22.4	21.4	19.1	14.5	13.7	9.1	8.6	8.0
居住竹草土坯的农户比重	4.5	4.5	2.9	1.5	1.0	0.5	0.1	0.1
住宅外道路是水泥或柏油路面的农户比重	49.3	52.8	59.9	69.5	72.7	87.0	90.2	91.4
住宅外道路是沙石或石板等硬质路面的农户比重	26.2	25.5	21.7	17.9	15.9	8.5	6.1	5.8
使用管道供水的农户比重	33.3	44.0	54.3	64.9	66.0	66.5	79.5	79.9
使用经过净化处理的自来水的农户比重	20.5	22.8	20.7	30.2	31.0	47.9	49.5	52.4
使用受保护的井水和泉水的农户比重	64.0	61.3	42.8	34.4	36.9	40.0	39.2	38.9
使用不受保护的井水和泉水的农户比重	12.5	12.4	31.8	31.2	28.4	10.5	9.7	7.2
使用水冲式厕所的农户比重	56.8	58.8	55.6	59.7	63.0	89.4	98.4	98.8
使用旱厕的农户比重	41.8	40.3	41.3	37.9	34.7	10.1	1.2	0.8
独自使用厕所的农户比重	89.9	89.9	90.3	92.3	92.9	98.4	93.6	95.9
使用柴草的农户比重	64.2	64.6	63.4	60.4	58.2	42.7	18.3	16.2
使用煤气、液化气等清洁能源的农户比重	21.4	23.8	26.3	32.2	36.9	51.2	48.2	54.7

4-4-3 贫困地区农村居民每百户主要耐用消费品拥有量(2013-2020年)

指　　标	单位	2013	2014	2015	2016	2017	2018	2019	2020
家用汽车	辆	6.3	7.0	7.3	7.3	9.4	22.3	18.7	23.8
摩托车	辆	80.7	80.0	82.7	82.7	78.6	72.2	66.4	65.0
助力车	台	30.6	33.0	36.4	36.4	47.0	51.7	56.9	59.1
洗衣机	台	26.0	28.0	34.6	34.6	43.3	56.3	64.5	68.2
电冰箱(柜)	台	67.5	68.0	71.6	71.6	77.7	90.2	92.8	94.4
微波炉	台	6.2	7.0	7.4	7.4	7.9	9.7	11.9	12.1
彩色电视机	台	114.9	116.0	117.2	117.2	121.5	116.4	120.6	120.8
空调	台	15.0	16.0	18.7	18.7	27.5	41.4	53.2	58.7
热水器	台	36.9	39.0	41.8	41.8	55.3	70.1	76.7	86.5
排油烟机	台	8.4	11.0	11.3	11.3	15.0	26.1	33.8	36.7
固定电话	线	36.6	36.0	30.9	30.9	22.3	17.4	8.4	4.9
移动电话	部	215.3	216.0	217.5	217.5	220.2	272.9	277.3	282.5
其中：接入互联网	部	54.6	56.0	56.9	56.9	66.6	160.4	178.6	217.5
计算机	台	10.1	12.0	14.1	14.1	14.9	19.3	20.8	23.5
其中：接入互联网	台	4.9	7.0	9.0	9.0	9.1	12.6	13.8	17.4
照相机	台	3.2	3.0	3.2	3.2	2.3	2.3	2.2	1.6

4-5 江西省贫困分地区家庭耐用消费品每百户拥有情况(2020年)

地 区	家用汽车(辆)	助力车(台)	电冰箱(台)	彩色电视机(台)	空调(台)	热水器(台)	移动电话(部)	计算机(台)
合 计	**23.8**	**59.1**	**94.4**	**120.8**	**58.7**	**86.5**	**282.5**	**23.5**
莲花县	26.9	48.3	92.5	106.2	30.5	82.4	251.9	17.3
修水县	35.7	52.8	101.3	113.5	86.7	86.2	315.4	36.7
南康区	31.2	70.7	98.1	121.6	38.0	78.6	270.7	20.8
赣县区	36.3	34.2	102.7	124.7	62.9	82.0	305.8	25.1
上犹县	19.6	75.4	92.5	111.3	37.1	84.4	279.6	5.8
安远县	31.6	49.3	94.2	119.7	39.8	91.8	317.9	37.7
宁都县	17.3	97.6	101.6	119.2	35.3	81.1	261.4	27.9
于都县	33.9	18.7	94.9	142.7	63.5	77.3	327.0	43.7
兴国县	34.0	29.9	100.4	121.0	63.0	97.0	304.9	17.3
会昌县	31.2	18.5	100.7	114.2	64.0	101.9	301.5	26.7
寻乌县	53.7	29.9	96.3	121.9	42.0	101.1	282.2	23.7
石城县	24.7	35.6	100.7	127.3	58.9	95.9	310.8	15.0
瑞金市	23.0	86.7	99.7	144.7	67.8	104.3	312.4	17.3
吉安县	34.4	86.0	105.7	131.6	73.9	92.0	286.1	25.6
遂川县	15.5	40.8	81.4	102.6	36.9	61.9	278.1	35.1
万安县	14.0	34.5	90.4	120.0	52.0	61.4	249.8	15.0
永新县	19.0	35.3	99.2	107.3	51.9	95.7	287.2	18.8
井冈山市	32.5	46.0	98.3	139.5	36.7	94.7	304.8	44.8
乐安县	27.2	82.9	89.3	122.1	61.7	94.7	279.6	42.3
广昌县	24.6	41.6	97.5	127.9	37.4	84.4	293.5	20.8
广信区	17.8	63.2	94.2	132.2	67.6	90.7	311.2	19.9
横峰县	34.1	68.7	95.8	128.5	86.1	98.3	286.0	4.8
余干县	7.5	109.5	94.2	114.4	75.9	88.3	250.7	5.7
鄱阳县	8.6	69.5	78.2	110.3	63.5	80.2	229.0	19.7

4-6-1 江西省贫困地区五等份分组农村居民人均可支配收入及消费(2020年)

分　组	人均可支配收入(元)	名义增速(%)	实际增速(%)	人均消费支出(元)	名义增速(%)	实际增速(%)
合计数	12877	9.4	6.3	11299	10.2	7.0
20%低收入组	6539	22.1	18.5	7976	12.4	9.1
20%中低收入组	9079	9.8	6.6	9905	13.6	10.3
20%中等收入组	11845	11.9	8.6	11163	12.4	9.1
20%中高收入组	15113	8.2	5.0	12911	15.7	12.4
20%高收入组	24891	6.2	3.1	14551	0.5	-2.5

4-6-2 江西省贫困地区五等份分组农村居民人均可支配收入及构成(2020年)

单位：元/人

指　标	合计数	20%低收入组	20%中低收入组	20%中等收入组	20%中高收入组	20%高收入组
人均可支配收入	12877	6539	9079	11845	15113	24891
#工资性收入	6081	2186	3505	5667	8485	12395
经营净收入	2711	964	1506	1545	2762	7852
第一产业经营净收入	1655	564	1071	1021	1680	4547
第二产业经营净收入	134	4	30	5	234	479
第三产业经营净收入	921	396	405	520	848	2826
财产净收入	64	8	64	14	15	245
转移净收入	4022	3381	4004	4618	3850	4400

4-6-3 江西省贫困地区五等份分组农村居民人均消费支出及构成(2020年)

单位：元/人

指　　标	合计	20%低收入组	20%中低收入组	20%中等收入组	20%中高收入组	20%高收入组
消费支出	11299	8976	9905	11163	12911	14551
#食品烟酒	3866	3321	3319	3856	4250	4891
1.食品	3147	2765	2820	3120	3444	3780
(1)谷物	421	414	377	404	457	469
(2)薯类	51	42	54	48	58	54
(3)豆类	70	64	68	70	72	81
(4)食用油	167	174	146	155	174	192
(5)蔬菜和食用菌	419	343	397	418	480	481
(6)肉类	917	811	811	897	1006	1121
(7)禽类	273	245	243	256	297	342
(8)水产品	219	168	188	221	249	293
(9)蛋类	70	58	70	67	75	85
(10)奶类	142	121	95	187	142	180
(11)干鲜瓜果类	228	176	209	233	252	290
(12)糖果糕点类	71	62	62	70	77	91
(13)其他食品	97	86	99	94	106	100
2.烟酒	415	366	276	395	478	615
3.饮料	73	65	60	68	76	103
4.饮食服务	232	126	163	272	252	393
衣着	457	338	370	472	506	655
居住	3123	2314	2808	3245	3403	4149
生活用品及服务	571	462	493	462	710	784
交通通信	1010	671	943	869	1084	1619
1.交通	613	372	618	461	658	1041
2.通信	397	299	326	408	426	578
教育文化娱乐	1223	1253	1074	1114	1535	1159
1.教育	1037	1087	945	939	1305	907
2.文化娱乐	186	166	129	175	230	253
医疗保健	932	500	814	1050	1261	1156
其他用品和服务	117	115	83	95	163	138

4-6-4 贫困地区农村五等份分组居民家庭基本情况(2020年)

指　标	单位	合计	20%低收入组	20%中低收入组	20%中等收入组	20%中高收入组	20%高收入组
基本情况							
户均全部人口	人/户	4.8	5.5	5.2	4.7	4.5	4.1
户均常住人口	人/户	3.4	3.9	3.8	3.3	3.3	2.9
户均常住从业人口	人/户	2.0	1.9	1.9	1.9	2.0	2.1
平均每户家庭从业人口比重	%	57.4	49.4	49.6	57.0	62.8	72.4
平均每一从业人口负担人数(包括从业者本人)	人	1.7	2.0	2.0	1.8	1.6	1.4
常住从业人员文化程度							
不识字或识字不多	%	6.6	10.0	6.1	7.1	6.0	4.4
小学	%	46.2	53.1	49.9	42.3	45.7	40.8
初中	%	37.9	32.4	36.9	41.3	38.5	39.8
高中	%	7.1	4.1	6.1	7.1	7.3	10.4
大学专科	%	1.7	0.5	0.7	1.4	1.9	3.8
本科及以上	%	0.5		0.2	0.8	0.6	0.9
常住从业人员就业类型							
雇主	%	0.9	1.1	0.4	0.3	1.3	1.1
公职人员	%	0.3				0.0	1.2
事业单位人员	%	1.0		1.6	0.8	0.6	1.7
国有企业雇员	%	0.1		0.2		0.2	
其他雇员	%	44.1	33.3	37.9	44.1	51.8	50.1
农业自营	%	46.1	58.5	53.9	48.7	40.5	33.4
非农自营	%	7.6	7.1	6.0	6.1	5.6	12.4
常住从业人员从事主要行业							
第一产业	%	50.1	64.4	58.1	52.4	43.7	36.7
第二产业	%	27.0	19.5	21.9	26.0	32.3	32.7
第三产业	%	0.2		0.1	0.3	0.3	0.4

4-7-1　江西省贫困地区按家庭规模分组农村居民人均可支配收入及消费(2020年)

分　组	人均可支配收入(元)	名义增速(%)	实际增速(%)	人均消费支出(元)	名义增速(%)	实际增速(%)
合计数	12877	9.4	6.3	11299	10.2	7.0
一人户	15575	8.9	5.8	17917	19.9	16.4
二人户	15765	10.3	7.1	14012	20.8	17.3
三人户	13715	6.6	3.5	12348	5.7	2.6
四人户	12050	7.4	4.3	10788	8.7	5.6
五人户	11195	4.3	1.3	9371	1.1	-1.9
六人及以上户	11490	15.3	11.9	8920	6.2	3.1

4-7-2　江西省贫困地区按家庭规模分组农村居民人均可支配收入及构成(2020年)

单位：元/人

指　　标	合计数	一人户	二人户	三人户	四人户	五人户	六人及以上户
人均可支配收入	12877	15575	15765	13715	12050	11195	11490
工资性收入	6081	4364	5885	6314	5631	5699	7523
经营净收入	2711	1544	3793	3249	2352	2135	2246
第一产业经营净收入	1655	1162	3000	1669	1483	1202	1031
第二产业经营净收入	134	214	144	120	105	256	37
第三产业经营净收入	921	168	648	1461	764	678	1179
财产净收入	64	-100	124	0	61	82	91
转移净收入	4022	9766	5963	4151	4006	3279	1630

4-7-3　江西省贫困地区按家庭规模分组农村居民人均消费支出及构成(2020年)

单位：元/人

指　　标	合计数	一人户	二人户	三人户	四人户	五人户	六人及以上户
消费支出	11299	17917	14012	12348	10788	9371	8920
#食品烟酒	3866	7548	4985	4165	3581	3256	2830
1.食品	3147	6025	4098	3410	2899	2651	2273
(1)谷物	421	799	541	446	383	380	308
(2)薯类	51	82	68	49	51	47	36
(3)豆类	70	155	103	77	63	54	43
(4)食用油	167	326	222	176	147	147	127
(5)蔬菜和食用菌	419	822	578	471	367	355	271
(6)肉类	917	1848	1212	977	842	772	657
(7)禽类	273	483	356	280	260	222	219
(8)水产品	219	453	302	239	210	160	148
(9)蛋类	70	146	98	80	61	55	47
(10)奶类	142	232	142	188	124	127	113
(11)干鲜瓜果类	228	344	270	250	227	194	175
(12)糖果糕点类	71	133	87	72	67	65	57
(13)其他食品	97	202	118	106	96	73	72
2.烟酒	415	990	586	437	403	301	253
3.饮料	73	145	99	79	67	54	58
4.饮食服务	232	389	202	240	212	250	246
衣着	457	619	455	526	479	364	408
居住	3123	6159	4568	3379	2746	2438	2129
生活用品及服务	571	637	689	605	568	468	507
交通通信	1010	979	1128	1304	921	736	963
1.交通	613	449	617	884	542	403	638
2.通信	397	530	511	421	379	333	325
教育文化娱乐	1223	391	535	1552	1353	1476	1150
1.教育	1037	59	317	1349	1170	1324	1000
2.文化娱乐	186	331	218	203	183	152	149
医疗保健	932	1390	1505	675	1039	541	840
其他用品和服务	117	195	148	142	101	92	93

4-7-4 贫困地区按家庭规模分组居民家庭基本情况(2020年)

指标	单位	合计数	一人户	二人户	三人户	四人户	五人户	六人及以上户
基本情况								
户均全部人口	人/户	4.8	2.8	3.7	4.7	5.4	6.1	7.0
户均常住人口	人/户	3.4	1.2	2.2	3.1	4.0	4.9	6.3
户均常住从业人口	人/户	2.0	0.8	1.7	1.8	2.1	2.4	3.4
平均每户家庭从业人口比重	%	57.4	65.1	78.2	58.6	50.8	47.8	54.1
平均每一从业人口负担人数(包括从业者本人)	人	1.7	1.5	1.3	1.7	2.0	2.1	1.9
常住从业人员文化程度								
不识字或识字不多	%	6.6	10.1	7.6	7.1	6.1	6.5	4.8
小学	%	46.2	53.7	59.2	47.8	40.7	42.0	34.7
初中	%	37.9	20.7	25.8	36.4	43.2	43.9	47.9
高中	%	7.1	9.5	6.5	7.1	7.9	4.1	9.3
大学专科	%	1.7	0.5	0.8	1.6	1.6	2.5	2.9
本科及以上	%	0.5	5.5	0.1	0.1	0.5	0.9	0.4
常住从业人员就业类型								
雇主	%	0.9		0.4	0.7	0.8	2.8	0.0
公职人员	%	0.3			1.0	0.3	0.1	
事业单位人员	%	1.0		0.4	1.3	0.7	1.7	1.4
国有企业雇员	%	0.1			0.2			0.2
其他雇员	%	44.1	38.9	35.5	44.1	43.7	43.8	60.4
农业自营	%	46.1	55.2	57.8	43.8	46.2	44.6	29.7
非农自营	%	7.6	6.0	5.9	8.9	8.3	7.1	8.3
常住从业人员从事主要行业								
第一产业	%	50.1	59.1	63.6	46.2	50.3	48.1	33.4
第二产业	%	27.0	23.8	17.6	30.2	25.9	27.8	39.5
第三产业	%	0.2		0.3	0.3	0.4	0.1	

4-8-1 江西省贫困地区按家庭世代分组人均可支配收入及消费(2020年)

分 组	人均可支配收入(元)	名义增速(%)	实际增速(%)	人均消费支出(元)	名义增速(%)	实际增速(%)
合计数	12877	9.4	6.3	11299	10.2	7.0
一人户	15575	8.9	5.8	17917	19.9	16.4
二人户	15765	10.3	7.1	14012	20.8	17.3
三人户	13715	6.6	3.5	12348	5.7	2.6
四人户	12050	7.4	4.3	10788	8.7	5.6
五人户	11195	4.3	1.3	9371	1.1	-1.9
六人及以上户	11490	15.3	11.9	8920	6.2	3.1

4-8-2 江西省贫困地区按家庭世代分组农村居民人均可支配收入及构成(2020年)

单位：元/人

指 标	合计数	一代户	二代户	三代户	四代及以上户
人均可支配收入	12877	15575	15765	13715	12050
工资性收入	6081	4364	5885	6314	5631
经营净收入	2711	1544	3793	3249	2352
第一产业经营净收入	1655	1162	3000	1669	1483
第二产业经营净收入	134	214	144	120	105
第三产业经营净收入	921	168	648	1461	764
财产净收入	64	-100	124	0	61
转移净收入	4022	9766	5963	4151	4006

4-8-3 江西省贫困地区按家庭世代分组农村居民人均消费支出及构成(2020年)

单位：元/人

指　　标	合计数	一代户	二代户	三代户	四代及以上户
消费支出	11299	13383	12832	10234	9178
#食品烟酒	3866	4797	4229	3543	3819
1.食品	3147	4030	3395	2895	3110
(1)谷物	421	624	448	381	407
(2)薯类	51	78	50	49	24
(3)豆类	70	108	79	61	59
(4)食用油	167	239	177	153	151
(5)蔬菜和食用菌	419	572	483	360	501
(6)肉类	917	1241	983	839	916
(7)禽类	273	340	301	248	299
(8)水产品	219	272	251	195	219
(9)蛋类	70	85	80	62	85
(10)奶类	142	62	112	171	93
(11)干鲜瓜果类	228	219	253	216	213
(12)糖果糕点类	71	75	78	67	72
(13)其他食品	97	117	100	93	71
2.烟酒	415	503	484	366	369
3.饮料	73	75	83	68	54
4.饮食服务	232	189	268	215	286
衣着	457	358	548	419	382
居住	3123	4153	3568	2775	2121
生活用品及服务	571	397	662	540	574
交通通信	1010	919	1281	874	785
1.交通	613	548	788	526	451
2.通信	397	372	493	348	334
教育文化娱乐	1223	225	1557	1178	601
1.教育	1037	78	1342	1003	449
2.文化娱乐	186	147	215	176	152
医疗保健	932	2412	857	796	788
其他用品和服务	117	122	131	109	108

4-8-4　贫困地区按家庭世代分组农村居民家庭基本情况(2020年)

指　标	单位	合计数	一代户	二代户	三代户	四代及以上户
基本情况						
户均全部人口	人/户	4.8	2.7	4.0	6.0	6.9
户均常住人口	人/户	3.4	1.9	2.9	4.2	4.3
户均常住从业人口	人/户	2.0	1.6	1.8	2.2	2.4
平均每户家庭从业人口比重	%	57.4	83.1	62.8	51.1	56.4
平均每一从业人口负担人数(包括从业者本人)	人	1.7	1.2	1.6	2.0	1.8
常住从业人员文化程度						
不识字或识字不多	%	6.6	8.2	5.4	7.2	6.7
小学	%	46.2	60.6	44.0	45.2	38.9
初中	%	37.9	23.9	39.9	38.9	45.5
高中	%	7.1	6.1	7.8	6.7	7.1
大学专科	%	1.7	1.3	2.0	1.6	1.2
本科及以上	%	0.5		0.8	0.4	0.6
常住从业人员就业类型						
雇主	%	0.9	1.0	1.0	0.8	
公职人员	%	0.3		0.5	0.2	
事业单位人员	%	1.0	0.3	1.2	1.0	
国有企业雇员	%	0.1			0.1	1.6
其他雇员	%	44.1	29.5	47.9	43.8	46.1
农业自营	%	46.1	60.7	39.4	48.6	47.6
非农自营	%	7.6	8.7	10.0	5.6	4.7
常住从业人员从事主要行业						
第一产业	%	50.1	63.9	42.8	53.1	52.3
第二产业	%	27.0	16.7	30.4	26.7	16.9
第三产业	%	0.2		0.5	0.1	

五 各省区市资料

5-1 中部六省居民人均可支配收入

单位：元/人

地 区	2014	2015	2016	2017	2018	2019	2020
山 西	16538	17854	19049	20420	21990	23828	25214
安 徽	16796	18363	19998	21863	23984	26415	28103
江 西	**16734**	**18437**	**20110**	**22031**	**24080**	**26262**	**28017**
河 南	15695	17125	18443	20170	21964	23903	24810
湖 北	18283	20026	21787	23757	25815	28319	27881
湖 南	17622	19317	21115	23103	25241	27680	29380

5-2 中部六省城镇居民人均可支配收入

单位：元/人

地 区	2014	2015	2016	2017	2018	2019	2020
山 西	24069	25828	27352	29132	31035	33262	34793
安 徽	24839	26936	29156	31640	34393	37540	39442
江 西	**24309**	**26500**	**28673**	**31198**	**33819**	**36546**	**38556**
河 南	23672	25576	27233	29558	31874	34201	34750
湖 北	24852	27051	29386	31889	34455	37601	36706
湖 南	26570	28838	31284	33948	36698	39842	41698

5-3 中部六省农村居民人均可支配收入

单位：元/人

地 区	2014	2015	2016	2017	2018	2019	2020
山 西	8809	9454	10082	10788	11750	12902	13878
安 徽	9916	10821	11720	12758	13996	15416	16620
江 西	**10117**	**11139**	**12138**	**13242**	**14460**	**15796**	**16981**
河 南	9966	10853	11697	12719	13831	15164	16108
湖 北	10849	11844	12725	13812	14978	16391	16306
湖 南	10060	10993	11930	12936	14093	15395	16585

5-4-1 全国及各省(区、市)居民消费价格指数(2000-2020年)

(上年价格=100)

地区	2000	2001	2002	2003	2004	2005	2006	2007	2008	2009	2010
全国平均	**100.4**	**100.7**	**99.2**	**101.2**	**103.9**	**101.8**	**101.5**	**104.8**	**105.9**	**99.3**	**103.3**
北京	103.5	103.1	98.2	100.2	101.0	101.5	100.9	102.4	105.1	98.5	102.4
天津	99.6	101.2	99.6	101.0	102.3	101.5	101.5	104.2	105.4	99.0	103.5
河北	99.7	100.5	99.0	102.2	104.3	101.8	101.7	104.7	106.2	99.3	103.1
山西	103.9	99.8	98.4	101.8	104.1	102.3	102.0	104.6	107.2	99.6	103.0
内蒙古	101.3	100.6	100.2	102.2	102.9	102.4	101.5	104.6	105.7	99.7	103.2
辽宁	99.9	100.0	98.9	101.7	103.5	101.4	101.2	105.1	104.6	100.0	103.0
吉林	98.6	101.3	99.5	101.2	104.1	101.5	101.4	104.8	105.1	100.1	103.7
黑龙江	98.3	100.8	99.3	100.9	103.8	101.2	101.9	105.4	105.6	100.2	103.9
上海	102.5	100.0	100.5	100.1	102.2	101.0	101.2	103.2	105.8	99.6	103.1
江苏	100.1	100.8	99.2	101.0	104.1	102.1	101.6	104.3	105.4	99.6	103.8
浙江	101.0	99.8	99.1	101.9	103.9	101.3	101.1	104.2	105.0	98.5	103.8
安徽	100.7	100.5	99.0	101.7	104.5	101.4	101.2	105.3	106.2	99.1	103.1
福建	102.1	98.7	99.5	100.8	104.0	102.2	100.8	105.2	104.6	98.2	103.2
江西	**100.3**	**99.5**	**100.1**	**100.8**	**103.5**	**101.7**	**101.2**	**104.8**	**106.0**	**99.3**	**103.0**
山东	100.2	101.8	99.3	101.1	103.6	101.7	101.0	104.4	105.3	100.0	102.9
河南	99.2	100.7	100.1	101.6	105.4	102.1	101.3	105.4	107.0	99.4	103.5
湖北	99.0	100.3	99.6	102.2	104.9	102.9	101.6	104.8	106.3	99.6	102.9
湖南	101.4	99.1	99.5	102.4	105.1	102.3	101.4	105.6	106.0	99.6	103.1
广东	101.4	99.3	98.6	100.6	103.0	102.3	101.8	103.7	105.6	97.7	103.1
广西	99.7	100.6	99.1	101.1	104.4	102.4	101.3	106.1	107.8	97.9	103.0
海南	101.1	98.5	99.5	100.1	104.4	101.5	101.5	105.0	106.9	99.3	104.8
重庆	96.7	101.7	99.6	100.6	103.7	100.8	102.4	104.7	105.6	98.4	103.2
四川	100.1	102.1	99.7	101.7	104.9	101.7	102.3	105.9	105.1	100.8	103.2
贵州	99.5	101.8	99.0	101.2	104.0	101.0	101.7	106.4	107.6	98.7	102.9
云南	97.9	99.1	99.8	101.2	106.0	101.4	101.9	105.9	105.7	100.4	103.7
西藏	99.9	100.1	100.4	100.9	102.7	101.5	102.0	103.4	105.7	101.4	102.2
陕西	99.5	101.0	98.9	101.7	103.1	101.2	101.5	105.1	106.4	100.5	104.0
甘肃	99.5	104.0	100.0	101.1	102.3	101.7	101.3	105.5	108.2	101.3	104.1
青海	99.5	102.6	102.3	102.0	103.2	100.8	101.6	106.6	110.1	102.6	105.4
宁夏	99.6	101.6	99.4	101.7	103.7	101.5	101.9	105.4	108.5	100.7	104.1
新疆	99.4	104.0	99.4	100.4	102.7	100.7	101.3	105.5	108.1	100.7	104.3

5-4-1　续表　　(上年价格=100)

地　区	2011	2012	2013	2014	2015	2016	2017	2018	2019	2020
全国平均	**105.4**	**102.6**	**102.6**	**102.0**	**101.4**	**102.0**	**101.6**	**102.1**	**102.9**	**102.5**
北　京	105.6	103.3	103.3	101.6	101.8	101.4	101.9	102.5	102.3	101.7
天　津	104.9	102.7	103.1	101.9	101.7	102.1	102.1	102.0	102.7	102.0
河　北	105.7	102.6	103.0	101.7	100.9	101.5	101.7	102.4	103.0	102.1
山　西	105.2	102.5	103.1	101.7	100.6	101.1	101.1	101.8	102.7	102.9
内蒙古	105.6	103.1	103.2	101.6	101.1	101.2	101.7	101.8	102.4	101.9
辽　宁	105.2	102.8	102.4	101.7	101.4	101.6	101.4	102.5	102.4	102.4
吉　林	105.2	102.5	102.9	102.0	101.7	101.6	101.6	102.1	103.0	102.3
黑龙江	105.8	103.2	102.2	101.5	101.1	101.5	101.3	102.0	102.8	102.3
上　海	105.2	102.8	102.3	102.7	102.4	103.2	101.7	101.6	102.5	101.7
江　苏	105.3	102.6	102.3	102.2	101.7	102.3	101.7	102.3	103.1	102.5
浙　江	105.4	102.2	102.3	102.1	101.4	101.9	102.1	102.3	102.9	102.3
安　徽	105.6	102.3	102.4	101.6	101.3	101.8	101.2	102.0	102.7	102.7
福　建	105.3	102.4	102.5	102.0	101.7	101.7	101.2	101.5	102.6	102.2
江　西	**105.2**	**102.7**	**102.5**	**102.3**	**101.5**	**102.0**	**102.0**	**102.1**	**102.9**	**102.6**
山　东	105.0	102.1	102.2	101.9	101.2	102.1	101.5	102.5	103.2	102.8
河　南	105.6	102.5	102.9	101.9	101.3	101.9	101.4	102.3	103.0	102.8
湖　北	105.8	102.9	102.8	102.0	101.5	102.2	101.5	101.9	103.1	102.7
湖　南	105.5	102.0	102.5	101.9	101.4	101.9	101.4	102.0	102.9	102.3
广　东	105.3	102.8	102.5	102.3	101.5	102.3	101.5	102.2	103.4	102.6
广　西	105.9	103.2	102.2	102.1	101.5	101.6	101.6	102.3	103.7	102.8
海　南	106.1	103.2	102.8	102.4	101.0	102.8	102.8	102.5	103.4	102.3
重　庆	105.3	102.6	102.7	101.8	101.3	101.8	101.0	102.0	102.7	102.3
四　川	105.3	102.5	102.8	101.6	101.5	101.9	101.4	101.7	103.2	103.2
贵　州	105.1	102.7	102.5	102.4	101.8	101.4	100.9	101.8	102.4	102.6
云　南	104.9	102.7	103.1	102.4	101.9	101.5	100.9	101.6	102.5	103.6
西　藏	105.0	103.5	103.6	102.9	102.0	102.5	101.6	101.7	102.3	102.2
陕　西	105.7	102.8	103.0	101.6	101.0	101.3	101.6	102.1	102.9	102.5
甘　肃	105.9	102.7	103.2	102.1	101.6	101.3	101.4	102.0	102.3	102.0
青　海	106.1	103.1	103.9	102.8	102.6	101.8	101.5	102.5	102.5	102.6
宁　夏	106.3	102.0	103.4	101.9	101.1	101.5	101.6	102.3	102.1	101.5
新　疆	105.9	103.8	103.9	102.1	100.6	101.4	102.2	102.0	101.9	101.5

5-4-2 全国及各省(区、市)商品零售价格指数(2008-2020年)

(上年价格=100)

地　区	2008	2009	2010	2011	2012	2013	2014	2015	2016	2017	2018	2019	2020
全国平均	**105.9**	**98.8**	**103.1**	**104.9**	**102.0**	**101.4**	**101.0**	**100.1**	**100.7**	**101.1**	**101.9**	**102.0**	**101.4**
北　京	104.4	97.8	100.4	103.2	100.6	99.8	99.1	98.5	98.1	99.2	101.1	100.5	101.0
天　津	105.1	98.9	103.4	104.7	103.0	101.7	100.9	100.3	100.5	100.8	101.6	101.7	101.0
河　北	106.7	99.0	103.1	105.0	102.2	102.2	101.0	100.2	101.2	101.4	102.2	101.8	101.4
山　西	107.2	99.1	102.3	104.9	101.8	101.8	100.6	99.3	100.5	101.3	101.7	101.8	100.9
内蒙古	104.7	99.5	103.0	104.9	102.5	102.6	100.7	100.5	100.6	101.2	101.6	101.5	100.5
辽　宁	105.3	99.8	103.2	105.0	102.2	101.6	101.0	100.5	101.0	100.7	101.4	101.7	101.1
吉　林	106.2	99.3	104.1	104.9	101.7	101.6	101.2	99.8	101.3	101.4	102.4	102.1	100.7
黑龙江	105.8	98.9	103.1	104.9	102.2	101.1	100.8	100.1	101.1	99.9	101.1	102.1	101.5
上　海	105.3	99.4	101.7	104.1	101.2	100.2	100.9	101.1	100.8	100.9	101.6	100.4	100.9
江　苏	104.9	98.9	103.2	104.6	102.1	101.4	101.6	100.6	100.8	101.9	102.6	102.6	101.8
浙　江	106.3	98.8	103.9	105.5	101.9	101.0	100.9	99.9	101.0	101.4	102.1	102.5	101.2
安　徽	106.3	99.0	103.2	105.3	102.1	101.3	100.4	99.7	100.8	101.7	101.9	101.9	101.6
福　建	105.7	97.9	103.4	104.8	101.8	101.1	101.1	99.9	100.7	100.6	101.5	101.9	101.3
江　西	**106.1**	**99.1**	**102.7**	**104.8**	**102.1**	**101.5**	**101.2**	**100.5**	**100.6**	**101.0**	**101.0**	**101.9**	**101.6**
山　东	104.9	99.4	102.7	104.7	101.6	101.4	101.0	100.2	101.3	100.8	102.2	102.2	102.0
河　南	107.5	99.4	103.7	105.7	102.3	101.9	101.0	99.8	100.3	101.3	102.9	102.4	100.9
湖　北	106.3	98.6	103.1	105.6	102.6	101.8	100.9	100.5	100.8	100.3	101.2	102.6	102.2
湖　南	105.6	98.5	103.1	105.5	101.7	101.7	101.2	99.9	101.0	101.3	102.3	102.3	101.3
广　东	106.0	96.8	103.3	105.1	102.2	101.0	101.4	99.6	100.8	101.6	102.1	101.4	100.8
广　西	107.6	98.0	103.0	106.0	102.3	101.2	101.4	100.1	100.4	101.2	101.6	103.2	101.4
海　南	106.7	98.5	104.6	105.4	102.7	101.5	101.2	99.8	101.0	102.0	102.5	102.5	101.6
重　庆	105.0	97.3	101.7	104.7	101.6	101.8	100.9	100.2	101.3	100.8	101.2	101.6	102.2
四　川	105.3	100.1	103.0	104.6	101.6	101.7	100.6	100.2	100.8	100.5	101.4	102.7	102.7
贵　州	107.2	97.6	103.0	105.5	102.0	101.5	101.2	100.1	100.2	100.9	101.8	101.7	101.6
云　南	106.1	100.1	103.6	105.1	102.4	102.6	101.6	100.8	100.7	101.3	101.5	101.5	102.4
西　藏	103.9	99.5	101.0	103.7	102.9	103.0	102.2	101.4	102.1	101.4	101.5	102.0	102.0
陕　西	106.9	99.9	103.6	104.8	102.3	101.8	100.7	99.8	100.3	101.3	102.1	102.4	101.9
甘　肃	107.9	101.8	104.6	105.4	102.6	102.6	101.7	101.0	100.9	101.4	101.7	101.9	101.3
青　海	110.6	101.6	104.3	105.4	102.1	102.7	101.5	101.0	100.4	101.2	102.1	102.0	102.4
宁　夏	108.5	99.5	103.2	105.3	101.0	102.4	100.9	100.1	100.7	101.8	102.9	101.1	100.6
新　疆	108.5	100.4	104.6	105.1	103.3	103.3	101.7	99.6	100.5	100.9	100.9	101.3	100.6

5-5-1　全国及36个大中城市居民消费价格指数(2008-2020年)

(上年=100)

地　区	2008	2009	2010	2011	2012	2013	2014	2015	2016	2017	2018	2019	2020
平均指数	**105.7**	**99.2**	**103.1**	**105.3**	**102.8**	**102.7**	**102.1**	**101.7**	**102.2**	**101.8**	**102.2**	**102.8**	**102.1**
北　京	105.1	98.5	102.4	105.6	103.3	103.3	101.6	101.8	101.4	101.9	102.5	102.3	101.7
天　津	105.4	99.0	103.5	104.9	102.7	103.1	101.9	101.7	102.1	102.1	102.0	102.7	102.0
石家庄	106.7	100.3	103.0	105.7	102.8	102.9	102.0	101.0	101.6	101.4	102.3	102.7	102.3
太　原	107.4	99.9	103.0	105.4	102.1	103.1	102.2	100.4	101.2	101.8	101.8	102.7	102.6
呼和浩特	104.6	100.1	102.6	105.5	103.1	103.8	101.2	101.8	101.4	101.4	102.1	102.6	102.0
沈　阳	104.4	99.9	102.9	105.4	103.0	102.5	102.2	101.2	101.7	101.4	103.0	102.4	102.3
大　连	104.4	100.2	102.7	105.4	103.4	102.5	102.0	101.6	101.9	102.1	103.0	102.4	102.1
长　春	104.4	99.8	103.6	105.5	102.3	103.0	102.2	101.3	101.4	101.3	102.0	102.9	101.9
哈尔滨	104.7	100.2	103.7	105.6	103.2	102.1	102.0	101.4	101.8	101.6	102.5	102.6	101.4
上　海	105.8	99.6	103.1	105.2	102.8	102.3	102.7	102.4	103.2	101.7	101.6	102.5	101.7
南　京	106.2	100.1	104.2	105.4	102.7	102.7	102.6	102.0	102.7	101.9	102.4	103.1	102.4
杭　州	104.9	98.6	103.9	104.8	102.5	102.5	102.0	101.8	102.6	102.5	102.3	103.1	102.1
宁　波	105.0	99.4	103.7	105.3	101.7	102.2	101.9	101.8	102.1	101.8	102.2	103.0	101.9
合　肥	106.4	99.1	102.7	105.7	102.2	102.7	102.0	101.6	102.6	101.4	102.0	102.9	102.3
福　州	104.2	98.7	103.5	104.9	102.0	102.6	101.7	101.4	102.5	101.4	101.5	102.5	102.4
厦　门	104.9	97.3	103.0	105.2	102.1	102.3	102.2	101.7	101.7	102.0	101.8	103.0	102.5
南　昌	106.1	99.7	103.3	105.0	102.9	102.3	102.5	101.6	102.1	102.1	102.3	102.8	102.5
济　南	105.7	100.3	102.1	105.4	102.4	102.8	102.2	101.9	102.7	102.0	102.6	103.3	102.4
青　岛	104.7	100.5	102.2	105.0	102.7	102.5	102.6	101.2	102.5	102.0	102.1	103.3	102.4
郑　州	106.1	99.8	103.0	104.9	102.7	102.8	102.0	101.1	102.3	101.8	102.4	103.1	102.3
武　汉	105.7	99.4	103.0	105.2	102.8	102.4	101.9	101.4	102.4	101.9	101.9	103.2	102.4
长　沙	105.2	99.4	102.9	105.5	102.3	102.8	102.7	101.1	101.9	101.3	102.0	102.9	101.8
广　州	105.9	97.5	103.2	105.5	103.0	102.6	102.3	101.7	102.7	102.3	102.4	103.0	102.6
深　圳	105.9	98.7	103.5	105.4	102.8	102.7	102.0	102.2	102.4	101.4	102.8	103.4	102.3
南　宁	108.4	98.2	102.5	105.7	102.9	102.1	101.6	101.9	101.4	102.3	102.5	103.4	102.3
海　口	105.8	99.9	104.2	105.4	103.3	102.9	102.2	101.2	103.0	103.3	102.4	103.3	101.6
重　庆	105.6	98.4	103.2	105.3	102.6	102.7	101.8	101.3	101.8	101.0	102.0	102.7	102.3
成　都	104.3	100.3	103.0	105.4	103.0	103.1	101.3	101.1	102.2	102.0	101.4	102.8	102.5
贵　阳	107.0	97.7	102.9	105.5	102.6	103.2	102.7	102.3	101.1	101.0	101.7	102.7	102.4
昆　明	105.8	100.8	104.2	104.9	103.1	103.9	103.1	102.4	101.7	100.5	101.7	102.3	103.1
拉　萨	106.4	101.7	102.2	105.0	103.2	103.4	103.0	102.2	102.6	101.4	101.1	102.2	102.0
西　安	106.0	99.7	103.5	105.6	102.8	102.7	101.4	100.7	100.9	102.0	101.9	102.7	102.1
兰　州	107.2	99.6	103.8	105.4	102.4	103.5	102.2	101.3	100.8	101.5	101.7	102.2	102.0
西　宁	108.2	102.2	104.5	105.7	102.7	103.8	102.8	102.5	102.1	101.8	102.7	102.5	102.7
银　川	107.6	99.7	103.8	105.5	102.6	103.5	102.1	101.6	101.7	101.7	102.2	102.2	101.8
乌鲁木齐	107.0	100.4	102.7	104.5	103.4	103.5	102.8	100.7	101.5	102.8	102.2	102.0	100.9

5-5-2 全国及36个大中城市商品零售价格指数(2008-2020年)

(上年=100)

地 区	2008	2009	2010	2011	2012	2013	2014	2015	2016	2017	2018	2019	2020
平均指数	**105.3**	**98.6**	**102.5**	**104.5**	**101.8**	**101.0**	**100.8**	**99.8**	**100.7**	**100.9**	**101.7**	**101.6**	**101.2**
北 京	104.4	97.8	100.4	103.2	100.6	99.8	99.1	98.5	98.1	99.2	101.1	100.5	101.0
天 津	105.1	98.9	103.4	104.7	103.0	101.7	100.9	100.3	100.5	100.8	101.6	101.7	101.0
石家庄	107.7	100.1	103.4	104.9	101.9	102.1	101.2	100.2	101.7	100.9	101.9	101.6	101.3
太 原	107.9	99.1	102.6	104.8	101.2	101.3	100.7	98.6	100.8	101.7	101.7	101.5	100.5
呼和浩特	105.4	99.9	102.6	104.7	101.5	101.9	98.6	99.5	101.1	101.2	101.6	101.3	99.9
沈 阳	105.0	97.9	102.6	105.2	102.4	101.6	101.3	100.0	100.6	101.0	101.7	101.4	100.8
大 连	106.0	99.4	104.0	104.4	102.5	101.0	101.0	99.5	102.0	101.5	101.5	102.1	101.4
长 春	105.6	99.6	104.6	104.8	101.8	101.3	101.2	99.1	101.2	101.2	102.9	102.2	100.0
哈尔滨	105.3	98.5	101.9	104.4	102.5	101.2	101.5	100.2	101.6	99.7	100.7	102.2	101.5
上 海	105.3	99.4	101.7	104.1	101.2	100.2	100.9	101.1	100.8	100.9	101.6	100.4	100.9
南 京	103.7	98.7	103.5	104.2	101.4	101.2	102.0	100.6	100.5	101.6	102.8	102.1	101.4
杭 州	106.0	98.6	103.7	104.4	101.9	101.5	100.8	100.2	101.5	101.0	102.0	103.1	100.9
宁 波	107.1	98.8	103.9	105.7	101.8	101.0	100.3	100.4	101.8	101.1	102.1	102.3	100.2
合 肥	106.3	99.8	102.1	105.1	101.9	101.2	100.3	99.5	100.8	102.3	101.7	101.6	101.3
福 州	104.4	99.1	102.9	104.0	101.1	101.0	100.6	99.4	100.7	100.3	101.5	101.8	100.8
厦 门	104.5	97.8	102.8	104.7	101.6	100.4	100.7	100.0	100.0	100.8	101.8	102.5	102.1
南 昌	106.2	99.4	103.0	105.2	102.4	101.3	101.1	100.5	100.4	101.0	100.8	101.3	101.5
济 南	104.5	98.7	101.3	104.6	101.8	101.3	101.2	100.3	100.8	101.0	102.6	102.5	101.9
青 岛	103.9	98.6	101.4	104.5	101.7	101.4	102.3	100.0	102.0	100.8	101.8	102.4	101.5
郑 州	106.0	100.3	102.7	104.9	102.4	101.4	101.1	99.0	100.2	101.7	103.6	103.0	100.8
武 汉	105.1	98.4	103.1	104.7	102.3	100.9	100.5	100.0	101.3	100.1	101.4	102.5	102.2
长 沙	103.9	97.7	103.8	105.4	101.5	101.2	101.7	99.6	100.9	101.4	102.5	102.2	100.8
广 州	105.7	96.8	103.2	105.1	101.9	100.5	101.5	99.1	101.2	102.0	102.2	100.6	100.6
深 圳	106.5	97.5	103.2	105.3	102.4	100.7	101.0	99.7	100.3	101.5	102.0	101.3	100.5
南 宁	107.9	98.5	102.3	104.9	101.7	100.8	100.7	100.4	99.8	100.9	101.1	103.1	100.9
海 口	105.6	99.2	103.7	105.0	102.8	101.6	101.2	100.2	100.9	101.7	102.4	102.4	101.3
重 庆	105.0	97.3	101.7	104.7	101.6	101.8	100.9	100.2	101.3	100.8	101.2	101.6	102.2
成 都	104.5	99.0	102.4	104.3	101.4	101.7	100.4	99.5	100.8	99.4	100.7	101.9	102.2
贵 阳	105.4	98.2	103.2	105.0	102.0	101.9	101.2	99.7	99.5	101.4	102.3	102.3	101.2
昆 明	105.4	100.0	103.6	104.9	102.0	102.5	101.8	100.7	100.8	101.3	101.1	101.5	102.3
拉 萨	104.6	100.1	101.2	103.9	102.9	103.5	102.3	101.5	102.4	101.2	101.1	102.3	102.1
西 安	105.4	99.5	102.7	104.4	102.3	101.7	100.7	99.7	100.1	101.7	102.2	102.1	101.5
兰 州	107.2	100.5	103.9	105.4	102.4	102.7	101.8	100.6	100.7	101.8	101.7	102.0	101.4
西 宁	110.1	102.3	104.6	106.0	102.3	102.5	101.2	100.2	100.6	101.4	102.0	101.9	102.4
银 川	105.9	98.5	102.5	104.2	100.6	102.3	100.8	100.2	100.8	101.5	102.7	101.1	100.5
乌鲁木齐	108.7	100.1	103.4	104.1	102.9	103.5	102.4	99.4	100.6	100.7	100.5	101.2	100.7

5-6　全国及各省(区、市)工业生产者出厂价格指数(1992-2020年)

(上年同期=100)

地　区	1992	1993	1994	1995	1996	1997	1998	1999	2000	2001
全　国	**106.8**	**124.0**	**119.5**	**114.9**	**102.9**	**99.7**	**95.9**	**97.6**	**102.8**	**98.7**
北　京	107.8	128.3	111.8	116.7	103.2	100.6	95.1	97.8	102.5	99.4
天　津	105.2	126.3	120.4	110.2	102.8	98.3	94.7	96.4	102.8	95.9
河　北	108.6	129.1	119.1	111.4	101.1	98.8	94.4	95.9	105.3	99.9
山　西	114.2	132.5	120.1	113.5	106.4	102.2	97.5	95.3	100.9	100.3
内蒙古	109.8	133.2	112.1	109.1	101.7	101.5	98.0	100.4	102.8	100.1
辽　宁	111.8	138.4	119.9	109.9	102.1	100.1	95.8	102.0	108.8	98.6
吉　林	111.4	127.9	115.7	115.0	103.8	101.4	96.9	100.1	105.1	100.3
黑龙江	111.6	141.3	127.7	116.0	104.6	102.3	97.7	107.4	122.9	95.9
上　海	111.4	128.1	118.1	111.5	98.6	98.9	93.9	97.6	102.5	96.7
江　苏	103.6	118.5	121.4	114.1	100.7	97.9	94.5	96.1	101.1	99.1
浙　江	104.8	117.3	117.5	112.3	99.5	99.2	96.0	96.8	101.1	98.3
安　徽	108.7	125.3	120.9	117.1	101.6	99.4	96.4	92.9	98.9	98.6
福　建	102.7	117.1	116.9	115.7	101.8	100.3	95.7	96.6	100.5	98.1
江　西	**106.2**	**115.3**	**124.7**	**114.8**	**104.1**	**101.7**	**98.4**	**96.1**	**101.0**	**98.1**
山　东	109.5	123.0	124.2	117.0	104.2	101.1	96.0	97.2	105.9	99.1
河　南	106.2	118.1	124.1	115.0	104.1	100.6	95.3	95.4	104.0	100.5
湖　北	111.0	126.3	126.2	113.1	102.7	98.6	96.2	97.8	101.7	99.0
湖　南	111.1	128.9	117.6	121.4	105.7	99.2	95.9	98.5	102.9	99.8
广　东		124.1	126.0	112.3	101.8	100.1	94.8	97.7	103.4	98.5
广　西	112.5	121.1	118.8	117.2	102.6	97.7	95.4	95.6	105.5	106.3
海　南										
重　庆	117.2	118.4	113.4	112.4	104.1	98.0	94.6	97.7	98.6	98.1
四　川	106.1	127.4	114.7	112.2	102.2	101.2	97.3	97.0	98.1	100.4
贵　州	101.6	118.1	113.3	113.1	104.9	101.2	98.2	99.7	100.4	102.2
云　南	105.3	125.0	116.7	110.2	101.4	100.7	97.2	98.2	101.2	99.9
西　藏										
陕　西	107.9	119.8	119.9	112.6	104.2	103.7	96.6	97.9	101.5	100.4
甘　肃	112.1	125.3	121.2	114.9	104.4	104.9	95.2	98.1	107.2	98.5
青　海	102.6	124.4	124.9	114.6	106.7	104.3	100.7	102.8	108.1	93.7
宁　夏						100.3	97.7	98.4	103.6	100.3
新　疆	107.5	126.2	118.4	117.2	104.9	104.9	95.8	100.2	129.4	96.3

5-6 续表 1

(上年同期=100)

地 区	2002	2003	2004	2005	2006	2007	2008	2009	2010	2011
全 国	**97.8**	**102.3**	**106.1**	**104.9**	**103.0**	**103.1**	**106.9**	**94.6**	**105.5**	**106.0**
北 京	96.6	101.5	103.0	101.3	99.1	99.7	103.3	94.4	102.2	102.3
天 津	95.9	102.5	104.1	100.1	100.6	101.5	104.1	92.5	105.1	103.8
河 北	99.4	107.1	111.6	104.4	100.8	106.9	116.7	89.1	109.0	107.7
山 西	103.6	112.2	116.1	110.2	101.0	107.4	122.4	92.0	109.5	107.5
内蒙古	99.3	103.2	105.1	105.1	103.0	105.7	112.5	96.2	106.7	107.8
辽 宁	97.8	103.6	107.1	105.1	104.1	104.4	110.9	94.0	107.4	106.5
吉 林	98.6	102.5	105.0	104.3	101.7	102.7	104.9	96.1	105.2	105.4
黑龙江	97.8	111.9	113.1	116.7	109.9	105.3	114.0	87.4	115.0	112.0
上 海	96.4	101.4	103.6	101.7	100.6	101.2	102.2	93.8	102.3	102.9
江 苏	97.6	102.3	106.5	102.6	101.5	102.6	104.6	95.2	107.3	106.2
浙 江	96.9	100.6	105.0	102.3	103.8	102.4	104.3	94.9	106.2	105.0
安 徽	99.8	103.5	108.2	103.3	103.1	103.6	108.4	92.8	109.0	108.3
福 建	97.2	100.7	102.6	100.2	99.2	100.8	102.7	95.5	103.2	103.9
江 西	**98.5**	**104.0**	**109.7**	**108.8**	**109.7**	**106.2**	**106.4**	**93.0**	**115.3**	**111.3**
山 东	98.8	103.5	106.4	103.7	102.3	103.3	108.6	94.1	107.2	106.0
河 南	98.6	105.0	110.2	106.1	104.3	105.2	112.1	94.9	107.8	107.2
湖 北	98.2	103.5	105.7	104.5	102.9	103.9	106.1	95.6	104.9	106.6
湖 南	99.2	102.6	108.0	106.0	104.3	106.1	109.3	94.3	106.9	108.5
广 东	96.5	99.3	101.7	101.5	101.4	101.3	103.1	95.8	103.2	103.7
广 西	95.6	102.8	109.7	104.9	109.6	104.5	109.0	93.5	112.0	108.5
海 南	98.7	99.5	100.0	99.5	100.8	102.7	104.5	90.6	107.7	108.8
重 庆	97.6	100.6	103.3	103.0	102.2	103.5	105.8	95.5	103.1	103.8
四 川	97.7	100.5	105.4	104.0	101.9	103.9	109.3	96.5	105.0	107.3
贵 州	98.9	103.4	108.0	107.2	104.3	105.0	112.4	95.1	104.7	105.4
云 南	98.2	101.4	108.8	104.5	104.6	105.7	105.8	91.5	108.8	104.7
西 藏					106.0	101.1	105.6	98.2	105.8	104.3
陕 西	100.7	105.7	107.3	110.4	109.6	102.9	108.4	96.1	108.7	107.2
甘 肃	97.9	110.0	114.3	109.6	109.8	105.5	104.9	91.0	115.0	111.0
青 海	97.6	105.5	111.2	110.2	109.5	104.2	107.6	91.3	109.4	107.4
宁 夏	99.7	103.9	110.0	106.2	106.2	103.7	112.9	93.9	109.1	109.5
新 疆	97.3	115.1	116.4	116.6	114.4	106.3	116.4	85.5	125.3	114.8

5-6 续表 2

(上年同期＝100)

地 区	2012	2013	2014	2015	2016	2017	2018	2019	2020
全 国	**98.3**	**98.1**	**98.1**	**94.8**	**98.6**	**106.3**	**103.5**	**99.7**	**98.2**
北 京	98.4	97.4	99.1	96.9	98.1	100.7	100.0	99.6	99.1
天 津	97.0	97.0	96.3	90.3	97.9	108.4	105.4	99.3	97.1
河 北	94.7	96.6	95.2	89.1	99.9	115.0	106.2	100.2	98.5
山 西	94.5	90.7	91.4	87.7	96.8	119.4	106.7	99.7	96.7
内蒙古	100.2	97.0	97.3	94.0	98.9	110.6	103.2	102.1	99.7
辽 宁	99.9	99.0	98.2	93.9	98.8	108.1	104.8	99.5	97.0
吉 林	99.1	98.7	99.1	95.3	98.4	103.1	102.8	98.9	98.6
黑龙江	100.0	98.0	97.1	86.0	95.1	109.3	109.0	98.2	93.4
上 海	98.4	98.2	98.9	96.1	98.8	103.5	101.7	98.8	98.3
江 苏	97.1	98.0	98.3	95.3	98.1	104.8	102.8	98.9	97.8
浙 江	97.3	98.2	98.8	96.4	98.3	104.8	103.4	98.9	96.9
安 徽	98.3	98.2	97.4	93.9	98.5	108.0	103.0	100.3	99.1
福 建	98.7	98.4	98.6	97.0	99.1	104.1	102.8	100.6	98.4
江 西	**96.5**	**98.5**	**97.8**	**93.7**	**98.6**	**107.9**	**104.2**	**98.9**	**98.3**
山 东	98.4	98.4	98.4	95.2	98.5	105.5	103.7	99.7	98.1
河 南	99.4	98.5	98.1	95.4	99.0	106.8	103.6	100.2	99.2
湖 北	100.3	99.2	98.4	96.7	99.0	105.6	104.2	100.2	99.1
湖 南	99.1	98.5	98.4	96.3	98.9	105.8	103.2	99.6	99.0
广 东	99.5	98.8	98.9	96.8	99.4	103.3	101.8	100.2	99.0
广 西	97.8	98.2	98.4	97.0	99.1	107.6	103.2	99.3	99.4
海 南	100.8	99.5	97.6	89.8	96.0	108.8	108.2	97.4	93.8
重 庆	99.9	98.0	98.3	97.2	98.6	104.1	102.1	99.8	99.1
四 川	98.6	98.7	98.7	96.4	98.9	106.5	103.6	100.4	98.8
贵 州	101.0	97.4	98.3	96.1	97.9	107.2	101.8	99.8	98.3
云 南	97.9	97.5	97.8	94.9	97.6	105.2	102.4	100.0	98.6
西 藏	99.7	99.8	99.0	93.2	102.9	110.0	100.1	98.9	99.4
陕 西	100.7	97.3	97.1	90.8	97.6	110.8	105.4	100.8	95.1
甘 肃	96.8	96.9	96.7	87.0	94.9	114.5	109.5	98.3	93.9
青 海	96.9	97.0	96.1	93.1	98.5	116.7	104.8	98.5	96.6
宁 夏	97.4	96.0	96.3	93.7	99.1	112.1	107.3	99.4	96.9
新 疆	96.9	96.5	96.2	82.4	94.5	113.7	111.2	98.5	91.6

5-7 全国及各省(区、市)工业生产者购进价格指数(1992-2020年)

(上年同期=100)

地　　区	1992	1993	1994	1995	1996	1997	1998	1999	2000	2001
全　　国	**111.0**	**135.1**	**118.2**	**115.3**	**103.9**	**101.3**	**95.8**	**96.7**	**105.1**	**99.8**
北　　京	114.2	142.7	123.8	119.8	104.2	103.4	98.1	95.8	100.0	100.5
天　　津	108.4	139.1	121.7	112.8	101.9	99.0	95.9	96.3	104.5	98.8
河　　北	111.4	134.9	119.9	110.9	106.3	102.0	96.2	95.4	103.3	101.0
山　　西	111.9	135.9	115.1	113.1	104.8	102.0	97.3	97.0	102.0	101.8
内 蒙 古	112.1	132.6	116.8	112.8	100.8	100.9	98.1	96.8	106.5	101.3
辽　　宁	121.2	149.9	118.2	114.2	104.8	103.1	99.3	99.1	103.9	99.9
吉　　林	127.1	173.9	113.9	113.8	102.4	103.9	96.6	100.5	106.8	101.8
黑 龙 江	112.9	139.6	117.6	112.7	104.2	104.4	98.6	98.2	108.6	99.5
上　　海	113.1	129.2	121.4	114.8	101.6	97.8	94.1	97.1	107.1	98.7
江　　苏	110.3	125.8	120.1	117.6	104.3	98.0	91.5	94.4	107.1	99.5
浙　　江	106.3	126.4	124.8	119.2	101.5	96.5	92.6	96.2	107.2	99.6
安　　徽	113.9	128.8	122.3	117.9	109.9	101.7	96.0	94.5	102.6	101.2
福　　建	109.3	129.6	115.2	119.6	104.3	98.6	92.5	97.9	112.4	96.7
江　　西	**107.9**	**129.4**	**123.4**	**114.7**	**105.8**	**100.4**	**95.4**	**96.9**	**101.2**	**99.3**
山　　东	111.0	134.7	120.1	113.2	105.7	100.6	93.4	93.4	104.7	100.0
河　　南	110.0	133.0	122.0	114.1	105.3	100.7	94.8	94.3	105.1	101.9
湖　　北	110.2	135.5	116.6	118.2	108.4	101.5	95.2	95.6	105.6	100.2
湖　　南	116.2	139.7	119.6	117.6	105.9	100.1	94.8	96.2	106.7	101.1
广　　东		134.3	121.1	118.7	104.6	97.3	91.4	97.8	110.9	99.1
广　　西	105.2	141.7	117.8	112.9	103.4	99.3	95.3	93.6	100.9	103.7
海　　南										
重　　庆	123.8	124.5	124.6	111.6	106.3	100.1	95.1	96.9	105.6	99.5
四　　川	112.5	137.2	119.1	113.5	106.1	101.6	95.3	96.8	101.7	98.5
贵　　州	113.5	144.6	115.0	114.9	108.1	101.9	95.7	97.0	102.9	100.2
云　　南	115.2	138.1	110.3	113.2	110.3	102.9	100.7	98.8	101.5	99.4
西　　藏										
陕　　西	111.5	138.4	115.6	114.3	109.1	106.8	97.1	95.5	100.0	100.5
甘　　肃	122.2	139.4	118.3	113.7	107.4	102.2	96.4	98.3	111.8	101.4
青　　海	105.3	138.9	112.3	110.2	108.3	110.7	101.3	99.1	98.9	99.1
宁　　夏						103.5	101.1	97.0	105.8	102.5
新　　疆	121.1	136.4	110.9	116.8	107.0	104.5	95.6	98.2	115.2	98.9

5-7　续表 1　　　　(上年同期=100)

地　区	2002	2003	2004	2005	2006	2007	2008	2009	2010	2011
全　国	**97.7**	**104.8**	**111.4**	**108.3**	**106.0**	**104.4**	**110.5**	**92.1**	**109.6**	**109.1**
北　京	97.1	104.7	114.2	111.4	105.5	105.0	115.8	88.6	110.5	108.4
天　津	95.9	108.7	115.4	104.9	104.7	105.7	112.9	90.2	110.0	109.7
河　北	97.3	109.4	118.4	107.0	105.0	107.8	115.9	93.5	110.9	110.9
山　西	102.6	107.8	114.5	108.2	102.6	105.3	118.3	96.6	109.0	108.1
内蒙古	99.9	102.9	109.2	109.9	105.9	104.8	111.7	99.1	105.0	106.1
辽　宁	98.3	105.1	112.1	108.1	104.2	104.8	111.5	93.3	108.6	108.3
吉　林	97.8	104.8	110.5	107.0	103.8	105.2	111.3	95.3	108.6	106.1
黑龙江	99.3	107.6	115.2	111.8	105.6	105.0	114.1	93.4	114.5	111.1
上　海	97.7	106.4	116.4	106.8	104.8	104.1	110.3	89.8	111.2	107.5
江　苏	98.6	106.5	116.3	107.6	106.4	105.0	115.0	91.9	112.8	108.9
浙　江	97.5	105.8	113.4	105.4	105.6	105.3	110.6	92.6	112.0	108.3
安　徽	98.2	106.7	115.0	107.1	103.9	105.1	112.4	95.3	111.8	110.8
福　建	97.6	106.3	113.3	108.1	103.9	104.3	110.2	93.2	107.7	108.0
江　西	**98.6**	**106.5**	**114.5**	**110.0**	**108.6**	**107.9**	**114.2**	**90.7**	**111.8**	**112.4**
山　东	98.7	105.7	113.4	105.9	104.3	104.8	113.1	95.5	109.3	109.2
河　南	97.6	107.8	115.7	108.3	105.3	106.4	111.9	97.1	110.2	110.1
湖　北	97.7	108.2	113.1	107.0	104.9	104.5	110.9	93.4	110.4	111.5
湖　南	99.3	106.7	114.4	109.4	106.5	106.1	112.0	92.6	110.0	110.8
广　东	96.3	104.1	110.7	105.0	103.6	103.3	107.9	93.8	107.3	107.3
广　西	95.6	101.2	116.3	108.2	111.4	106.1	110.6	95.1	111.2	110.0
海　南	101.5	102.2	105.9	104.2	101.5	105.0	111.6	85.3	110.3	115.3
重　庆	99.2	104.9	110.3	108.2	104.8	106.2	112.2	95.0	106.9	105.7
四　川	97.6	101.7	112.0	109.3	104.3	105.7	112.4	95.3	106.1	112.6
贵　州	97.6	106.0	109.6	107.4	107.3	107.5	112.5	93.5	109.8	115.0
云　南	99.1	102.7	113.0	106.5	107.6	108.2	111.6	95.0	109.0	108.0
西　藏										
陕　西	98.8	104.8	110.4	107.5	106.7	106.3	111.2	98.4	109.7	109.6
甘　肃	98.4	105.6	112.5	109.9	108.8	104.3	110.2	90.5	114.4	115.1
青　海	102.8	101.8	108.5	105.3	102.8	104.4	110.4	99.8	108.6	107.0
宁　夏	97.8	106.8	117.3	109.7	108.5	107.1	121.8	94.7	114.1	112.8
新　疆	94.9	114.8	118.2	110.7	111.1	103.8	117.8	90.6	123.9	117.8

5-7 续表 2 (上年同期=100)

地　区	2012	2013	2014	2015	2016	2017	2018	2019	2020
全　国	**98.2**	**98.0**	**97.8**	**93.9**	**98.0**	**108.1**	**104.1**	**99.3**	**97.7**
北　京	98.7	97.8	98.8	93.7	98.5	104.4	100.8	99.6	99.5
天　津	97.1	97.4	97.1	92.4	98.3	111.1	106.2	98.8	96.9
河　北	96.2	97.6	95.6	90.3	98.3	114.5	104.0	102.1	98.4
山　西	98.1	95.5	96.2	93.1	98.1	115.2	105.5	101.1	97.2
内蒙古	102.0	99.3	98.4	95.9	98.0	106.3	102.4	101.1	99.5
辽　宁	99.0	98.5	98.0	93.5	97.9	108.0	104.5	100.8	98.2
吉　林	99.3	99.4	99.2	96.6	97.8	103.4	103.5	99.2	98.7
黑龙江	98.8	98.7	97.6	88.2	96.0	110.2	109.0	100.3	95.1
上　海	94.7	96.5	95.9	90.6	97.7	108.9	105.2	98.7	96.9
江　苏	95.8	97.1	97.0	92.1	98.0	109.7	104.6	97.2	96.5
浙　江	96.7	97.7	98.2	94.5	97.8	109.6	105.1	97.1	95.9
安　徽	98.2	96.9	97.2	93.5	98.4	109.2	105.3	99.9	98.5
福　建	97.7	98.4	98.3	96.1	98.0	105.3	102.8	99.0	98.6
江　西	**98.3**	**98.4**	**98.4**	**93.6**	**97.7**	**107.2**	**103.2**	**98.2**	**97.0**
山　东	99.2	98.4	98.2	95.0	98.0	107.3	103.6	99.2	97.5
河　南	99.2	99.3	98.4	95.4	99.2	107.3	104.0	101.2	99.4
湖　北	98.9	98.2	97.8	92.8	98.3	108.3	104.8	99.3	98.4
湖　南	100.1	98.4	97.9	94.5	98.0	107.2	103.5	100.2	98.9
广　东	99.5	98.2	98.8	95.3	98.0	105.3	102.5	99.2	97.4
广　西	99.2	98.9	98.2	95.7	98.3	106.5	103.4	99.5	98.5
海　南	99.6	97.0	99.0	88.5	94.8	112.4	110.8	103.1	92.0
重　庆	99.5	97.6	98.1	97.1	98.4	104.4	102.5	100.1	99.9
四　川	100.0	99.2	98.7	96.7	98.8	108.3	105.3	100.6	98.1
贵　州	102.3	96.4	98.6	97.5	98.5	109.7	103.4	99.4	98.6
云　南	99.3	98.8	99.0	96.9	95.9	106.2	104.4	99.0	97.3
西　藏									
陕　西	100.0	99.3	98.5	95.2	95.9	106.4	104.2	100.3	97.6
甘　肃	98.7	97.8	97.6	87.0	94.6	115.5	109.8	99.0	94.1
青　海	98.6	98.8	97.6	97.7	96.2	108.0	104.5	98.2	96.1
宁　夏	99.5	97.0	97.0	92.1	96.9	112.9	106.5	97.5	94.7
新　疆	97.9	97.8	97.5	84.3	95.5	112.8	109.2	100.0	93.4

5-8 全国及各省(区、市)固定资产投资价格指数

(上年=100)

地 区	1991	1992	1993	1994	1995	1996	1997	1998	1999	2000
全 国	**109.5**	**115.3**	**126.6**	**110.4**	**105.9**	**104.0**	**101.7**	**99.8**	**99.6**	**101.1**
北 京	107.3	112.2	126.6	116.2	113.9	108.2	102.7	100.8	99.9	101.0
天 津		119.4	122.9	111.9	107.6	102.5	100.8	98.9	99.2	99.9
河 北	106.8	129.3	124.8	110.0	106.9	103.9	101.5	97.8	99.4	101.1
山 西	107.8	116.8	124.8	108.3	106.8	104.9	101.5	98.8	99.7	101.8
内蒙古	107.1	109.3	124.5	106.7	103.9	105.3	99.7	101.7	101.9	101.9
辽 宁	108.2	121.0	136.4	117.4	104.9	102.2	102.3	99.8	100.0	101.1
吉 林	111.9	116.4	128.8	107.3	109.6	102.9	104.4	100.8	102.2	102.0
黑龙江	107.6	113.5	127.9	109.0	106.5	103.4	102.7	100.8	99.7	101.5
上 海	107.3	113.0	131.4	108.8	103.1	106.9	100.5	98.4	98.1	100.0
江 苏	104.5	112.1	138.8	114.6	107.4	103.2	99.2	98.4	98.3	101.1
浙 江			138.8	112.4	107.2	101.3	99.5	97.6	98.2	100.3
安 徽	114.8	119.8	123.0	120.1	106.5	103.4	101.3	100.0	99.3	101.6
福 建	108.6	114.9	134.1	107.3	104.8	104.7	101.1	98.0	98.5	100.2
江 西	**110.4**	**110.1**	**129.8**	**114.6**	**107.2**	**105.8**	**101.4**	**102.1**	**98.6**	**101.4**
山 东	112.4	119.4	122.1	115.8	106.6	103.1	100.4	99.2	99.6	102.4
河 南	109.4	119.8	126.7	106.0	105.9	103.9	102.9	98.7	98.0	102.9
湖 北	108.3	117.0	127.4	107.9	105.0	104.0	102.1	100.5	99.5	101.7
湖 南	108.1	116.4	129.5	113.5	109.5	104.9	101.8	102.7	100.5	102.3
广 东										
广 西	101.7	117.9	131.2	112.3	103.4	103.6	100.3	99.9	96.1	101.4
海 南										101.8
重 庆							101.7	98.7	100.5	102.5
四 川	108.1	113.9	133.2	107.3	101.2	104.8	102.2	97.5	100.5	100.9
贵 州	110.6	120.2	126.9	113.1	107.6	105.4	101.4	100.0	99.4	102.2
云 南	112.1	117.6	135.4	113.6	104.0	104.3	105.4	101.8	100.7	101.6
西 藏										
陕 西	112.9	119.1	129.5	111.7	107.9	107.8	105.3	101.8	101.2	103.6
甘 肃	116.5	117.4	126.2	112.6	109.4	104.9	102.7	100.3	101.0	103.3
青 海		115.1	125.9	108.4	105.3	103.5	103.0	98.5	100.1	101.6
宁 夏	110.4	117.3	123.0	112.6	109.3	107.4	102.2	102.1	99.7	104.5
新 疆	114.8	117.0	126.5	112.3	106.2	105.6	103.2	102.0	99.0	103.6

5-8 续表 1 (上年=100)

地　区	2001	2002	2003	2004	2005	2006	2007	2008	2009	2010
全　国	**100.4**	**100.2**	**102.2**	**105.6**	**101.6**	**101.5**	**103.9**	**108.9**	**97.6**	**103.6**
北　京	100.6	100.4	102.2	104.3	100.7	100.4	102.8	107.8	97.1	102.5
天　津	99.7	99.5	102.6	107.3	101.2	100.7	102.6	109.2	97.6	102.6
河　北	99.9	99.5	102.3	107.0	101.9	101.7	103.8	109.6	96.5	103.7
山　西	101.7	100.5	102.9	105.2	103.0	101.5	104.1	113.3	98.1	103.7
内蒙古	100.8	101.0	102.6	105.0	103.7	103.3	103.8	108.1	98.5	105.4
辽　宁	100.4	100.7	102.5	104.8	102.8	102.1	104.3	109.1	97.0	103.3
吉　林	101.1	101.2	101.1	104.1	102.0	102.2	103.9	107.3	99.4	102.4
黑龙江	100.1	100.2	102.3	105.0	102.2	102.1	104.5	109.0	97.6	105.2
上　海	100.7	100.3	102.4	106.7	100.8	100.1	103.5	107.9	97.0	103.8
江　苏	100.8	101.7	104.3	109.4	100.9	101.2	104.9	110.0	97.7	105.1
浙　江	100.4	100.5	103.5	105.9	100.3	101.5	104.4	109.3	96.7	104.7
安　徽	99.5	101.1	103.5	106.1	101.0	101.9	105.4	109.4	96.0	105.4
福　建	99.5	99.7	101.4	103.4	100.7	102.0	105.9	105.9	98.0	103.3
江　西	**98.9**	**100.0**	**105.1**	**107.4**	**100.5**	**103.2**	**105.4**	**108.1**	**96.1**	**104.8**
山　东	101.4	101.1	102.9	107.4	102.9	101.8	104.0	107.7	96.9	103.6
河　南	100.4	98.7	103.8	110.1	101.4	101.6	104.6	109.0	96.4	103.5
湖　北	100.1	99.8	103.3	106.0	102.2	101.8	104.1	109.4	98.8	104.7
湖　南	101.3	100.3	102.8	105.5	103.6	103.1	105.8	109.9	99.7	104.0
广　东	100.2	99.7	102.2	106.4	101.6	100.7	102.4	108.6	96.7	103.0
广　西	102.0	100.3	101.8	104.6	101.4	101.2	102.3	107.9	97.9	103.0
海　南	100.3	98.2	103.2	105.6	101.2	101.0	106.1	113.3	97.7	105.2
重　庆	100.8	100.7	102.9	105.1	102.3	101.7	105.5	110.2	97.8	102.1
四　川	101.5	100.5	102.2	106.8	103.9	102.9	104.7	112.5	98.3	102.5
贵　州	100.4	100.2	102.3	104.9	101.4	101.1	103.5	108.9	100.5	102.7
云　南	101.0	100.0	102.2	108.0	104.6	101.8	104.2	107.4	98.1	102.7
西　藏										
陕　西	103.6	102.0	101.7	104.5	103.7	102.6	104.0	109.5	99.3	103.6
甘　肃	102.0	100.2	101.7	105.5	102.2	104.1	102.8	106.7	101.5	103.5
青　海	100.3	103.2	102.0	102.8	102.1	102.4	104.2	110.5	100.9	103.8
宁　夏	101.5	100.7	102.3	104.9	102.1	101.3	103.2	109.0	100.2	104.2
新　疆	102.5	100.2	103.4	104.5	102.8	102.2	104.4	111.2	98.0	104.6

5-8　续表 2　　(上年=100)

地　区	2011	2012	2013	2014	2015	2016	2017	2018	2019
全　国	**106.6**	**101.1**	**100.3**	**100.5**	**98.2**	**99.4**	**105.8**	**105.4**	**102.6**
北　京	105.7	101.3	99.9	100.0	97.6	99.7	104.7	103.8	102.1
天　津	105.7	100.0	99.5	100.5	99.9	99.4	104.3	104.5	101.7
河　北	105.5	100.3	99.9	100.2	98.0	99.4	106.7	105.0	103.0
山　西	105.5	101.2	100.5	99.6	98.2	100.0	106.3	104.5	104.0
内蒙古	106.3	101.6	99.6	99.8	98.0	99.5	103.4	103.6	101.7
辽　宁	106.6	101.0	100.0	99.7	97.9	99.2	104.0	103.5	103.1
吉　林	105.6	100.4	100.0	100.2	97.6	98.7	104.7	104.6	102.6
黑龙江	107.5	100.8	100.1	100.0	99.0	99.4	103.4	103.3	100.8
上　海	106.5	99.4	100.2	100.5	97.0	99.6	106.7	105.6	101.4
江　苏	106.8	98.6	100.5	101.1	96.2	98.8	107.6	106.0	101.3
浙　江	107.5	99.2	100.0	100.6	97.4	99.5	105.8	105.7	102.1
安　徽	108.1	101.0	100.2	100.3	96.9	99.2	107.4	105.8	102.3
福　建	106.2	100.3	100.1	100.4	98.3	100.0	105.6	104.9	101.5
江　西	**108.4**	**101.0**	**100.4**	**100.1**	**96.8**	**100.0**	**106.1**	**106.4**	**102.4**
山　东	106.8	100.8	100.4	100.3	97.7	99.1	105.8	106.1	102.8
河　南	107.4	101.0	99.9	100.0	97.6	99.2	107.4	105.4	103.2
湖　北	107.3	101.8	100.5	101.0	99.4	100.1	105.9	106.6	104.0
湖　南	107.2	101.7	101.3	101.5	100.4	100.4	105.7	104.8	101.7
广　东	105.5	101.5	101.4	101.5	99.0	100.3	105.3	106.2	104.2
广　西	106.2	100.6	100.1	101.6	98.8	99.5	104.4	104.5	102.4
海　南	106.4	102.0	99.3	100.6	99.4	100.1	104.1	106.2	103.3
重　庆	105.9	101.8	100.5	100.3	98.2	98.9	105.3	105.0	103.4
四　川	105.2	101.0	100.4	100.5	97.9	99.8	107.7	106.4	101.6
贵　州	105.4	101.5	100.9	101.1	98.4	98.6	106.1	105.2	102.3
云　南	104.6	101.4	101.1	101.0	99.1	100.1	104.9	104.9	102.3
西　藏									
陕　西	105.9	102.6	102.0	101.1	98.8	99.9	105.3	105.4	102.6
甘　肃	104.7	102.1	100.4	100.1	97.7	98.7	105.9	104.6	102.6
青　海	106.5	102.2	101.5	100.9	98.2	99.6	106.1	104.3	102.5
宁　夏	107.5	101.5	99.8	100.8	97.5	99.6	105.9	103.5	102.0
新　疆	107.1	100.6	100.5	100.3	98.3	99.9	103.5	103.7	102.8

5-9 全国70个大中城市新建商品住宅价格指数(2020年)

(上年同月=100)

城市	1月	2月	3月	4月	5月	6月	7月	8月	9月	10月	11月	12月
北京	104.1	104.4	104.1	103.3	103.1	103.6	103.3	103.4	103.8	104.2	102.4	102.3
天津	101.3	100.5	100.1	99.6	99.7	100.0	100.7	100.9	100.8	100.8	101.1	101.1
石家庄	108.8	107.6	106.5	106.7	105.6	104.6	104.9	103.6	103.3	103.1	103.6	102.8
太原	102.9	102.1	101.7	101.3	101.4	101.4	101.2	100.1	99.3	99.0	98.5	99.0
呼和浩特	114.8	113.9	113.7	113.7	113.8	112.0	111.8	109.9	109.0	107.0	105.9	105.1
沈阳	109.2	109.2	108.7	108.8	108.8	108.7	109.0	109.2	108.2	106.8	106.0	105.0
大连	108.4	106.9	106.1	105.9	105.3	105.0	104.5	104.2	105.0	105.1	104.9	104.8
长春	108.6	107.8	108.0	107.9	107.8	107.2	107.3	107.0	106.3	104.8	103.4	102.3
哈尔滨	109.4	108.8	108.1	108.2	107.5	106.5	106.0	105.3	104.1	102.8	101.9	100.8
上海	102.7	102.3	102.4	102.7	103.5	103.7	104.2	104.5	104.5	104.4	104.1	104.2
南京	103.3	103.2	103.3	104.5	105.0	106.1	104.9	105.1	104.3	104.5	104.8	104.9
杭州	105.0	104.4	105.4	105.2	105.1	105.2	104.9	105.3	105.1	105.2	105.1	104.5
宁波	108.2	107.4	106.5	105.8	106.1	106.0	105.7	105.4	105.1	104.9	104.9	104.4
合肥	103.7	102.9	102.3	101.3	101.1	101.4	101.1	100.6	101.4	102.2	103.1	103.6
福州	103.5	104.0	104.0	103.8	103.4	103.7	103.6	103.3	103.2	103.1	103.5	104.4
厦门	104.4	104.2	103.5	102.8	103.0	103.1	102.4	101.9	102.8	103.7	104.4	104.5
南昌	103.3	103.3	102.3	102.1	101.9	102.0	101.7	101.0	100.5	100.2	100.4	100.8
济南	99.7	99.0	97.8	96.8	96.9	96.9	96.8	96.7	97.1	97.9	98.3	99.0
青岛	103.7	103.3	102.3	102.4	101.9	102.5	102.3	102.5	102.9	102.9	102.8	102.8
郑州	101.4	101.1	100.5	100.2	99.8	99.6	99.3	99.6	99.3	98.8	99.0	99.2
武汉	111.5	110.3	109.5	108.3	107.4	107.9	107.4	106.8	106.4	105.8	105.1	104.5
长沙	104.6	104.7	105.0	105.3	104.8	105.4	105.7	106.3	106.5	106.4	105.8	105.0
广州	104.2	103.0	101.7	100.7	100.2	100.5	101.0	101.6	102.1	102.7	104.1	105.2
深圳	104.3	104.3	105.2	104.8	104.9	105.3	105.9	106.2	105.3	105.1	104.9	104.1
南宁	112.0	111.3	110.5	110.0	110.2	110.9	111.2	109.6	108.0	106.0	105.6	105.2
海口	106.6	106.3	105.8	105.3	103.8	102.9	102.4	103.2	103.1	102.3	102.8	102.7
重庆	107.5	106.5	106.2	106.0	105.0	105.2	104.6	105.3	105.3	105.4	104.7	104.6
成都	110.0	110.6	110.5	110.3	110.4	110.0	109.6	109.9	109.5	108.0	107.2	106.3
贵阳	104.4	103.6	102.6	101.3	100.6	100.0	99.1	99.4	99.9	100.5	101.5	102.5
昆明	110.5	109.5	108.6	108.4	108.3	108.3	107.5	107.3	106.1	105.4	105.0	105.6
西安	112.8	111.6	111.0	110.4	108.8	107.8	107.3	108.0	108.0	107.6	107.1	106.9
兰州	104.7	104.5	104.1	104.6	104.4	104.7	104.5	105.3	105.6	105.8	105.3	105.2
西宁	114.7	112.7	113.2	113.4	113.9	114.4	113.2	113.4	112.7	110.3	109.5	109.1
银川	112.8	112.0	112.5	113.0	114.7	115.7	117.6	117.6	116.8	116.6	115.0	114.2
乌鲁木齐	101.1	100.3	99.9	100.2	100.6	100.8	101.3	101.7	101.7	102.5	103.7	103.1

5-9 续表

(上年同月=100)

城市	1月	2月	3月	4月	5月	6月	7月	8月	9月	10月	11月	12月
唐山	113.6	113.2	113.2	114.7	115.0	115.3	116.1	115.4	115.4	113.4	111.7	111.2
秦皇岛	110.4	109.1	108.1	106.9	107.0	106.6	106.0	105.6	106.0	104.7	103.9	103.5
包头	105.9	105.1	104.4	103.4	103.7	103.9	104.3	104.0	103.8	103.4	103.2	102.6
丹东	107.9	107.8	106.2	106.2	106.0	106.0	106.7	106.9	106.7	106.3	106.5	106.6
锦州	108.5	108.9	107.5	107.9	108.2	108.7	109.7	111.5	110.6	109.7	108.5	107.5
吉林	109.2	109.0	108.8	108.9	108.3	108.4	108.0	107.7	107.5	106.3	105.1	104.1
牡丹江	105.1	104.9	104.5	103.5	102.3	102.1	100.8	101.0	101.3	100.3	100.0	99.0
无锡	109.0	109.5	109.0	109.5	109.1	109.0	109.6	110.0	108.7	107.8	107.1	106.3
扬州	110.5	110.1	109.5	109.5	109.5	109.3	109.1	108.3	107.5	107.7	107.1	106.6
徐州	111.5	111.1	111.3	111.6	111.1	111.2	111.6	111.6	111.9	111.9	111.4	110.0
温州	104.5	103.9	102.4	103.3	103.4	104.5	105.1	106.1	105.6	105.0	104.4	104.3
金华	107.9	107.5	107.1	106.6	105.9	106.3	105.4	105.7	105.7	105.5	104.9	105.0
蚌埠	103.4	103.7	103.8	103.7	103.6	104.1	103.8	104.3	104.3	104.5	104.8	105.3
安庆	102.1	101.7	100.0	99.5	98.8	98.0	97.7	96.9	96.5	96.8	97.5	98.0
泉州	103.5	103.5	103.7	103.6	104.5	105.2	105.2	105.6	106.1	105.5	105.6	105.5
九江	108.6	108.6	107.7	107.6	107.5	107.5	107.3	106.3	106.1	105.2	104.7	104.1
赣州	102.7	103.0	103.2	104.0	104.0	104.7	104.5	105.0	104.3	104.2	104.4	104.2
烟台	109.7	109.9	109.6	109.2	108.7	108.1	107.5	107.7	107.1	106.7	106.3	105.5
济宁	109.3	107.9	107.8	107.7	107.3	106.8	107.4	107.4	107.2	107.2	107.9	108.3
洛阳	112.4	111.9	111.5	110.7	109.0	106.6	106.9	106.6	104.8	103.1	102.5	102.1
平顶山	108.6	107.4	106.2	105.6	105.5	105.2	103.9	103.9	104.3	103.7	103.8	103.4
宜昌	100.1	99.3	98.4	98.2	98.2	98.9	99.3	99.9	100.3	101.3	102.1	102.5
襄阳	110.0	109.2	108.7	107.8	107.1	106.9	107.0	106.4	105.9	105.1	104.8	104.0
岳阳	97.9	97.9	97.7	98.0	98.6	99.0	99.1	99.7	100.5	100.2	100.4	101.0
常德	103.4	103.7	101.8	100.7	100.7	100.0	100.3	99.5	99.4	98.4	98.4	98.6
惠州	105.0	105.2	104.9	105.1	105.7	106.8	107.3	108.7	109.2	109.0	108.1	107.6
湛江	104.1	103.1	101.9	101.5	100.7	100.2	100.1	100.1	100.7	100.5	101.4	100.5
韶关	99.5	99.1	99.2	99.3	98.0	97.8	97.1	98.4	98.4	99.0	99.4	99.6
桂林	106.7	105.7	104.9	105.5	105.1	104.2	103.1	101.7	101.4	101.5	100.9	100.9
北海	107.7	107.2	106.0	104.7	103.5	102.2	101.2	99.5	99.1	98.2	97.9	97.0
三亚	106.7	106.6	105.8	105.6	104.6	104.1	104.6	105.0	105.5	105.9	105.9	105.7
泸州	97.9	96.8	96.4	96.2	96.5	97.2	97.4	98.3	98.7	99.4	99.6	99.8
南充	102.0	101.1	100.5	100.7	101.3	100.3	100.2	99.6	99.2	98.9	98.7	99.1
遵义	104.2	102.5	102.2	101.6	101.1	100.9	100.5	100.3	99.7	99.8	100.6	100.1
大理	114.1	112.1	110.9	110.3	108.2	106.0	104.9	104.7	104.2	103.5	102.5	101.7

5-10 全国70个大中城市二手住宅价格指数(2020年)

(上年同月=100)

城市	1月	2月	3月	4月	5月	6月	7月	8月	9月	10月	11月	12月
北　京	100.0	99.6	99.3	99.8	101.5	102.2	102.5	103.6	104.5	105.4	106.4	106.3
天　津	99.2	98.2	97.7	96.7	95.7	95.4	95.8	95.5	95.4	95.8	95.6	96.0
石家庄	100.3	99.7	99.1	98.5	97.9	97.6	97.5	97.0	97.6	97.5	97.5	97.5
太　原	103.3	102.4	103.8	101.9	100.4	99.1	97.7	97.7	96.6	96.5	96.7	96.9
呼和浩特	109.5	107.9	106.3	104.7	102.3	101.4	101.0	101.0	100.4	99.7	99.3	99.2
沈　阳	109.9	109.3	109.0	110.0	110.4	110.4	110.3	109.4	108.8	109.1	108.3	107.8
大　连	105.0	104.4	103.8	104.0	103.9	104.1	104.6	104.8	105.1	105.5	105.7	106.1
长　春	107.3	107.3	106.5	105.7	105.3	105.3	104.5	103.8	102.7	101.8	100.9	99.8
哈尔滨	112.2	111.7	111.5	110.8	110.0	108.3	106.7	104.9	102.6	100.4	98.4	97.0
上　海	101.4	101.6	101.6	102.3	102.8	103.3	103.3	104.1	104.6	105.2	105.5	106.3
南　京	105.6	105.3	104.6	105.0	105.3	105.7	105.2	104.9	103.9	103.8	104.0	104.5
杭　州	103.0	103.1	103.1	103.2	102.7	103.3	104.6	105.4	105.9	106.4	106.5	106.9
宁　波	108.8	108.3	108.1	108.1	108.2	108.6	108.3	107.7	107.7	107.8	107.9	108.5
合　肥	103.1	103.1	103.1	103.0	103.3	103.2	102.5	102.6	103.0	103.5	104.4	104.7
福　州	103.8	103.5	102.7	103.0	103.4	103.7	103.5	104.4	104.8	103.6	102.8	102.5
厦　门	105.9	105.6	104.1	103.3	103.8	104.3	103.5	103.3	103.3	104.2	104.9	104.8
南　昌	101.5	101.1	100.0	99.3	99.4	99.6	99.4	99.1	98.9	99.0	99.7	99.6
济　南	97.2	96.4	95.9	96.1	96.4	96.4	96.7	97.1	96.9	97.3	97.5	97.2
青　岛	94.5	94.2	94.1	94.3	94.5	95.4	95.8	96.6	97.0	97.2	97.7	97.9
郑　州	96.6	97.0	96.6	96.0	95.3	95.5	95.4	95.6	95.5	95.5	95.7	96.4
武　汉	97.8	97.8	97.7	97.7	98.0	98.1	98.8	99.0	100.1	100.5	100.5	100.2
长　沙	98.8	98.7	98.7	98.1	98.3	98.9	99.5	99.7	100.0	100.3	100.7	101.3
广　州	98.7	98.8	99.1	99.5	100.1	101.0	102.2	103.9	104.9	105.7	106.7	107.5
深　圳	108.8	108.8	109.7	110.3	112.0	114.3	114.9	115.9	115.7	115.5	114.6	114.1
南　宁	109.0	107.7	106.8	105.5	104.4	103.9	104.1	103.7	103.2	103.6	103.7	103.7
海　口	98.6	98.6	98.2	97.2	97.1	97.1	98.0	99.5	100.7	101.1	101.9	102.4
重　庆	100.9	100.1	99.3	98.4	98.1	97.7	97.7	98.6	99.5	99.4	99.3	99.4
成　都	100.6	101.0	101.8	104.1	104.9	105.4	105.2	107.5	108.1	108.4	109.0	108.2
贵　阳	97.2	96.8	96.6	96.1	95.5	95.5	95.0	95.3	95.8	95.9	96.2	96.5
昆　明	105.7	105.3	105.5	106.0	105.5	105.2	104.8	103.3	103.1	103.3	102.9	103.0
西　安	100.3	100.4	99.0	98.1	97.7	97.7	98.1	99.0	100.2	101.2	101.7	102.4
兰　州	108.6	108.4	107.0	107.4	106.4	106.3	106.2	105.5	105.3	104.7	104.4	104.3
西　宁	112.8	111.7	110.4	109.2	109.1	109.7	109.5	109.5	108.7	108.3	107.7	107.9
银　川	107.0	107.0	106.3	107.2	108.3	109.2	109.6	109.1	108.9	109.2	108.8	108.5
乌鲁木齐	101.5	100.3	101.4	100.9	101.0	101.3	101.9	103.0	104.0	104.1	105.0	105.8

5-10 续表 (上年同月=100)

城市	1月	2月	3月	4月	5月	6月	7月	8月	9月	10月	11月	12月
唐山	116.1	116.6	116.4	115.6	115.2	115.0	115.3	114.6	112.2	110.8	109.3	108.3
秦皇岛	108.8	107.6	106.2	104.8	104.9	104.4	104.9	104.5	104.3	103.6	103.2	102.7
包头	106.1	105.4	104.3	103.0	103.6	103.4	102.5	102.2	102.2	102.7	102.2	101.9
丹东	108.9	108.4	107.8	107.2	106.5	106.1	106.0	106.1	105.9	105.7	105.2	104.7
锦州	102.5	102.2	102.5	101.5	101.1	101.5	100.6	101.0	100.1	100.0	99.6	99.3
吉林	108.0	107.6	106.5	105.7	105.3	105.0	104.6	103.6	102.1	100.5	99.7	98.5
牡丹江	99.3	98.3	97.8	96.0	94.5	93.0	91.9	90.7	90.9	90.6	90.5	90.0
无锡	109.3	109.1	109.3	110.0	109.8	110.0	109.9	109.2	108.9	107.8	107.6	107.4
扬州	105.1	104.7	104.9	104.6	104.5	103.9	103.5	103.7	104.0	104.6	104.3	104.7
徐州	104.8	105.4	105.1	105.8	106.3	106.5	107.0	107.3	107.7	107.6	108.0	108.5
温州	103.3	103.1	102.7	102.9	103.1	103.7	104.7	105.2	105.0	104.9	104.6	105.2
金华	101.4	101.2	101.3	101.0	100.6	100.5	100.7	101.6	102.6	103.0	103.7	104.5
蚌埠	104.5	104.4	103.9	104.0	104.1	103.8	103.1	103.0	102.8	103.5	103.8	103.9
安庆	96.3	96.1	96.4	97.7	97.5	97.7	97.5	98.3	98.6	98.6	98.4	98.4
泉州	102.3	102.2	101.6	101.7	102.3	102.6	102.4	102.6	103.5	103.7	103.9	104.5
九江	107.1	107.0	106.5	105.9	105.9	106.0	105.2	104.6	103.7	102.5	102.5	101.8
赣州	105.4	105.0	104.3	104.1	104.1	104.4	104.3	104.4	104.3	104.1	103.6	102.8
烟台	103.4	102.3	101.0	100.0	98.8	97.9	96.8	96.4	96.6	97.1	97.8	98.7
济宁	108.2	107.6	107.1	106.5	105.9	106.0	105.9	105.9	105.5	105.3	105.3	105.3
洛阳	109.6	109.7	110.2	109.1	108.5	107.9	107.1	106.9	105.1	104.6	103.7	103.2
平顶山	106.7	106.0	106.1	105.6	105.3	105.3	105.2	105.8	105.5	105.1	104.4	103.4
宜昌	96.3	96.1	95.5	95.4	95.3	96.1	97.1	97.9	98.6	99.0	99.2	99.2
襄阳	104.6	103.7	102.7	101.5	100.8	100.1	99.2	99.1	99.0	98.6	98.7	98.7
岳阳	98.6	98.2	98.2	98.6	98.5	98.8	98.5	99.1	99.7	99.9	100.7	100.8
常德	98.6	98.6	97.7	97.8	97.5	97.7	97.5	97.8	97.9	98.0	98.2	98.5
惠州	103.4	103.5	103.1	102.6	102.8	102.9	102.8	102.9	103.6	104.1	103.7	103.6
湛江	97.6	97.3	96.4	96.0	95.9	95.9	95.8	95.8	96.8	97.0	97.4	97.9
韶关	99.9	99.3	99.1	98.4	97.9	97.9	97.5	97.5	98.0	98.3	99.6	99.2
桂林	105.1	105.3	104.4	104.1	103.9	103.6	103.6	103.0	102.7	102.1	102.5	102.5
北海	101.7	101.0	100.0	99.0	98.0	97.8	97.0	96.5	96.9	96.5	96.5	96.5
三亚	99.7	98.9	97.5	96.6	95.6	96.5	97.1	97.3	98.3	98.9	99.4	100.0
泸州	100.0	99.1	98.6	98.8	98.3	98.7	98.6	98.1	97.6	97.6	97.6	96.9
南充	99.7	99.0	99.5	99.2	98.5	97.4	97.0	96.4	95.6	95.4	95.0	94.6
遵义	96.6	95.6	95.6	95.5	95.6	96.1	96.7	97.5	98.0	98.3	98.8	99.0
大理	110.6	109.2	107.5	106.8	105.9	105.4	104.9	105.2	104.5	104.0	103.3	102.5